기출로 합격까지
하헌진 기출문제

2024년 제35회 합격하시는
당신은 천재!!!

박문각 공인중개사
부동산세법 2차

브랜드만족 1위 박문각

2024

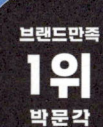

이 책의 차례

PART 01

2024년 제35회 부동산세법 기출문제분석과 출제예상지문

Chapter 01 조세총론

01 물납과 분할납부	2
02 용어의 정의	4
03 지방자치단체의 세목	4
04 취득·보유 및 양도단계	6
05 납세의무의 성립시기	8
06 납세의무의 확정 및 가산세	10
07 납부의무와 소멸사유	12
08 지방세 부과의 제척기간	12
09 국세 부과의 제척기간	12
10 조세징수권의 소멸시효	12
11 지방세의 가산세	14
12 국세의 가산세율	14
13 조세채권과 피담보채권과의 관계	16
14 조세쟁송	18

Chapter 02 취득세

01 취득의 정의	20
02 취득세 납세의무자 등	22
03 취득의 유형	24
04 취득세의 과세대상	24

05 취득세의 비과세 · · · · 26

06 취득의 시기 · · · · 28

07 취득세의 과세표준 · · · · 30

08 취득세의 세율 · · · · 34

09 취득세의 납세절차 · · · · 42

Chapter 03 등록에 대한 등록면허세

01 등 록 · · · · 44

02 납세의무자 · · · · 44

03 등록면허세의 비과세 · · · · 44

04 등록면허세의 과세표준과 세율 · · · · 46

05 등록면허세의 납세절차 · · · · 48

Chapter 04 재산세

01 재산세의 납세의무자 · · · · 50

02 재산세 과세대상의 구분 · · · · 52

03 토지에 대한 재산세의 과세방법 · · · · 54

04 재산세의 비과세 · · · · 56

05 재산세의 과세표준 · · · · 58

06 재산세의 세율 · · · · 60

07 재산세의 납세절차 · · · · 62

이 책의 차례

Chapter 05 종합부동산세

01 종합부동산세의 과세방법 · · · · 66

02 종합부동산세 과세표준의 산정 · · · · 68

03 단독소유+1세대 1주택+거주자 · · · · 70

04 1세대 1주택자 판정시 주택 수에서 제외 · · · · 72

05 수탁자의 명의로 등기 또는 등록된 신탁재산 · · · · 72

06 종합부동산세의 세율 · · · · 74

07 이중과세 조정과 세율 적용시 주택 수의 계산 등 · · · · 74

08 종합부동산세의 절차적 사항 · · · · 76

Chapter 06 소득세

01 소득세법 총설 · · · · 80

02 양도소득세의 과세대상 · · · · 82

03 양도로 보는 경우와 양도로 보지 않는 경우 · · · · 84

04 1세대 1주택 양도의 비과세 · · · · 86

05 농지의 교환 또는 분합에 대한 비과세 · · · · 92

06 미등기양도제외 자산 · · · · 94

07 양도 또는 취득시기 · · · · 96

08 양도가액과 취득가액의 산정원리 · · · · 98

09 실지거래가액에 의한 필요경비 포함 여부 · · · · 100

10 장기보유특별공제 · · · · 102

11 양도소득기본공제 · · · · 104

12 양도소득금액계산의 특례 · · · · 106
13 양도소득세의 세율 · · · · 112
14 양도소득 과세표준 예정신고 · · · · 114
15 양도소득세의 납세절차 · · · · 116
16 국외부동산양도에 대한 양도소득세 · · · · 118
17 부동산임대업의 범위 등 · · · · 120
18 주거용 건물 임대업 · · · · 122
19 부동산임대업 주택 수의 계산 · · · · 122

01 조세총론 · · · · 124
02 취득세 · · · · 130
03 등록에 대한 등록면허세 · · · · 142
04 재산세 · · · · 147
05 종합부동산세 · · · · 157
06 소득세 · · · · 162

PART 02

2024년 제35회 부동산세법 최신 출제 경향으로 변형한 20년간 중요 기출문제분석

01 2024년 제35회 부동산세법 기출문제분석과 출제예상지문 · · · · 190
02 2024년 제35회 부동산세법 최신 출제 경향으로 변형한 20년간 중요 기출문제분석 · · · · 204

정답

합격까지 박문각 공인중개사

PART 01

2024년 제35회 부동산세법
기출문제분석과 출제예상지문

01 | 조세총론

01 물납과 분할납부

구 분		물납	분할납부
지방세	취득세		
	등록면허세		
	재산세(재산세 도시지역분 포함)	○	○
	재산세에 부가되는 지방교육세		○
	소방분 지역자원시설세(재산세를 분할납부하는 경우에만 해당)		○
국세	종합부동산세		○
	종합부동산세에 부가되는 농어촌특별세		○
	소득세 | 종합소득세		○
	소득세 | 양도소득세		○

부동산 관련 조세의 흐름

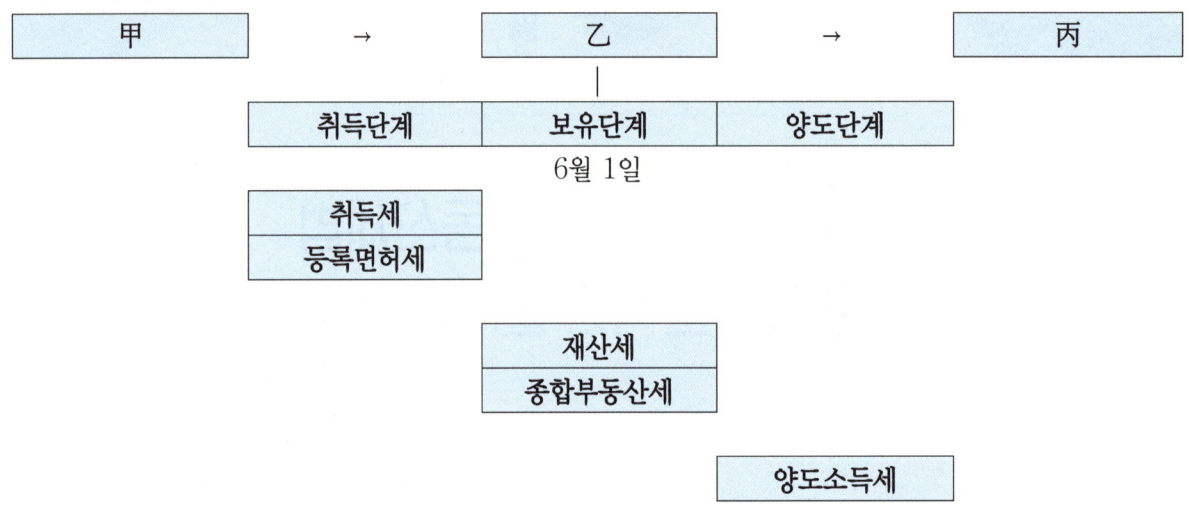

01 물납과 분할납부 관련 기출문제분석과 출제예상지문

01 지방자치단체의 장은 재산세의 납부세액이 1천만원을 초과하는 경우에는 납세의무자의 신청을 받아 해당 지방자치단체의 관할구역에 있는 부동산에 대하여만 대통령령으로 정하는 바에 따라 물납을 허가할 수 있다. ( ) (2019년 제30회, 2017년 제28회, 2009년 제20회)

02 종합부동산세는 물납이 허용되지 않는다. ( ) (2021년 제32회, 2018년 제29회)

03 공공사업의 시행자에게 수용되어 발생한 양도소득세액이 2천만원을 초과하는 경우 납세의무자는 물납을 신청할 수 있다. ( ) (2022년 제33회)

04 조세의 납부방법으로 물납과 분할납부가 둘 다 가능한 것을 모두 고른 것은?(단, 물납과 분할납부의 법정 요건은 전부 충족한 것으로 가정함) (2014년 제25회)

> ㉠ 부동산임대업에서 발생한 사업소득에 대한 종합소득세
> ㉡ 종합부동산세
> ㉢ 취득세
> ㉣ 재산세 도시지역분
> ㉤ 소방분 지역자원시설세

① ㉡   ② ㉣   ③ ㉡, ㉢
④ ㉡, ㉣   ⑤ ㉣, ㉤

05 지방자치단체의 장은 재산세의 납부세액이 250만원을 초과하는 경우 법령에 따라 납부할 세액의 일부를 납부기한이 지난 날부터 3개월 이내에 분할납부하게 할 수 있다. ( ) (2016년 제27회)

06 종합부동산세의 분납은 허용되지 않는다. ( ) (2021년 제32회)

07 관할세무서장은 종합부동산세로 납부하여야 할 세액이 250만원을 초과하는 경우에는 법령으로 정하는 바에 따라 그 세액의 일부를 납부기한이 지난 날부터 6개월 이내에 분납하게 할 수 있다. ( ) (2023년 제34회, 2010년 제21회)

08 취득세와 관련하여 시행되고 있는 제도는 모두 몇 개인가? (2011년 제22회)

> ㉠ 특별징수   ㉡ 분할납부   ㉢ 물납
> ㉣ 면세점   ㉤ 기한후신고

① 1개   ② 2개   ③ 3개
④ 4개   ⑤ 5개

02 용어의 정의 : 지방세기본법과 지방세징수법

① "납세자"란 납세의무자(연대납세의무자와 제2차 납세의무자 및 보증인을 포함)와 특별징수의무자를 말함
② "특별징수"란 지방세를 징수할 때 편의상 징수할 여건이 좋은 자로 하여금 징수하게 하고 그 징수한 세금을 납부하게 하는 것을 말함
③ "지방자치단체의 징수금"이란 지방세 및 체납처분비를 말함
④ 지방자치단체 징수금의 징수 순위: 체납처분비 → 지방세(가산세는 제외) → 가산세

03 지방자치단체의 세목

특별시		광역시		도	
특별시세	구세	광역시세	구세	도세	시·군세
취득세		취득세		취득세	
	등록면허세		등록면허세	등록면허세	
재산세	재산세		재산세		재산세

목적세

구 분	목적세
지방세	지방교육세, 지역자원시설세
국 세	농어촌특별세, 교통·에너지·환경세, 교육세

부가세

본 세		거래활동	부가세	
			납부세액	감면세액
취득세		취득	100분의 10 농어촌특별세 100분의 20 지방교육세	100분의 20 농어촌특별세
등록면허세		취득	100분의 20 지방교육세	100분의 20 농어촌특별세
재산세		보유	100분의 20 지방교육세	–
종합부동산세		보유	100분의 20 농어촌특별세	–
소득세	종합소득세	보유+양도	–	100분의 20 농어촌특별세
	양도소득세	양도		

02 용어의 정의 : 지방세기본법과 지방세징수법 관련 기출문제분석과 출제예상지문

01 "납세자"란 납세의무자(연대납세의무자와 제2차 납세의무자 및 보증인 포함)와 특별징수의무자를 말한다. ( ) (2020년 제31회)

02 특별징수란 지방세를 징수할 때 편의상 징수할 여건이 좋은 자로 하여금 징수하게 하고 그 징수한 세금을 납부하게 하는 것을 말한다. ( ) (2002년 제13회)

03 "보통징수"란 지방세를 징수할 때 편의상 징수할 여건이 좋은 자로 하여금 징수하게 하고 그 징수한 세금을 납부하게 하는 것을 말한다. ( ) (2020년 제31회)

04 "세무공무원"이란 지방자치단체의 장 또는 지방세의 부과·징수 등에 관한 사무를 위임받은 공무원을 말한다. ( ) (2020년 제31회)

05 "지방자치단체의 징수금"이란 지방세 및 체납처분비를 말한다. ( ) (2020년 제31회)

06 지방자치단체 징수금의 징수순위는 체납처분비, 지방세(가산세는 제외), 가산세의 순서로 한다. ( ) (2015년 제26회)

03 지방자치단체의 세목 관련 기출문제분석과 출제예상지문

01 「지방세기본법」상 특별시세 세목이 아닌 것은? (2015년 제26회)
① 주민세
② 취득세
③ 지방소비세
④ 지방교육세
⑤ 등록면허세

용어의 정의 : 국세징수법 관련 기출문제분석과 출제예상지문

01 "체납액"이란 체납된 국세와 강제징수비를 말한다. ( ) (출제예상지문)

02 체납액의 징수순위는 강제징수비, 가산세, 국세(가산세는 제외)의 순서로 한다. ( ) (출제예상지문)

04 취득 · 보유 및 양도단계

구 분		취득	보유	양도
취득세		○		
등록에 대한 등록면허세		○		
재산세			○	
지방교육세		○	○	
소방분 지역자원시설세			○	
지방소득세			○	○
종합부동산세			○	
소득세	종합소득세		○	○
	양도소득세			○
농어촌특별세		○	○	○
인지세		○		○

04 취득·보유 및 양도단계 관련 기출문제분석과 출제예상지문

01 2024년 4월 중 부동산을 취득하는 경우, 취득단계에서 부담할 수 있는 세금을 모두 고른 것은? (2014년 제25회)

> ㉠ 재산세　　　　　㉡ 농어촌특별세　　　㉢ 종합부동산세
> ㉣ 지방교육세　　　㉤ 인지세

① ㉠, ㉡, ㉢　　　　② ㉠, ㉡, ㉤
③ ㉠, ㉢, ㉣　　　　④ ㉡, ㉣, ㉤
⑤ ㉢, ㉣, ㉤

02 국내 소재 부동산의 보유단계에서 부담할 수 있는 세목은 모두 몇 개인가? (2019년 제30회)

> • 농어촌특별세　　　　　• 지방교육세
> • 개인지방소득세　　　　• 소방분 지역자원시설세

① 0개　　② 1개　　③ 2개
④ 3개　　⑤ 4개

03 부동산의 보유단계에서 과세되는 국세로서 옳은 것은? (2006년 제17회)

① 재산세　　　　② 종합부동산세
③ 등록면허세　　④ 양도소득세
⑤ 취득세

04 부동산 보유시 부과될 수 있는 조세와 그에 대한 부가세가 옳게 연결된 것은? (2009년 제20회)

① 재산세 - 지방교육세　　　② 종합소득세 - 지방교육세
③ 종합부동산세 - 지방교육세　④ 재산세 - 지역자원시설세
⑤ 종합부동산세 - 지역자원시설세

05 납세의무의 성립시기

구 분		납세의무의 성립시기
취득세		과세물건을 취득하는 때
등록에 대한 등록면허세		재산권과 그 밖의 권리를 등기하거나 등록하는 때
재산세		과세기준일 : 매년 6월 1일
지방교육세		과세표준이 되는 세목의 납세의무가 성립하는 때
소방분 지역자원시설세		과세기준일 : 매년 6월 1일
지방소득세		과세표준이 되는 소득에 대하여 소득세·법인세의 납세의무가 성립하는 때
수시로 부과하여 징수하는 지방세		수시부과할 사유가 발생하는 때
지방세 가산세		법정신고기한이 경과하는 때 등
종합부동산세		과세기준일 : 매년 6월 1일
소득세	원칙	과세기간이 끝나는 때
	중간예납	중간예납기간이 끝나는 때
	예정신고	과세표준이 되는 금액이 발생한 달의 말일
	원천징수	소득금액 등을 지급하는 때
인지세		과세문서를 작성한 때
농어촌특별세		본세의 납세의무가 성립하는 때
수시부과하여 징수하는 국세		수시부과할 사유가 발생한 때
국세 가산세		법정신고기한이 경과하는 때 등

05 납세의무의 성립시기 관련 기출문제분석과 출제예상지문

01 상속으로 인한 취득의 경우에는 상속개시일이 취득세 납세의무의 성립시기이다. ( ) (2023년 제34회)

02 거주자인 개인 甲이 乙로부터 부동산을 증여받은 것이라면 그 계약일에 취득세 납세의무가 성립한다(단, 주어진 조건 외에는 고려하지 않음). ( ) (2021년 제32회)

03 거주자 甲은 2024년 2월 10일 거주자 乙로부터 국내소재 상업용 건축물(오피스텔 아님)을 취득하고, 2024년 10월 현재 소유하고 있다. 甲의 재산세 납세의무는 2024년 6월 1일에 성립한다. ( ) (2012년 제23회)

04 납세의무의 성립시기로 옳은 것으로만 묶인 것은? (2009년 제20회)

> ㉠ 소득세 − 소득을 지급하는 때
> ㉡ 농어촌특별세 − 과세기간이 끝나는 때
> ㉢ 재산세 − 과세기준일
> ㉣ 지방교육세 − 그 과세표준이 되는 세목의 납세의무가 성립하는 때
> ㉤ 수시부과에 의하여 징수하는 재산세 − 수시부과할 사유가 발생하는 때

① ㉠, ㉡   ② ㉠, ㉡, ㉣   ③ ㉡, ㉣, ㉤
④ ㉢, ㉣, ㉤   ⑤ ㉠, ㉡, ㉢, ㉤

05 국세 및 지방세의 납세의무 성립시기에 관한 내용으로 옳은 것은?(단, 특별징수 및 수시부과와 무관함) (2018년 제29회)

① 사업소분 주민세: 매년 7월 1일
② 거주자의 양도소득에 대한 지방소득세: 매년 3월 31일
③ 재산세에 부가되는 지방교육세: 매년 8월 1일
④ 중간예납 하는 소득세: 매년 12월 31일
⑤ 자동차 소유에 대한 자동차세: 납기가 있는 달의 10일

06 납세의무의 확정 및 가산세

구 분		신고	가산세	결정	가산세
취득세		○(원칙)	○	○(예외)	○
등록에 대한 등록면허세		○(원칙)	○	○(예외)	○
재산세		-	-	○(원칙)	○
종합부동산세		○(선택)	○	○(원칙)	○
소득세	종합소득세	○(원칙)	○	○(예외)	○
	양도소득세				

신고납부와 보통징수 : 지방세기본법

① "신고납부"란 납세의무자가 그 납부할 지방세의 과세표준과 세액을 신고하고, 신고한 세금을 납부하는 것을 말한다.

　　　[납세의무자]　　→　　[과세권자]
　　　　　　　　신고납부 : 신고하는 때

② "보통징수"란 세무공무원이 납세고지서를 납세자에게 발급하여 지방세를 징수하는 것을 말한다.

　　　[납세의무자]　　←　　[과세권자]
　　　　　　　　보통징수 : 결정하는 때

지방세 납세의무 확정의 방법 및 가산세의 흐름

구 분	납세의무자	과세관청
확정	신고	결정
법률용어	신고납부	보통징수
적용조세	취득세, 등록에 대한 등록면허세	재산세
	↓	↓
의무불이행	무신고가산세 과소신고가산세 납부지연가산세	
	↓	
	결정 또는 경정	
	↓	↓
미납	납부지연가산세	납부지연가산세
	↓	
체납처분절차	압류 → 보관·운반 → 매각	

06 납세의무의 확정 및 가산세 관련 기출문제분석과 출제예상지문

01 신고납부란 납세의무자가 그 납부할 지방세의 과세표준과 세액을 신고하고, 신고한 세금을 납부하는 것을 말하며 취득세와 등록에 대한 등록면허세가 이에 해당된다. ( ) (2002년 제13회)

02 보통징수란 세무공무원이 납세고지서를 납세자에게 발급하여 지방세를 징수하는 것을 말하며 재산세와 소방분 지역자원시설세가 이에 해당된다. ( ) (2002년 제13회)

03 취득세는 원칙적으로 보통징수 방법에 의한다. ( ) (2015년 제26회)

04 甲의 재산세 납세의무는 과세표준과 세액을 지방자치단체에 신고하여 확정된다. ( ) (2012년 제23회)

05 재산세는 관할 지방자치단체의 장이 세액을 산정하여 보통징수의 방법으로 부과·징수한다. ( ) (2023년 제34회)

06 관할세무서장은 납부하여야 할 종합부동산세의 세액을 결정하여 해당 연도 12월 1일부터 12월 15일까지 부과·징수한다. ( ) (2023년 제34회)

07 종합부동산세를 신고납부방식으로 납부하고자 하는 납세의무자는 종합부동산세의 과세표준과 세액을 관할세무서장이 결정하기 전인 해당 연도 11월 16일부터 11월 30일까지 관할세무서장에게 신고하여야 한다. ( ) (2023년 제34회)

08 양도소득세 납세의무의 확정은 납세의무자의 신고에 의하지 않고 관할세무서장의 결정에 의한다. ( ) (2022년 제33회)

09 원칙적으로 납세의무자가 과세표준과 세액을 과세관청에 신고하는 때 납세의무가 확정되는 세목만으로 묶인 것은? (2005년 제16회)
① 종합부동산세, 재산세
② 재산세
③ 양도소득세, 종합부동산세
④ 등록에 대한 등록면허세, 양도소득세
⑤ 종합부동산세

10 원칙적으로 과세관청의 결정에 의하여 납세의무가 확정되는 지방세를 모두 고른 것은? (2013년 제24회)

㉠ 취득세	㉡ 종합부동산세
㉢ 재산세	㉣ 양도소득세

① ㉠ ② ㉡ ③ ㉢ ④ ㉡, ㉢ ⑤ ㉢, ㉣

11 납세의무의 성립시기와 납세의무의 확정에 관한 설명으로 옳은 것은? (2004년 제15회)
① 종합부동산세는 과세기준일에 납세의무가 성립하고, 원칙적으로 납세의무자가 과세표준과 세액을 관할세무서장에게 신고하는 때에 확정된다.
② 소득세는 소득이 발생하는 때에 납세의무가 성립하고, 원칙적으로 납세의무자가 과세표준과 세액을 관할세무서장에게 신고하는 때에 확정된다.
③ 인지세는 과세문서를 작성한 때에 납세의무가 성립하고, 납세의무가 성립하는 때에 특별한 절차 없이 그 세액이 확정된다.
④ 등록에 대한 등록면허세는 재산권 그 밖의 권리를 등기 또는 등록하는 때에 납세의무가 성립하고, 납세의무자의 신고가 있더라도 지방자치단체가 과세표준과 세액을 결정하는 때에 확정된다.
⑤ 재산세는 재산을 취득하는 때에 납세의무가 성립하고, 원칙적으로 납세의무자가 과세표준과 세액을 지방자치단체에 신고하는 때에 확정된다.

07 납부의무의 소멸사유

① 납부
② 충당
③ 부과가 취소되었을 때
④ 부과의 제척기간이 만료되었을 때
⑤ 징수권의 소멸시효가 완성되었을 때

08 지방세 부과의 제척기간

구 분			제척기간
납세자	사기·부정		10년
	무신고	① 상속·증여(부담부 증여를 포함), 명의신탁약정, 과점주주	10년
		② ① 외의 경우	7년
그 밖의 경우			5년

09 국세 부과의 제척기간

구 분			제척기간
원칙	납세자	부정	10년(역외거래 15년)
		무신고	7년(역외거래 10년)
	그 밖의 경우		5년(역외거래 7년)
예외	부담부증여의 양도소득세		증여세 준용

10 조세징수권의 소멸시효

구 분		소멸시효
지방세	① 5천만원 이상	10년
	② ① 외	5년
국세	① 5억원 이상	10년
	② ① 외	5년

07 납세의무의 소멸사유 관련 기출문제분석과 출제예상지문

01 「지방세기본법」상 지방자치단체의 징수금을 납부할 의무가 소멸되는 것은 모두 몇 개인가?
(2017년 제28회)

㉠ 납부·충당되었을 때
㉡ 지방세징수권의 소멸시효가 완성되었을 때
㉢ 법인이 합병한 때
㉣ 지방세부과의 제척기간이 만료되었을 때
㉤ 납세의무자의 사망으로 상속이 개시된 때

① 1개   ② 2개   ③ 3개   ④ 4개   ⑤ 5개

08 지방세 부과의 제척기간 관련 기출문제분석과 출제예상지문

01 납세자가 법정신고기한까지 과세표준신고서를 제출하지 아니한 경우에 지방세 부과 제척기간은 5년이다. ( ) (2015년 제26회)

02 거주자 甲은 2024년 2월 10일 거주자 乙로부터 국내소재 상업용 건축물(오피스텔 아님)을 취득하고, 2024년 10월 현재 소유하고 있다. 甲의 재산세 납세의무는 2029년 5월 31일까지 지방자치단체가 부과하지 아니하면 소멸한다(단, 사기나 그 밖의 부정한 행위 및 수시부과사유는 없음). ( ) (2012년 제23회)

09 국세 부과의 제척기간 관련 기출문제분석과 출제예상지문

01 납세자에게 부정행위가 없으며 특례제척기간에 해당하지 않는 경우, 원칙적으로 납세의무 성립일부터 5년이 지나면 종합부동산세를 부과할 수 없다. ( ) (2018년 제29회)

02 납세자에게 부정행위가 없으며 특례제척기간에 해당하지 않는 경우 원칙적으로 납세의무 성립일부터 3년이 지나면 종합부동산세를 부과할 수 없다. ( ) (2021년 제32회)

03 「국세기본법」상 사기나 그 밖의 부정한 행위로 주택의 양도소득세를 포탈하는 경우 국세부과의 제척기간은 이를 부과할 수 있는 날부터 몇 년간인가?(다만, 역외거래는 아니며, 결정ㆍ판결, 상호합의, 경정청구 등의 예외는 고려하지 않음) (2010년 제21회)
① 3년　　② 5년　　③ 7년　　④ 10년　　⑤ 15년

04 국세기본법령상 국세의 부과제척기간에 관한 설명으로 옳은 것은? (2023년 제34회)
① 납세자가 「조세범 처벌법」에 따른 사기나 그 밖의 부정한 행위로 종합소득세를 포탈하는 경우(역외거래 제외) 그 국세를 부과할 수 있는 날부터 15년을 부과제척기간으로 한다.
② 지방국세청장은 「행정소송법」에 따른 소송에 대한 판결이 확정된 경우 그 판결이 확정된 날부터 2년이 지나기 전까지 경정이나 그 밖에 필요한 처분을 할 수 있다.
③ 세무서장은 「감사원법」에 따른 심사청구에 대한 결정에 의하여 명의대여 사실이 확인되는 경우에는 당초의 부과처분을 취소하고 그 결정이 확정된 날부터 1년 이내에 실제로 사업을 경영한 자에게 경정이나 그 밖에 필요한 처분을 할 수 있다.
④ 종합부동산세의 경우 부과제척기간의 기산일은 과세표준과 세액에 대한 신고기한의 다음 날이다.
⑤ 납세자가 법정신고기한까지 과세표준신고서를 제출하지 아니한 경우(역외거래 제외)에는 해당 국세를 부과할 수 있는 날부터 10년을 부과제척기간으로 한다.

10 조세징수권의 소멸시효 관련 기출문제분석과 출제예상지문

01 5천만원 이상의 지방세는 그 권리를 행사할 수 있는 때부터 5년 동안 행사하지 아니하면 시효로 인하여 지방세징수권은 소멸한다. ( ) (출제예상지문)

02 5억원 이상의 국세는 이를 행사할 수 있는 때부터 10년 동안 행사하지 아니하면 국세징수권은 소멸시효가 완성된다. ( ) (출제예상지문)

11 지방세의 가산세

(1) 지방세의 가산세
① 가산세는 지방세의 **세목**
② 다만, 가산세는 **감면대상**에 **포함하지 아니함**

(2) 지방세의 가산세율

구 분			가산세율
신고	무신고	일반	100분의 20
		사기·부정	100분의 40
	과소신고	일반	100분의 10
		사기·부정	사기·부정 100분의 40 + 일반 100분의 10
납부	① **신고납부**: 법정납부기한의 다음 날부터 자진납부일 또는 납세고지일까지의 일수 × 1일 10만분의 22(납부하지 아니한 세액, 과소납부분 세액의 100분의 75 한도) ② **납세고지서**에 따른 납부기한 ㉠ 납부하지 아니한 세액 또는 과소납부분 세액 × 100분의 3 ㉡ 납세고지서에 따른 납부기한이 지난 날부터 1개월이 지날 때마다 **1만분의 66**(60개월 한도, 납세고지서별·세목별 세액이 45만원 미만은 배제)		

12 국세의 가산세율: 부정으로 인한 역외거래는 100분의 60

구 분			가산세율
신고	무신고	일반	100분의 20
		부정	100분의 40
	과소신고	일반	100분의 10
		부정	부정 100분의 40 + 일반 100분의 10
납부	① 1일(납부고지일부터 납부고지서에 따른 납부기한까지의 기간은 제외) 10만분의 22 ㉠ **납부고지서: 5년 한도** ㉡ **납부고지서: 150만원 미만 배제** ② 납부고지서에 따른 납부기한: 100분의 3		

11 지방세의 가산세 관련 기출문제분석과 출제예상지문

01 가산세란 지방세기본법 또는 지방세관계법에서 규정하는 의무를 성실하게 이행하도록 하기 위하여 의무를 이행하지 아니할 경우에 지방세기본법 또는 지방세관계법에 따라 산출한 세액에 가산하여 징수하는 금액을 말한다. (   ) (2002년 제13회)

02 납세의무자가 납부기한까지 지방세를 납부하지 않은 경우 납부하지 아니한 세액의 100분의 20을 가산세로 부과한다. (   ) (2015년 제26회)

03 「지방세기본법」상 가산세에 관한 내용으로 옳은 것은? (2016년 제27회)
① 무신고가산세(사기나 그 밖의 부정한 행위로 인하지 않은 경우): 무신고납부세액의 100분의 20에 상당하는 금액
② 무신고가산세(사기나 그 밖의 부정한 행위로 인한 경우): 무신고납부세액의 100분의 50에 상당하는 금액
③ 과소신고가산세(사기나 그 밖의 부정한 행위로 인하지 않은 경우): 과소신고납부세액 등의 100분의 20에 상당하는 금액
④ 과소신고가산세(사기나 그 밖의 부정한 행위로 인한 경우): 부정과소신고납부세액 등의 100분의 50에 상당하는 금액
⑤ 납부지연가산세: 납부하지 아니한 세액의 100분의 20에 상당하는 금액

12 국세의 가산세율 관련 기출문제분석과 출제예상지문

01 국세의 가산세는 해당 의무가 규정된 해당 국세의 세목으로 하며, 해당 국세를 감면하는 경우 가산세는 그 감면대상에 포함시키지 아니하는 것으로 한다. (   ) (2011년 제22회)

02 납세의무자가 법정신고기한까지 양도소득세의 과세표준 신고를 하지 아니한 경우(부정행위로 인한 무신고는 제외)에는 그 무신고납부세액에 100분의 20을 곱한 금액을 가산세로 한다. (   ) (2022년 제33회)

03 부정행위로 법정신고기한까지 세법에 따른 양도소득세의 과세표준 신고를 하지 아니한 경우에는 무신고납부세액의 100분의 40에 상당하는 금액을 무신고가산세로 한다. (   ) (2008년 제19회)

13 조세채권과 피담보채권과의 관계

(1) 조세채권과 피담보채권 등의 우선관계
① 피담보채권에 우선하는 조세
  ㉠ 그 재산에 대하여 부과된 조세: 재산세, 재산세에 부가되는 지방교육세, 소방분에 대한 지역자원시설세, 종합부동산세, 상속세, 증여세, 자동차 소유에 대한 자동차세, 자동차세에 부가되는 지방교육세 등
    ⓐ 그 재산에 대하여 부과된 조세 → 피담보채권
    ⓑ 다만, 주택 전세권 등에 따른 채권의 설정일 등이 그 재산에 대하여 부과된 조세의 법정기일보다 빠른 경우: 해당 재산에 대하여 부과된 조세의 징수액에 한정하여 주택 전세권 등에 따른 채권 → 그 재산에 대하여 부과된 조세
  ㉡ 일반조세의 법정기일이 피담보채권 등의 설정일 보다 빠른 경우: 조세채권 → 피담보채권
② 피담보채권 등의 설정일이 일반조세의 법정기일보다 빠른 경우: 피담보채권 → 조세채권

(2) 조세채권 사이의 우선관계: 담보 → 압류 → 교부청구

배당순위의 사례

13 조세채권과 피담보채권과의 관계 관련 기출문제분석과 출제예상지문

01 법정기일 전에 저당권의 설정을 등기한 사실이 등기사항증명서(부동산등기부 등본)에 따라 증명되는 재산을 매각하여 그 매각금액에서 국세 또는 지방세를 징수하는 경우, 그 재산에 대하여 부과되는 다음의 국세 또는 지방세 중 저당권에 따라 담보된 채권에 우선하여 징수하는 것은 모두 몇 개인가? (2019년 제30회)

- 종합부동산세
- 등록면허세
- 소방분에 대한 지역자원시설세
- 취득세에 부가되는 지방교육세
- 부동산임대에 따른 종합소득세

① 1개　② 2개　③ 3개　④ 4개　⑤ 5개

02 체납된 조세의 법정기일 전에 채권담보를 위해 甲이 저당권 설정등기한 사실이 부동산등기부 등본에 증명되는 甲 소유 토지 A의 공매대금에 대하여 그 조세와 피담보채권이 경합되는 경우, 피담보채권보다 우선 징수하는 조세가 아닌 것은? (단, 토지A에 다음의 조세가 부과됨) (2011년 제22회)

① 취득세　　　　　　　　② 종합부동산세
③ 지역자원시설세　　　　④ 재산세
⑤ 재산세에 부가되는 지방교육세

03 「국세기본법」 및 「지방세기본법」상 조세채권과 일반채권의 관계에 관한 설명으로 틀린 것은? (2018년 제29회)

① 납세담보물 매각시 압류에 관계되는 조세채권은 담보 있는 조세채권보다 우선한다.
② 재산의 매각대금 배분시 당해 재산에 부과된 종합부동산세는 당해 재산에 설정된 저당권에 따라 담보된 채권보다 우선한다.
③ 취득세 신고서를 납세지 관할 지방자치단체장에게 제출한 날 전에 저당권 설정 등기 사실이 증명되는 재산을 매각하여 그 매각금액에서 취득세를 징수하는 경우, 저당권에 따라 담보된 채권은 취득세에 우선한다.
④ 강제집행으로 부동산을 매각할 때 그 매각금액 중에 국세를 징수하는 경우, 강제집행 비용은 국세에 우선한다.
⑤ 재산의 매각대금 배분시 당해 재산에 부과된 재산세는 당해 재산에 설정된 저당권에 따라 담보된 채권보다 우선한다.

14 조세쟁송 : 지방세의 불복청구

① 행정심판 전치주의 : 행정심판 → 행정소송
② 행정심판 : 심급구조
　㉠ 원칙적 2심급 : 이의신청을 거친 후에 심판청구
　㉡ 선택적 1심급 : 이의신청을 거치지 아니하고 바로 심판청구
③ 청구기한
　㉠ 90일 이내
　㉡ 천재지변 등의 경우 그 사유가 소멸한 날부터 14일 이내 연장
④ 30일까지 공매처분을 보류할 수 있음

서류의 송달 관련 기출문제분석과 출제예상지문

01 「지방세기본법」상 공시송달할 수 있는 경우가 아닌 것은? (2013년 제24회)
　① 송달을 받아야 할 자의 주소 또는 영업소가 국외에 있고 그 송달이 곤란한 경우
　② 송달을 받아야 할 자의 주소 또는 영업소가 분명하지 아니한 경우
　③ 서류를 우편으로 송달하였으나 받을 사람이 없는 것으로 확인되어 반송됨으로써 납부기한 내에 송달하기 곤란하다고 인정되는 경우
　④ 서류를 송달할 장소에서 송달을 받을 자가 정당한 사유 없이 그 수령을 거부한 경우
　⑤ 세무공무원이 2회 이상 납세자를 방문(처음 방문한 날과 마지막 방문한 날 사이의 기간이 3일 이상이어야 함)하여 서류를 교부하려고 하였으나 받을 사람이 없는 것으로 확인되어 납부기한 내에 송달하기 곤란하다고 인정되는 경우

02 「지방세기본법」상 서류의 송달에 관한 설명으로 틀린 것은? (2022년 제33회)
　① 연대납세의무자에게 납세의 고지에 관한 서류를 송달할 때에는 연대납세의무자 모두에게 각각 송달하여야 한다.
　② 기한을 정하여 납세고지서를 송달하였더라도 서류가 도달한 날부터 10일이 되는 날에 납부기한이 되는 경우 지방자치단체의 징수금의 납부기한은 해당 서류가 도달한 날부터 14일이 지난 날로 한다.
　③ 납세관리인이 있을 때에는 납세의 고지와 독촉에 관한 서류는 그 납세관리인의 주소 또는 영업소에 송달한다.
　④ 교부에 의한 서류송달의 경우에 송달할 장소에서 서류를 송달받아야 할 자를 만나지 못하였을 때에는 그의 사용인으로서 사리를 분별할 수 있는 사람에게 서류를 송달하여야 한다.
　⑤ 서류송달을 받아야 할 자의 주소 또는 영업소가 분명하지 아니한 경우에는 서류의 주요 내용을 공고한 날부터 14일이 지나면 서류의 송달이 된 것으로 본다.

14 조세쟁송 : 지방세 불복청구 관련 기출문제분석과 출제예상지문

01 지방세에 관한 불복시 불복청구인은 이의신청을 거치지 않고 심판청구를 제기할 수 없다. (   )
(2015년 제26회)

02 「지방세기본법」상 이의신청 또는 심판청구에 관한 설명으로 틀린 것은? (2012년 제23회)
① 이의신청은 처분이 있은 것을 안날(처분의 통지를 받았을 때에는 그 통지를 받은 날)로부터 90일 이내에 하여야 한다.
② 이의신청을 거친 후에 심판청구를 할 때에는 이의 신청에 대한 결정통지를 받은 날부터 90일 이내에 심판청구를 하여야 한다.
③ 이의신청에 따른 결정기간 내에 이의신청에 대한 결정통지를 받지 못한 경우에는 결정통지를 받기 전이라도 그 결정기간이 지난날부터 심판청구를 할 수 있다.
④ 이의신청, 심판청구는 그 처분의 집행에 효력을 미치지 아니한다. 다만, 압류한 재산에 대하여는 이의신청, 심판청구의 결정처분이 있는 날부터 60일까지 공매처분을 보류할 수 있다.
⑤ 이의신청인이 재해 등을 입어 이의신청 기간 내에 이의신청을 할 수 없을 때에는 그 사유가 소멸한 날부터 14일 이내에 이의신청을 할 수 있다.

03 「지방세기본법」상 이의신청 또는 심판청구에 관한 설명으로 틀린 것은?(단, 감사원법에 따른 심사청구는 고려하지 아니함) (2019년 제30회)
① 「지방세기본법」에 따른 과태료의 부과처분을 받은 자는 이의신청 또는 심판청구를 할 수 없다.
② 심판청구는 그 처분의 집행에 효력이 미치지 아니하지만 압류한 재산에 대하여는 심판청구의 결정이 있는 날부터 30일까지 그 공매처분을 보류할 수 있다.
③ 지방세에 관한 불복시 불복청구인은 심판청구를 거치지 아니하고 행정소송을 제기할 수 있다.
④ 이의신청인은 신청금액이 1천만원 미만인 경우에는 그의 배우자, 4촌 이내의 혈족 또는 그의 배우자의 4촌 이내 혈족을 대리인으로 선임할 수 있다.
⑤ 이의신청이 이유 없다고 인정될 때에는 청구를 기각하는 결정을 한다.

04 「지방세기본법」상 이의신청과 심판청구에 관한 설명으로 옳은 것을 모두 고른 것은? (2022년 제33회)

> ㉠ 통고처분은 이의신청 또는 심판청구의 대상이 되는 처분에 포함한다.
> ㉡ 이의신청인은 신청 또는 청구 금액이 8백만원인 경우에는 그의 배우자를 대리인으로 선임할 수 있다.
> ㉢ 보정기간은 결정기간에 포함하지 아니한다.
> ㉣ 이의신청을 거치지 아니하고 바로 심판청구를 할 수는 없다.

① ㉠ ② ㉡ ③ ㉠, ㉣
④ ㉡, ㉢ ⑤ ㉢, ㉣

02 | 취득세

01 취득의 정의

(1) **취득의 정의**: 원시취득, 승계취득 또는 유상·무상의 모든 취득

(2) **취득의제**
① 토지 지목변경 + 가액 증가
② 개수
③ 차량 등 종류변경 + 가액 증가
④ 과점주주 간주취득
　㉠ 100분의 50을 초과
　㉡ 취득으로 보지 아니하는 경우: 설립, 감자, 총주식의 비율에 변동이 없는 경우
　㉢ 지분비율: 최초면 모두, 증가된 경우에는 증가분, 다시 과점주주가 된 경우에는 이전 과점주주가 된 당시의 비율보다 증가분

01 취득의 정의 관련 기출문제분석과 출제예상지문

01 공유수면을 매립하거나 간척하여 토지를 조성한 경우에는 취득세가 과세될 수 있다. ( ) (2009년 제20회)

02 형제간에 부동산을 상호 교환한 경우에는 취득세를 부과하지 아니한다. ( ) (2019년 제30회)

03 직계존속으로부터 거주하는 주택을 증여받은 경우에는 취득세를 부과하지 아니한다. ( ) (2019년 제30회)

04 토지의 지목을 사실상 변경함으로써 그 가액이 증가한 경우에는 이를 취득으로 본다. ( ) (2009년 제20회, 2008년 제19회, 2004년 제15회)

05 토지의 지목을 사실상 변경함으로써 그 가액이 증가한 경우에는 취득으로 보지 아니한다. ( ) (2021년 제32회, 2015년 제26회)

06 법인 설립시 발행하는 주식을 취득함으로써 지방세기본법에 따른 과점주주가 되었을 때에는 그 과점주주가 해당 법인의 부동산 등을 취득한 것으로 본다. ( ) (2015년 제26회, 2012년 제23회, 2008년 제19회, 2004년 제15회)

07 과점주주가 아닌 주주 등이 최초로 과점주주가 된 경우에는 최초로 과점주주가 된 날 현재 과점주주가 소유하고 있는 법인의 주식 등을 모두 취득한 것으로 보아 취득세의 납세의무를 진다. ( ) (2001년 제12회)

08 부동산, 차량, 기계장비 또는 항공기는 특별한 규정이 있는 경우를 제외하고는 해당 물건을 취득하였을 때의 사실상의 현황에 따라 부과한다. 다만, 취득하였을 때의 사실상 현황이 분명하지 아니한 경우에는 공부상의 등재 현황에 따라 부과한다. ( ) (출제예상지문)

01 취득의 정의 관련 기출문제분석과 출제예상지문

09 「지방세법」상 과점주주의 간주취득세가 과세되는 경우가 아닌 것은 모두 몇 개인가?(단, 주식발행법인은 「자본시장과 금융투자업에 관한 법률」에 따른 증권시장으로서 대통령령으로 정하는 증권시장에 상장한 법인이 아니며, 「지방세특례제한법」은 고려하지 않음) (2018년 제29회)

> ㉠ 법인 설립시에 발행하는 주식을 취득함으로써 과점주주가 된 경우
> ㉡ 과점주주가 아닌 주주가 다른 주주로부터 주식을 취득함으로써 최초로 과점주주가 된 경우
> ㉢ 이미 과점주주가 된 주주가 해당 법인의 주식을 취득하여 해당 법인의 주식의 총액에 대한 과점주주가 가진 주식의 비율이 증가된 경우
> ㉣ 과점주주 집단 내부에서 주식이 이전되었으나 과점주주 집단이 소유한 총주식의 비율에 변동이 없는 경우

① 0개 ② 1개 ③ 2개 ④ 3개 ⑤ 4개

10 거주자 甲의 A비상장법인에 대한 주식보유 현황은 아래와 같다. 2024년 9월 15일 주식 취득시 「지방세법」상 A법인 보유 부동산 등에 대한 甲의 취득세 과세표준을 계산하는 경우, 취득으로 간주되는 지분비율은?(다만, A법인 보유 자산 중 취득세가 비과세·감면되는 부분은 없으며, 甲과 특수관계에 있는 다른 주주는 없다) (2009년 제20회)

구 분	발행주식수	보유주식수
2020년 1월 1일 설립시	10,000주	5,000주
2022년 4월 29일 주식 취득 후	10,000주	6,000주
2023년 7월 18일 주식 양도 후	10,000주	3,000주
2024년 9월 15일 주식 취득시	10,000주	7,000주

① 10% ② 20% ③ 40% ④ 60% ⑤ 70%

11 아래의 자료를 기초로 제조업을 영위하고 있는 비상장 A법인의 주주인 甲이 과점주주가 됨으로써 과세되는 취득세(비과세 또는 감면은 고려하지 않음)의 과세표준은 얼마인가? (2007년 제18회)

> <A법인의 증자 전 자산가액 및 주식발행 현황>
> ㉠ 증자 전 자산가액(「지방세법」상 취득세 과세표준임)
>   • 건물: 4억원
>   • 토지: 5억원
>   • 차량: 1억원
> ㉡ 주식발행 현황
>   • 2021년 3월 10일 설립시 발행주식 총수 50,000주
>   • 2024년 10월 28일 증자 후 발행주식 총수 100,000주
>
> <甲의 A법인 주식취득 현황>
> ㉠ 2021년 3월 10일 A법인 설립시 20,000주 취득
> ㉡ 2024년 10월 28일 증자로 40,000주 추가 취득

① 2억원 ② 4억원 ③ 5억원
④ 6억원 ⑤ 10억원

02 취득세 납세의무자 등

① 등기 등을 하지 아니한 경우라도 사실상 취득: 소유자 또는 양수인
② 주체구조부 취득자 외의 자가 가설한 경우: 주체구조부 취득자
③ 토지 지목변경 등: 변경시점의 소유자. 이 경우 환지계획에 따라 공급되는 환지는 조합원이, 체비지 또는 보류지는 사업시행자가 각각 취득한 것으로 봄
④ 과점주주(연대납세의무)
⑤ 상속: 상속인 각자(연대납세의무)
⑥ 조합주택용 부동산: 조합원
⑦ 차량 등을 임차하여 수입하는 경우: 수입하는 자
⑧ 택지공사가 준공된 토지에 정원 등을 조성·설치하는 경우: 토지의 소유자
⑨ 건축물을 건축하면서 그 건축물에 부수되는 정원 등을 조성·설치하는 경우: 건축물을 취득하는 자
⑩ 신탁재산의 위탁자 지위의 이전이 있는 경우: 새로운 위탁자
⑪ 乙이 채권확보를 위하여 甲 소유의 미등기건물에 등기: 甲
⑫ 도시개발사업 등의 시행으로 부동산의 소유자가 환지계획 등에 따라 공급받는 경우 등: 건축물은 원시취득한 것으로 보며, 토지의 경우에는 승계취득한 것으로 봄. 이 경우 토지는 초과한 면적에 해당하는 부분에 한정하여 취득한 것으로 봄

채권자대위자의 신고납부

① 채권자대위자는 납세의무자를 대위하여 부동산의 취득에 대한 취득세를 신고납부할 수 있음. 이 경우 채권자대위자는 납부확인서를 발급받을 수 있음
② 지방자치단체의 장은 채권자대위자의 신고납부가 있는 경우 납세의무자에게 그 사실을 즉시 통보하여야 함

02 취득세의 납세의무자 관련 기출문제분석과 출제예상지문

01 「민법」 등 관계법령에 따른 등기를 하지 아니한 부동산의 취득은 사실상 취득하더라도 취득한 것으로 볼 수 없다. (   ) (2012년 제23회, 2009년 제20회)

02 지방세법령상 취득세에 관한 설명으로 틀린 것은? (2023년 제34회)
① 건축물 중 조작 설비에 속하는 부분으로서 그 주체구조부와 하나가 되어 건축물로서의 효용가치를 이루고 있는 것에 대하여는 주체구조부 취득자 외의 자가 가설한 경우에도 주체구조부의 취득자가 함께 취득한 것으로 본다.
② 「도시개발법」에 따른 환지방식에 의한 도시개발사업의 시행으로 토지의 지목이 사실상 변경됨으로써 그 가액이 증가한 경우에는 그 환지계획에 따라 공급되는 환지는 사업시행자가, 체비지 또는 보류지는 조합원이 각각 취득한 것으로 본다.
③ 경매를 통하여 배우자의 부동산을 취득하는 경우에는 유상으로 취득한 것으로 본다.
④ 형제자매인 증여자의 채무를 인수하는 부동산의 부담부증여의 경우에는 그 채무액에 상당하는 부분은 부동산을 유상으로 취득하는 것으로 본다.
⑤ 부동산의 승계취득은 「민법」 등 관계 법령에 따른 등기를 하지 아니한 경우라도 사실상 취득하면 취득한 것으로 보고 그 부동산의 양수인을 취득자로 한다.

02 취득세의 납세의무자 관련 기출문제분석과 출제예상지문

03 지방세법상 취득세에 관한 설명으로 옳은 것은? (2022년 제33회)
① 건축물 중 부대설비에 속하는 부분으로서 그 주체구조부와 하나가 되어 건축물로서의 효용가치를 이루고 있는 것에 대하여는 주체구조부 취득자 외의 자가 가설한 경우에도 주체구조부 취득자가 함께 취득한 것으로 본다.
② 세대별 소유주택 수에 따른 중과 세율을 적용함에 있어 주택으로 재산세를 과세하는 오피스텔(2024년 취득)은 해당 오피스텔을 소유한 자의 주택 수에 가산하지 아니한다.
③ 납세의무자가 토지의 지목을 사실상 변경한 후 산출세액을 대한 신고를 하지 아니하고 그 토지를 매각하는 경우에는 산출세액에 100분의 80을 가산한 금액을 세액으로 하여 징수한다.
④ 공사현장사무소 등 임시건축물의 취득에 대하여는 그 존속기간에 관계없이 취득세를 부과하지 아니한다.
⑤ 토지를 취득한 자가 취득한 날로부터 1년 이내에 인접한 토지를 취득한 경우 그 취득가액이 100만원일 때에는 취득세를 부과하지 아니한다.

04 상속(피상속인이 상속인에게 한 유증 및 포괄유증과 신탁재산의 상속 포함)으로 인하여 취득하는 경우에는 상속인 각자가 상속받는 취득물건(지분을 취득하는 경우에는 그 지분에 해당하는 취득물건을 말함)을 취득한 것으로 본다. ( ) (2017년 제28회, 2001년 제12회)

05 상속으로 인하여 단독주택을 상속인이 공동으로 취득하는 경우에는 상속인 각자가 상속받는 취득물건을 취득한 것으로 보고, 공동상속인이 그 취득세를 연대하여 납부할 의무를 진다. ( ) (2023년 제34회)

06 「주택법」에 따른 주택조합이 해당 조합원용으로 취득하는 조합주택용 부동산(조합원에게 귀속되지 아니하는 부동산은 제외)은 그 조합원이 취득한 것으로 본다. ( ) (2016년 제27회, 2008년 제19회, 2004년 제15회, 2001년 제12회)

07 甲소유의 미등기건물에 대하여 乙이 채권확보를 위해 법원의 판결에 의한 소유권보존등기를 甲의 명의로 등기할 경우의 취득세 납세의무는 甲에게 있다. ( ) (2013년 제24회, 2010년 제21회)

08 채권자대위자는 납세의무자를 대위하여 부동산의 취득에 대한 취득세를 신고납부할 수 없다. ( ) (출제예상지문)

09 지방자치단체의 장은 채권자대위자의 부동산의 취득에 대한 취득세 신고납부가 있는 경우 납세의무자에게 그 사실을 즉시 통보하여야 한다. ( ) (출제예상지문)

10 「신탁법」에 따라 신탁재산의 위탁자 지위의 이전이 있는 경우에는 새로운 위탁자가 해당 신탁재산을 취득한 것으로 본다. 다만, 위탁자 지위의 이전에도 불구하고 신탁재산에 대한 실질적인 소유권 변동이 있다고 보기 어려운 경우에는 그러하지 아니하다. ( ) (출제예상지문)

03 취득의 유형

(1) 배우자 또는 직계존비속의 취득
① 원칙: 증여
② 유상: 공매[경매 포함], 파산선고, 교환, 대가지급[소득 증명, 소유재산 처분 또는 담보, 상속 또는 수증 재산] 등

(2) 부담부증여: 배우자 또는 직계존비속은 (1)을 준용
① 채무액: 유상
② 채무액을 제외한 부분: 증여

(3) 상속재산을 재분할한 결과 특정 상속인이 당초 상속분을 초과하여 취득하게 되는 재산가액
① 원칙: 상속분이 감소한 상속인으로부터 증여받아 취득한 것으로 봄
② 예외: 다음의 어느 하나에 해당하는 경우에는 상속
  ㉠ 취득세 신고·납부기한 내에 재분할에 의한 취득과 등기 등을 모두 마친 경우
  ㉡ 상속회복청구의 소에 의한 법원의 확정판결에 의하여 상속인 및 상속재산에 변동이 있는 경우
  ㉢ 민법 제404조에 따른 채권자대위권의 행사에 의하여 공동상속인들의 법정상속분대로 등기 등이 된 상속재산을 상속인사이의 협의분할에 의하여 재분할하는 경우

부담부증여

구 분			유형
일반적인 경우	채무		유상
	채무 외		증여
배우자 또는 직계존비속	채무	원칙	증여
		입증되는 경우 ① 공매(경매) ② 파산선고 ③ 교환: 등기 또는 등록이 필요한 부동산 등 ④ 대가지급: 소득, 재산 처분·담보, 상속·수증	유상
	채무 외		증여

04 취득세의 과세대상

① 부동산: 토지, 건축물
② 부동산에 준하는 것: 차량, 기계장비, 입목, 항공기, 선박
③ 각종 권리: 광업권, 어업권, 양식업권, 골프회원권, 승마회원권, 콘도미니엄회원권, 종합체육시설이용회원권, 요트회원권

03 취득의 유형 관련 기출문제분석과 출제예상지문

01 직계비속이 공매를 통하여 직계존속의 부동산을 취득하는 경우 유상으로 취득한 것으로 본다. ( ) (2016년 제27회)

02 파산선고로 인하여 처분되는 부동산을 취득한 경우에는 취득세를 부과하지 아니한다. ( ) (2019년 제30회)

03 직계비속이 권리의 이전에 등기가 필요한 직계존속의 부동산을 서로 교환한 경우 무상으로 취득한 것으로 본다. ( ) (2021년 제32회, 2016년 제27회)

04 직계비속이 직계존속의 부동산을 매매로 취득하는 때에 해당 직계비속의 다른 재산으로 그 대가를 지급한 사실이 입증되는 경우 유상으로 취득한 것으로 본다. ( ) (2016년 제27회)

05 배우자 또는 직계존비속이 아닌 증여자의 채무를 인수하는 부담부증여의 경우에 그 채무액에 상당하는 부분은 부동산 등을 유상 취득한 것으로 보지 아니한다. ( ) (2021년 제32회, 2015년 제26회)

06 「지방세법」상 부동산의 유상취득으로 보지 않는 것은? (2014년 제25회)
① 공매를 통하여 배우자의 부동산을 취득한 경우
② 파산선고로 인하여 처분되는 직계비속의 부동산을 취득한 경우
③ 배우자의 부동산을 취득한 경우로서 그 취득대가를 지급한 사실을 증명한 경우
④ 권리의 이전이나 행사에 등기가 필요한 부동산을 직계존속과 서로 교환한 경우
⑤ 배우자 또는 직계존비속이 아닌 증여자의 채무를 인수하는 부담부증여로 취득한 경우로서 그 채무액에 상당하는 부분을 제외한 나머지 부분의 경우

07 상속회복청구의 소에 의한 법원의 확정판결에 의하여 특정 상속인이 당초 상속분을 초과하여 취득하게 되는 재산가액은 상속분이 감소한 상속인으로부터 증여받아 취득한 것으로 본다. ( ) (2021년 제32회)

04 취득세의 과세대상 관련 기출문제분석과 출제예상지문

01 취득세에서 사용하는 용어 중 "부동산"이란 토지 및 건축물을 말한다. ( ) (2020년 제31회)

02 "토지"란 「공간정보의 구축 및 관리 등에 관한 법률」에 따라 지적공부의 등록대상이 되는 토지와 그 밖에 사용되고 있는 사실상의 토지를 말한다. ( ) (2005년 제16회)

03 취득세는 부동산, 부동산에 준하는 자산, 어업권을 제외한 각종 권리 등을 취득한 자에게 부과한다. ( ) (2015년 제26회)

04 「지방세법」상 취득세 과세대상이 되는 취득의 목적물이 아닌 것은? (2006년 제17회)
① 콘도미니엄 회원권
② 등기된 부동산임차권
③ 골프회원권
④ 지목이 잡종지인 토지
⑤ 승마회원권

05 취득세의 비과세

① **국가 등**의 취득. 다만, 대한민국 정부기관에 **과세**하는 **외국정부는 과세**
② 국가 등에 **귀속·기부채납 부동산** 및 **사회기반시설**. 다만, 타인에게 **매각·증여, 무상사용권**을 제공받는 경우 등은 **과세**
③ 신탁법에 따른 **수탁자**에게 이전, **위탁자**에게 이전, **신수탁자**에게 이전. 다만, **조합 등은 과세**
④ 「**징발재산**」 또는 「**국가보위**」에 따른 **환매권**
⑤ **1년 이하** + **임시건축물**. 다만, **사치성은 과세**
⑥ **공동주택** + **개수** + **9억원 이하**. 다만, **대수선은 과세**
⑦ 천재지변 등 차량 상속

05 취득세의 비과세 관련 기출문제분석과 출제예상지문

01 국가 및 외국정부의 취득에 대해서는 취득세를 부과한다. ( ) (2020년 제31회)

02 대한민국 정부기관의 취득에 대하여 과세하는 외국정부 취득에 대해서는 취득세를 부과한다. ( ) (2021년 제32회, 2010년 제21회)

03 국가, 지방자치단체 또는 지방자치단체 조합에 귀속 또는 기부채납을 조건으로 취득하는 부동산에 대하여는 취득세를 부과하지 아니한다. ( ) (2012년 제23회, 2010년 제21회, 2009년 제20회, 2006년 제17회)

04 지방자치단체에 귀속 또는 기부채납을 조건으로 부동산을 취득하는 경우로서 지방자치단체에 귀속 등의 조건을 이행하지 아니하고 타인에게 매각·증여하거나 귀속 등을 이행하지 아니하는 것으로 조건이 변경된 경우에는 취득세를 부과한다. ( ) (2009년 제20회)

05 지방자치단체에 기부채납을 조건으로 부동산을 취득하는 경우라도 그 반대급부로 기부채납 대상물의 무상사용권을 제공받는 때에는 그 해당 부분에 대해서는 취득세를 부과한다. ( ) (2017년 제28회)

06 「주택법」에 따른 주택조합이 해당 조합원용으로 조합주택용 부동산을 취득한 경우에는 취득세를 부과하지 아니한다. ( ) (2019년 제30회)

07 「지방세법」상 신탁(「신탁법」에 따른 신탁으로서 신탁등기가 병행되는 것임)으로 인한 신탁재산의 취득으로서 취득세를 부과하는 경우는 모두 몇 개인가? (2018년 제29회)

> ㉠ 위탁자로부터 수탁자에게 신탁재산을 이전하는 경우
> ㉡ 신탁의 종료로 인하여 수탁자로부터 위탁자에게 신탁재산을 이전하는 경우
> ㉢ 수탁자가 변경되어 신수탁자에게 신탁재산을 이전하는 경우
> ㉣ 주택법에 따른 주택조합이 비조합원용 부동산을 취득하는 경우

① 0개 ② 1개 ③ 2개 ④ 3개 ⑤ 4개

08 「징발재산정리에 관한 특별조치법」 또는 「국가보위에 관한 특별조치법 폐지법률」 부칙 제2항에 따른 동원대상지역 내의 토지의 수용·사용에 관한 환매권의 행사로 매수하는 부동산의 취득에 대하여는 취득세를 부과하지 아니한다. ( ) (출제예상지문)

09 공사현장사무소 등 임시건축물의 취득에 대하여는 그 존속기간에 관계없이 취득세를 부과하지 아니한다. ( ) (2022년 제33회)

10 법령이 정하는 고급오락장에 해당하는 임시건축물의 취득에 대하여는 존속기간에 상관없이 취득세를 부과하지 아니한다. ( ) (2012년 제23회)

11 「주택법」에 따른 공동주택의 개수(「건축법」에 따른 대수선 제외)로 인한 취득 중 개수로 인한 취득 당시 주택의 시가표준액이 9억원 이하인 경우에는 취득세를 부과하지 아니한다. ( ) (2019년 제30회, 2017년 제28회)

12 「건축법」상 대수선으로 인해 공동주택을 취득한 경우에는 취득세를 비과세한다. ( ) (2012년 제23회)

06 취득의 시기

① 유상
  ㉠ 사실상의 잔금지급일
  ㉡ 신고를 하면서 사실상의 잔금지급일을 확인할 수 있는 자료를 제출하지 않는 경우: 계약상의 잔금지급일[명시되지 않은 경우: 계약일부터 60일이 경과한 날]
  ㉢ 계약해제: ㉠ 및 ㉡에도 불구하고 해당 취득물건을 등기·등록하지 않고 취득일부터 60일 이내에 계약이 해제된 사실이 입증되는 경우에는 취득한 것으로 보지 않음
  ㉣ ㉠과 ㉡의 취득시기 전에 등기 또는 등록: 등기일 또는 등록일

② 연부
  ㉠ 연부(취득가액의 총액이 면세점의 적용을 받는 것은 제외): 사실상의 연부금지급일
  ㉡ ㉠의 취득시기 전에 등기 또는 등록: 등기일 또는 등록일

③ 무상
  ㉠ 상속 또는 유증: 상속 또는 유증개시일
  ㉡ 증여 등 무상취득: 계약일. 다만, 계약일 전에 등기 또는 등록: 등기일 또는 등록일
  ㉢ 계약해제: 해당 취득물건을 등기·등록하지 않고 취득일이 속하는 달의 말일부터 3개월 이내에 계약이 해제된 사실이 입증되는 경우에는 취득한 것으로 보지 않음

④ 건축·개수: 사용승인서를 내주는 날(임시사용승인일, 무허가는 사실상 사용이 가능한 날)과 사실상의 사용일 중 빠른 날

⑤ 조합원에게 귀속되지 아니하는 토지
  ㉠ 주택조합: 사용검사를 받은 날
  ㉡ 재건축조합 등: 소유권이전고시일의 다음 날

⑥ 매립·간척: 공사준공인가일. 다만, 공사준공인가일 전에 승낙 등을 받은 경우는 사용승낙일·허가일 또는 사실상 사용일 중 빠른 날

⑦ 토지의 지목변경: 사실상 변경된 날과 공부상 변경된 날 중 빠른 날. 다만, 지목변경일 이전에 사용하는 부분은 사실상의 사용일

⑧ 점유: 등기일 또는 등록일

⑨ 이혼시 재산분할: 등기일 또는 등록일

06 취득의 시기 관련 기출문제분석과 출제예상지문

01 「지방세법」상 취득의 시기에 관한 설명으로 틀린 것은? (2019년 제30회)
  ① 상속으로 인한 취득의 경우: 상속개시일
  ② 신고인이 제출한 자료로 사실상의 잔금지급일을 확인할 수 있는 유상승계취득의 경우: 그 사실상의 잔금지급일과 등기일 또는 등록일 중 빠른 날
  ③ 건축물(주택 아님)을 건축하여 취득하는 경우로서 사용승인서를 내주기 전에 임시사용승인을 받은 경우: 그 임시사용승인일과 사실상의 사용일 중 빠른 날
  ④ 「민법」 제839조의2에 따른 재산분할로 인한 취득의 경우: 취득물건의 등기일 또는 등록일
  ⑤ 관계 법령에 따라 매립으로 토지를 원시취득하는 경우: 취득물건의 등기일

06 취득의 시기 관련 기출문제분석과 출제예상지문

02 지방세기본법령 및 지방세법령상 취득세 납세의무의 성립에 관한 설명으로 틀린 것은? (2023년 제34회)

① 상속으로 인한 취득의 경우에는 상속개시일이 납세의무의 성립시기이다.
② 부동산의 증여계약으로 인한 취득에 있어서 소유권이전등기를 하지 않고 계약일이 속하는 달의 말일부터 3개월 이내에 공증받은 공정증서로 계약이 해제된 사실이 입증되는 경우에는 취득한 것으로 보지 않는다.
③ 유상승계취득의 경우 신고인이 제출한 자료로 사실상의 잔금지급일을 확인할 수 있는 때에는 사실상의 잔금지급일이 납세의무의 성립시기이다.
④ 「민법」에 따른 이혼시 재산분할로 인한 부동산 취득의 경우에는 취득물건의 등기일이 납세의무의 성립시기이다.
⑤ 「도시 및 주거환경정비법」에 따른 재건축조합이 재건축사업을 하면서 조합원으로부터 취득하는 토지 중 조합원에게 귀속되지 아니하는 토지를 취득하는 경우에는 같은 법에 따른 준공인가 고시일의 다음 날이 납세의무의 성립시기이다.

03 부동산을 연부로 취득하는 것은 등기일에 관계없이 그 사실상의 최종연부금 지급일을 취득일로 본다. ( ) (2013년 제24회)

04 「지방세법」상 취득의 시기 등에 관한 설명으로 틀린 것은? (2017년 제28회)

① 연부로 취득하는 것(취득가액의 총액이 50만원 이하인 것은 제외)은 그 사실상의 연부금 지급일을 취득일로 본다. 단, 취득일 전에 등기 또는 등록한 경우에는 그 등기일 또는 등록일에 취득한 것으로 본다.
② 관계법령에 따라 매립·간척 등으로 토지를 원시취득하는 경우로서 공사준공인가일 전에 사실상 사용하는 경우에는 그 사실상 사용일을 취득일로 본다.
③ 「주택법」에 따른 주택조합이 주택건설사업을 하면서 조합원으로부터 취득하는 토지 중 조합원에게 귀속되지 아니하는 토지를 취득하는 경우에는 「주택법」에 따른 사용검사를 받은 날에 그 토지를 취득한 것으로 본다.
④ 「도시 및 주거환경정비법」에 따른 재건축조합이 재건축사업을 하면서 조합원으로부터 취득하는 토지 중 조합원에게 귀속되지 아니하는 토지를 취득하는 경우에는 「도시 및 주거환경정비법」에 따른 소유권이전 고시일에 그 토지를 취득한 것으로 본다.
⑤ 토지의 지목변경에 따른 취득은 토지의 지목이 사실상 변경된 날과 공부상 변경된 날 중 빠른 날을 취득일로 본다. 다만, 토지의 지목변경일 이전에 사용하는 부분에 대해서는 그 사실상의 사용일을 취득일로 본다.

05 토지의 지목변경에 따른 취득은 토지의 지목이 사실상 변경된 날을 취득일로 본다. ( ) (2020년 제31회)

06 토지의 지목변경에 따른 취득은 지목변경일 이전에 그 사용 여부와 관계없이 사실상 변경된 날과 공부상 변경된 날 중 빠른 날을 취득일로 본다. ( ) (2013년 제24회)

07 「민법」 제245조 및 제247조에 따른 점유로 인한 취득의 경우에는 점유를 개시한 날을 취득일로 본다. ( ) (출제예상지문)

07 취득세의 과세표준

(1) 취득당시가액: 연부취득은 연부금액(매회 사실상 지급되는 금액, 계약보증금 포함)

① **유상승계취득**: 매매 또는 교환 등
  ㉠ 원칙: **사실상취득가격**
  ㉠ 부당행위계산: **시가인정액**을 취득당시가액으로 결정할 수 있음
② **무상**: **시가인정액**. 다만, 상속은 **시가표준액**
③ **부담부증여**: 채무부담액은 **유상승계취득에서의 과세표준을 적용**, 시가인정액에서 채무부담액을 **뺀 잔액은 무상취득에서의 과세표준을 적용**
④ **원시취득과 개수**: **사실상취득가격**. 다만, 법인이 아닌 자가 건축물을 건축하여 취득하는 경우로서 사실상취득가격을 확인할 수 없는 경우에는 **시가표준액**
⑤ **토지의 지목을 사실상 변경한 경우**: 그 변경으로 증가한 가액에 해당하는 사실상취득가격. 다만, 사실상취득가격을 확인할 수 없는 경우에는 **지목변경 이후의 토지에 대한 시가표준액에서 지목변경 전의 토지에 대한 시가표준액을 뺀 가액**

07 취득세의 과세표준 ⑴ 취득당시가액 관련 기출문제분석과 출제예상지문

01 취득세의 과세표준은 <u>취득 당시의 가액</u>으로 한다. 다만, <u>연부</u>로 취득하는 경우 과세표준은 <u>연부금액</u>(<u>매회 사실상 지급되는 금액</u>을 말하며, 취득금액에 포함되는 <u>계약보증금을 포함</u>)으로 한다. (   ) (2015년 제26회, 2009년 제20회, 2005년 제16회)

02 부동산등을 <u>유상</u>거래로 승계취득하는 경우 <u>취득당시가액</u>은 <u>취득시기 이전</u>에 해당 물건을 취득하기 위하여 납세의무자 등이 거래 상대방이나 제3자에게 지급하였거나 지급하여야 할 일체의 <u>비용</u>으로서 <u>사실상취득가격</u>으로 한다. (   ) (출제예상지문)

03 지방자치단체의 장은 부동산등을 <u>유상</u>승계취득으로 <u>부당행위계산</u>을 한 것으로 인정되는 경우에는 <u>시가표준액</u>을 취득당시가액으로 결정할 수 있다. (   ) (출제예상지문)

04 <u>부당행위계산</u>은 특수관계인으로부터 시가인정액보다 낮은 가격으로 부동산을 취득한 경우로서 <u>시가인정액과 사실상취득가격의 차액</u>이 <u>3억원 이상</u>이거나 <u>시가인정액의 100분의 5</u>에 상당하는 금액 이상인 경우로 한다. (   ) (출제예상지문)

05 <u>취득물건에 대한 시가표준액이 1억원을 초과하는 부동산등</u>을 <u>증여</u>로 취득하는 경우 <u>취득당시가액</u>은 <u>시가인정액</u>으로 한다. (   ) (출제예상지문)

06 <u>상속</u>에 따른 무상취득의 경우 <u>취득당시가액</u>은 <u>시가표준액</u>으로 한다. (   ) (출제예상지문)

07 증여자의 채무를 인수하는 <u>부담부 증여</u>의 경우 <u>채무부담액</u>에 대해서는 <u>유상승계취득</u>에서의 과세표준을 적용하고, 취득물건의 <u>시가인정액에서 채무부담액을 뺀 잔액</u>에 대해서는 <u>무상</u>취득에서의 과세표준을 적용한다. (   ) (출제예상지문)

08 부동산등을 원시취득하는 경우 취득당시가액은 <u>사실상취득가격</u>으로 한다. 다만, <u>법인이 아닌 자</u>가 건축물을 건축하여 취득하는 경우로서 <u>사실상취득가격을 확인할 수 없는 경우</u>의 취득당시가액은 <u>시가표준액</u>으로 한다. (   ) (출제예상지문)

09 토지의 <u>지목을 사실상 변경</u>한 경우 <u>취득당시가액</u>은 그 변경으로 증가한 가액에 해당하는 <u>사실상취득가격</u>으로 한다. 다만, 법인이 아닌 자가 취득하는 경우로서 사실상취득가격을 확인할 수 없는 경우 취득당시가액은 <u>지목변경 이후의 토지에 대한 시가표준액에서 지목변경 전의 토지에 대한 시가표준액을 뺀 가액</u>으로 한다. (   ) (출제예상지문)

10 <u>부동산등을 한꺼번에 취득</u>하여 각 과세물건의 취득 당시의 가액이 구분되지 않는 경우에는 한꺼번에 취득한 가격을 각 과세물건별 <u>시가표준액 비율로 나눈 금액</u>을 각각의 취득 당시의 가액으로 한다. (   ) (출제예상지문)

07 취득세의 과세표준

(2) 사실상취득가격의 범위

구 분		포함		불포함	
		법인	개인	법인	개인
직접비용: 계약금, 중도금, 잔금		○	○		
간접비용	건설자금이자	○			○
	할부·연부이자 및 연체료	○			○
	의무	○	○		
	필요	○	○		
	약정	○	○		
	채권 매각차손(금융회사 한도)	○	○		
	중개보수	○			○
	설치비용	○	○		
	판매			○	○
	전기·가스·열			○	○
	별개			○	○
	부가가치세			○	○
할인금액				○	○

(3) 시가인정액의 산정: 취득일 전 6개월부터 취득일 후 3개월 이내의 기간

① 매매: 거래가액. 다만, 부당은 제외
② 감정가액: 감정가액의 평균액
③ 경매 또는 공매: 경매가액 또는 공매가액

07 취득세의 과세표준 (2) 사실상취득가격의 범위 관련 기출문제분석과 출제예상지문

01 "사실상취득가격"이란 해당 물건을 취득하기 위하여 거래 상대방 또는 제3자에게 지급했거나 지급해야 할 직접비용과 간접비용의 합계액을 말한다. (   ) (출제예상지문)

02 취득대금을 일시급 등으로 지급하여 일정액을 할인받은 경우에는 그 할인된 금액으로 하고, 법인이 아닌 자가 취득한 경우에는 건설자금에 충당한 차입금의 이자 또는 이와 유사한 금융비용, 할부 또는 연부 계약에 따른 이자 상당액 및 연체료 또는 「공인중개사법」에 따른 공인중개사에게 지급한 중개보수의 금액을 제외한 금액으로 한다. (   ) (출제예상지문)

03 취득대금을 일시급으로 지급하여 일정액을 할인받은 경우 그 할인금액은 사실상취득가격에 포함하지 아니한다. (   ) (2010년 제21회)

07 취득세의 과세표준 (2) 사실상취득가격의 범위 관련 기출문제분석과 출제예상지문

04 「지방세법」 사실상취득가격을 취득세의 과세표준으로 하는 경우 사실상취득가격에 포함되지 않는 것은?(단, 특수관계인과의 거래가 아니며 비용 등은 취득시기 이전에 지급되었음) (2016년 제27회)

① 「전기사업법」에 따라 전기를 사용하는 자가 분담하는 비용
② 법인이 취득하는 경우 건설자금에 충당한 차입금의 이자
③ 법인이 연부로 취득하는 경우 연부 계약에 따른 이자상당액
④ 취득에 필요한 용역을 제공받은 대가로 지급하는 용역비
⑤ 취득대금 외에 당사자의 약정에 따른 취득자 조건 부담액

05 甲은 특수관계 없는 乙로부터 다음과 같은 내용으로 유상거래로 주택을 승계취득하였다. 취득세 과세표준 금액으로 옳은 것은? (2018년 제29회)

- 계약내용
  - 총매매대금 500,000,000원
    2024년 7월 5일 계약금 50,000,000원
    2024년 8월 2일 중도금 150,000,000원
    2024년 9월 7일 잔금 300,000,000원
- 甲이 주택 취득과 관련하여 취득시기 이전에 지출한 비용
  - 총매매대금 외에 당사자 약정에 의하여 乙의 은행채무를 甲이 대신 변제한 금액 10,000,000원
  - 법령에 따라 매입한 국민주택채권을 해당 주택의 취득 이전에 금융회사에 양도함으로써 발생하는 매각차손 1,000,000원

① 500,000,000원 ② 501,000,000원 ③ 509,000,000원
④ 510,000,000원 ⑤ 511,000,000원

06 법인인 A회사는 다음과 같은 내용으로 특수관계 없는 법인인 B회사로부터 유상거래로 건물을 승계취득하였다. 이 때 법인인 A회사의 취득세 과세표준은 얼마가 되어야 하는가? (2003년 제14회)

(1) 계약내용(계약대상은 건물만 해당)
  ① 계약총액 110,000,000원(부가가치세 10,000,000원 포함)
  ② 2024년 5월 1일 계약금 20,000,000원 지급
  ③ 2024년 5월 31일 잔금 90,000,000원 지급
(2) A회사가 건물취득과 관련하여 지출한 비용
  ① 해당 건물의 취득과 관련하여 건설자금에 충당한 금액의 이자 5,000,000원
  ② 공인중개사에게 지급한 중개보수 1,000,000원(부가가치세 제외)

① 80,000,000원 ② 105,000,000원 ③ 106,000,000원
④ 110,000,000원 ⑤ 116,000,000원

07 취득세의 과세표준 (3) 시가인정액의 산정 관련 기출문제분석과 출제예상지문

01 "시가인정액"이란 취득일 전 3개월부터 취득일 후 6개월 이내의 기간에 "부동산등"에 대하여 "매매등" 사실이 있는 경우의 가액으로서 그 거래가액 등을 말한다. (   ) (출제예상지문)

08 취득세의 세율

(1) 취득세의 표준세율

취득 원인			표준세율
유상	주택	6억원 이하	1천분의 10
		6억원 초과 9억원 이하	$[(취득가액 \times 2/3억원) - 3] \times 1/100$
		9억원 초과	1천분의 30
	농지		1천분의 30
	그 이외 부동산		1천분의 40
상속	농지		1천분의 23
	농지 이외 부동산		1천분의 28
상속 이외	비영리사업자		1천분의 28
	비영리사업자 외		1천분의 35
원시			1천분의 28
공유물의 분할 등(본인 지분 초과 부분은 제외)			1천분의 23
합유물 및 총유물의 분할			1천분의 23

(2) 표준세율 적용시 유의사항

① 조례로 **표준세율의 100분의 50의 범위**에서 가감할 수 있음
② **교환**: 유상승계취득의 세율을 적용
③ **건축[신축과 재축은 제외]**또는 **개수**로 인하여 건축물 면적이 증가할 때 **그 증가된 부분: 원시취득**으로 보아 세율 적용
④ 둘 이상의 세율: **높은 세율**을 적용
⑤ 부동산이 **공유물**: **그 취득지분의 가액**을 과세표준으로 하여 각각의 세율을 적용
⑥ 주택을 신축 또는 증축한 이후 해당 주거용 건축물의 소유자(배우자 및 직계존비속을 포함)가 해당 주택의 부속토지를 취득하는 경우: **유상거래를 원인으로 하는 주택 취득의 세율을 적용하지 아니함**
⑦ 법인이 합병 또는 분할에 따라 부동산을 취득하는 경우: 유상거래에 따른 농지는 1천분의 30, 농지 외의 것은 1천분의 40

08 취득세의 세율 (1) 취득세의 표준세율 관련 기출문제분석과 출제예상지문

01 주택을 소유하지 않은 1세대가 유상거래를 원인으로 취득당시의 가액이 6억원 이하인 주택을 취득하는 경우에는 1천분의 20의 세율을 적용한다. ( ) (2014년 제25회, 2009년 제20회)

02 「지방세법」상 공유농지를 분할로 취득하는 경우 자기소유지분에 대한 취득세 과세표준의 표준세율은 1천분의 23이다. ( ) (2016년 제27회)

03 「지방세법」상 취득세의 표준세율이 가장 높은 것은?(단, 「지방세특례제한법」은 고려하지 않음) (2019년 제30회)

① 상속으로 건물(주택 아님)을 취득한 경우
② 「사회복지사업법」에 따라 설립된 사회복지법인이 독지가의 기부에 의하여 건물을 취득한 경우
③ 영리법인이 공유수면을 매립하여 농지를 취득한 경우
④ 주택을 소유하지 않은 1세대가 유상거래를 원인으로 「지방세법」 제10조에 따른 취득 당시의 가액이 8억원인 1주택(「주택법」에 의한 주택으로서 등기부에 주택으로 기재된 주거용 건축물과 그 부속토지)을 취득한 경우
⑤ 유상거래를 원인으로 농지를 취득한 경우

04 「지방세법」상 부동산 취득시 취득세 과세표준에 적용되는 표준세율로 옳은 것을 모두 고른 것은? (2015년 제26회)

> ㄱ. 상속으로 인한 농지취득: 1천분의 23
> ㄴ. 합유물 및 총유물의 분할로 인한 취득: 1천의 23
> ㄷ. 원시취득(공유수면의 매립 또는 간척으로 인한 농지취득 제외): 1천분의 28
> ㄹ. 법령으로 정한 비영리사업자의 상속 외의 무상취득: 1천분의 28

① ㄱ, ㄴ   ② ㄴ, ㄷ   ③ ㄱ, ㄷ
④ ㄴ, ㄷ, ㄹ   ⑤ ㄱ, ㄴ, ㄷ, ㄹ

08 취득세의 세율 (2) 표준세율 적용시 유의사항 관련 기출문제분석과 출제예상지문

01 지방자치단체의 장은 조례로 정하는 바에 따라 취득세의 세율을 표준세율의 100분의 50의 범위에서 가감할 수 있다. ( ) (2015년 제26회, 2005년 제16회)

02 부동산을 상호 교환하여 소유권이전등기를 하는 것은 무상승계취득에 해당하는 세율을 적용한다. ( ) (2010년 제21회)

03 「지방세법」상 농지를 상호 교환하여 소유권이전등기를 할 때 적용하는 취득세 표준세율은 1천분의 30이다. ( ) (2013년 제24회)

04 건축(신축과 재축은 제외)으로 인하여 건축물 면적이 증가할 때에는 그 증가된 부분에 대하여 원시취득으로 보아 해당 세율을 적용한다. ( ) (2015년 제26회)

05 건축물의 개수로 인하여 건축물 면적이 증가할 때에는 그 증가된 부분이 아닌 전체 면적을 원시취득으로 본다. ( ) (2011년 제22회)

06 같은 취득물건에 대하여 둘 이상의 세율이 해당되는 경우에는 그 중 낮은 세율을 적용한다. ( ) (2014년 제25회, 2005년 제16회)

08 취득세의 세율

(3) 주택 취득 등 중과세율 적용시 주택 수 판단

구 분		주택 수	
		포함	불포함
주택의 공유지분		○	
주택의 부속토지		○	
신탁법에 따라 신탁된 주택	위탁자	○	
	수탁자		○
조합원입주권		○	
주택분양권		○	
주택으로 과세하는 오피스텔		○	

08 취득세의 세율 (3) 주택 취득 등 중과세율 적용시 주택 수 판단 관련 기출문제분석과 출제예상지문

01 법인의 주택 취득 등 중과 적용시 주택의 공유지분이나 부속토지만을 소유하거나 취득하는 경우에는 주택을 소유하거나 취득한 것으로 보지 아니한다. ( ) (출제예상지문)

02 법인의 주택 취득 등 중과 적용시 「신탁법」에 따라 신탁된 주택은 수탁자의 주택 수에 가산한다. ( ) (출제예상지문)

03 법인의 주택 취득 등 중과 적용시 「도시 및 주거환경정비법」 제74조에 따른 관리처분계획의 인가로 인하여 취득한 조합원입주권은 해당 주거용 건축물이 멸실된 경우라도 해당 조합원입주권 소유자의 주택 수에 가산한다. ( ) (출제예상지문)

04 법인의 주택 취득 등 중과 적용시 「부동산 거래신고 등에 관한 법률」 제3조 제1항 제2호에 따른 주택분양권은 해당 주택분양권을 소유한 자의 주택 수에 가산한다. ( ) (출제예상지문)

05 세대별 소유주택 수에 따른 중과 세율을 적용함에 있어 주택으로 재산세를 과세하는 오피스텔(2023년 취득)은 해당 오피스텔을 소유한 자의 주택 수에 가산하지 아니한다. ( ) (2022년 제33회)

08 취득세의 세율

(4) 사치성 재산 등에 대한 중과세율

① **사치성 재산**[회원제 골프장, 고급오락장, 고급선박, 고급주택]: **표준세율 + 중과기준세율의 100분의 400**
  ㉠ 토지의 경계가 명확하지 아니할 때: 건축물 바닥면적의 **10배**
  ㉡ 중과에서 제외되는 용도변경공사: **60일**[상속은 상속개시일이 속하는 달의 말일부터 6개월(외국 9개월)]
② **과밀억제권역**: 본점[**영리**법인]·주사무소[**비영리**법인] + 공장
③ **대도시**: 법인의 **설립**, 지점 등의 **설치**, 대도시로 **전입**에 따른 **부동산**
  ㉠ **휴면법인** 인수 포함
  ㉡ **중과제외대상**: 은행업, 할부금융업 등 대도시 중과 제외 업종 부동산

08 취득세의 세율 (4) 사치성 재산 등에 대한 중과세율 관련 기출문제분석과 출제예상지문

01 「지방세법」상 취득세 표준세율과 중과기준세율의 100분의 400을 합한 세율이 적용되는 취득세 과세대상은 다음 중 모두 몇 개인가?(다만, 「지방세법」상 중과세율의 적용요건을 모두 충족하는 것으로 가정한다) (2010년 제21회)

> ㉠ 골프장
> ㉡ 고급주택
> ㉢ 고급오락장
> ㉣ 과밀억제권역에서 법인 본점으로 사용하는 사업용 부동산

① 0개 ② 1개 ③ 2개
④ 3개 ⑤ 4개

02 고급주택·고급오락장에 부속된 토지의 경계가 명확하지 아니할 때에는 그 건축물 바닥면적의 20배에 해당하는 토지를 그 부속토지로 본다. ( ) (출제예상지문)

03 주거용 건축물을 취득한 날부터 60일[상속으로 인한 경우는 상속개시일이 속하는 달의 말일부터, 실종으로 인한 경우는 실종선고일이 속하는 달의 말일부터 각각 6개월(납세자가 외국에 주소를 둔 경우에는 각각 9개월)] 이내에 주거용이 아닌 용도로 사용하거나 고급주택이 아닌 용도로 사용하기 위하여 용도변경공사를 착공하는 경우는 고급주택에서 제외한다. ( ) (출제예상지문)

04 「지방세법」상 대도시(과밀억제권역에서 산업단지 제외)에서 법인의 설립 등에 따른 부동산을 취득하는 경우 중과세율의 적용을 받는 대상은 영리법인 뿐만 아니라 비영리법인을 포함한다. ( ) (2004년 제15회)

05 「지방세법」상 대도시(과밀억제권역에서 산업단지 제외)에서 법인의 설립 등에 따른 부동산을 취득하는 경우 법령으로 정하는 대도시 중과 제외 업종에 직접 사용할 목적으로 부동산을 취득하는 경우의 취득세는 표준세율을 적용한다. ( ) (2004년 제15회)

08 취득세의 세율

(5) 취득세 세율의 특례: 중과기준세율 = 1천분의 20

구 분		세율의 특례	
		표준세율 − 중과기준세율	중과기준세율
환매등기		○	
상속	1가구 1주택 및 그 부속토지	○	
	감면대상 농지	○	
합병		○	
공유물 등의 분할	본인 지분	○	
	본인 지분 초과	−	
건축물의 이전	종전 가액	○	
	종전 가액 초과	−	
이혼	재산분할	○	
	위자료	−	
입목		○	
개수	종전 면적		○
	종전 면적 증가		−
지목변경			○
과점주주			○
묘지			○
임시건축물	1년 초과		○
	1년 이하		−
등록면허세에서 보존·이전등기			○
정원 등의 조성·설치			○

과 거	(구)취득세 경제	(구)등록세 등기		(구)면허세
	중과기준세율: 1천분의 20	소유권 등기	소유권 외 등기	
현 재	취득세	등록면허세		

취득세		세율 구조
(구)취득세 경제	(구)등록세 등기	
○	○	표준세율
×	○	세율의 특례: 표준세율 − 중과기준세율
○	×	세율의 특례: 중과기준세율

08 취득세의 세율 (5) 취득세 세율의 특례 관련 기출문제분석과 출제예상지문

01 환매등기를 병행하는 부동산의 매매로서 환매기간 내에 매도자가 환매한 경우의 그 매도자와 매수자의 취득에 대한 취득세는 표준세율에 중과기준세율(1천분의 20)을 합한 세율로 산출한 금액으로 한다. (   ) (2015년 제26회)

02 「지방세법」상 취득세 표준세율에서 중과기준세율을 뺀 세율로 산출한 금액을 그 세액으로 하는 것으로만 모두 묶은 것은?(단, 취득물건은 「지방세법」 제11조 제1항 제8호에 따른 주택 외의 부동산이며 취득세 중과대상이 아님) (2017년 제28회)

> ㉠ 환매등기를 병행하는 부동산의 매매로서 환매기간 내에 매도자가 환매한 경우의 그 매도자와 매수자의 취득
> ㉡ 존속기간이 1년을 초과하는 임시건축물의 취득
> ㉢ 「민법」 제839조의2에 따라 이혼시 재산분할로 인한 취득
> ㉣ 등기부등본상 본인 지분을 초과하지 않는 공유물의 분할로 인한 취득

① ㉠, ㉡　　② ㉡, ㉣　　③ ㉢, ㉣
④ ㉠, ㉡, ㉢　　⑤ ㉠, ㉢, ㉣

03 「지방세법」상 취득세 표준세율에서 중과기준세율을 뺀 세율로 산출한 금액을 취득세액으로 하되, 유상거래로 주택을 취득하는 경우에는 표준세율에 100분의 50을 곱한 세율을 적용하여 산출한 금액을 취득세액으로 하는 경우가 아닌 것은?(단, 취득물건은 취득세 중과대상이 아님) (2011년 제22회)

① 상속으로 인한 취득 중 법령으로 정하는 1가구 1주택 및 그 부속토지의 취득
② 공유물의 분할로 인한 취득(등기부등본상 본인지분을 초과하지 아니함)
③ 건축물의 이전으로 인한 취득(이전한 건축물의 가액이 종전 건축물의 가액을 초과하지 아니함)
④ 「민법」에 따른 이혼시 재산분할로 인한 취득
⑤ 개수로 인한 취득(개수로 인하여 건축물 면적이 증가하지 아니함)

04 「지방세법」상 취득세액을 계산할 때 중과기준세율만을 적용하는 경우를 모두 고른 것은? (단, 취득세 중과물건이 아님) (2013년 제24회)

> ㉠ 개수로 인하여 건축물 면적이 증가하는 경우 그 증가된 부분
> ㉡ 토지의 지목을 사실상 변경함으로써 그 가액이 증가한 경우
> ㉢ 법인 설립 후 유상 증자시에 주식을 취득하여 최초로 과점주주가 된 경우
> ㉣ 상속으로 농지를 취득한 경우

① ㉠, ㉡　　② ㉠, ㉣　　③ ㉡, ㉢
④ ㉠, ㉢, ㉣　　⑤ ㉡, ㉢, ㉣

09 취득세의 납세절차

(1) 신고납부
① **유상**: 그 취득한 날부터 60일 이내
② **무상**(상속은 **제외**) 및 **부담부증여**: 취득일이 속하는 달의 말일부터 3개월 이내
③ **상속**(실종): **상속개시일**(실종선고일)이 속하는 달의 말일부터 6개월 이내[외국: 9개월 이내]
④ 중과세율 적용대상과 부과대상 또는 추징대상: 60일 이내 + 가산세 제외
⑤ 등기하거나 등록하려는 경우: 등기·등록관서에 접수하는 날까지

(2) 기한 후 신고(= 납기 후의 과세표준 신고)
① 법정신고기한까지 과세표준 신고서를 제출하지 아니한 자 + 결정하여 통지하기 전
② **무신고가산세액**의 감면
　㉠ 1개월 이내: 100분의 50
　㉡ 1개월 초과 3개월 이내: 100분의 30
　㉢ 3개월 초과 6개월 이내: 100분의 20

(3) 납세지
① **부동산 소재지**
② 납세지가 불분명: 취득물건의 소재지
③ 둘 이상의 지방자치단체에 걸쳐 있는 경우: 소재지별로 안분

(4) 취득세의 면세점: 취득가액이 50만원 이하 + 1년 이내

(5) 보통징수와 가산세
① 보통징수: 신고 등 의무를 다하지 아니한 경우 또는 일시적 2주택이 3년 내에 종전 주택을 처분하지 못한 경우
② **시가인정액**으로 신고한 후 경정하기 전에 **수정신고**한 경우: 무신고가산세 및 과소신고가산세를 부과하지 아니함
③ 법인의 장부 등 작성과 보존의무 불이행에 대한 가산세: 100분의 10
④ 신고를 하지 아니하고 매각하는 경우: 100분의 80. 다만, 지목변경 등은 제외
⑤ 국가 등의 매각 통보: 매각일부터 30일 이내
⑥ 등기·등록관서의 장의 취득세 미납부 및 납부부족액에 대한 통보: 다음 달 10일까지

---

09 취득세의 납세절차 관련 기출문제분석과 출제예상지문

01 취득세 과세물건을 취득한 국내에 주소를 둔 자는 유상으로 인한 경우는 그 취득한 날부터 60일 이내, 상속으로 인한 경우는 상속개시일이 속하는 달의 말일부터 6개월 이내에 그 과세표준에 세율을 적용하여 산출한 세액을 신고하고 납부하여야 한다. ( ) (2014년 제25회, 2008년 제19회)

02 상속으로 취득세 과세물건을 취득한 자는 상속개시일로부터 6개월 이내에 과세표준과 세액을 신고하고 납부하여야 한다. ( ) (2020년 제31회)

03 증여자의 채무를 인수하는 부담부 증여로 인한 취득의 경우는 그 취득한 날부터 3개월 이내에 과세표준에 세율을 적용하여 산출한 세액을 신고하고 납부하여야 한다. ( ) (출제예상지문)

04 취득세가 경감된 과세물건이 추징대상이 된 때에는 그 사유발생일부터 30일 이내에 그 산출세액에서 이미 납부한 세액(가산세 포함)을 공제한 세액을 신고하고 납부하여야 한다. ( ) (2010년 제21회)

09 취득세의 납세절차 관련 기출문제분석과 출제예상지문

05 지방세법상 취득세에 관한 설명으로 틀린 것은? (2021년 제32회)
① 「도시 및 주거환경정비법」에 따른 재건축조합이 재건축사업을 하면서 조합원으로부터 취득하는 토지 중 조합원에게 귀속되지 아니하는 토지를 취득하는 경우에는 같은 법에 따른 소유권이전 고시일의 다음 날에 그 토지를 취득한 것으로 본다.
② 취득세 과세물건을 취득한 후에 그 과세물건이 중과세율의 적용대상이 되었을 때에는 "대통령령으로 정하는 날"부터 60일 이내에 중과세율을 적용하여 산출한 세액에서 이미 납부한 세액(가산세 포함)을 공제한 금액을 신고하고 납부하여야 한다.
③ 대한민국 정부기관의 취득에 대하여 과세하는 외국정부의 취득에 대해서는 취득세를 부과한다.
④ 상속으로 인한 취득의 경우에는 상속개시일에 취득한 것으로 본다.
⑤ 부동산의 취득은 「민법」 등 관계 법령에 따른 등기·등록 등을 하지 아니한 경우라도 사실상 취득하면 취득한 것으로 본다.

06 취득세의 기한 후 신고는 법정신고기한까지 신고한 경우에 한하여 할 수 있다. ( ) (2010년 제21회)

07 부동산을 취득한 자는 납세의무자의 주소지를 관할하는 지방자치단체에 취득세를 신고하고 납부하여야 한다. ( ) (2005년 제16회)

08 취득가액이 100만원인 경우에는 취득세를 부과하지 아니한다. ( ) (2014년 제25회)

09 토지를 취득한 자가 그 취득한 날부터 1년 이내에 그에 인접한 토지를 취득한 경우 그 전후의 취득에 관한 토지의 취득을 1건의 토지 취득으로 보아 취득세에 대한 면세점을 적용한다. ( ) (2020년 제31회, 2015년 제26회)

10 지방세법상 취득세의 부과·징수에 관한 설명으로 옳은 것은? (2022년 제33회)
① 취득세의 징수는 보통징수의 방법으로 한다.
② 상속으로 취득세 과세물건을 취득한 자는 상속개시일부터 60일 이내에 산출한 세액을 신고하고 납부하여야 한다.
③ 신고·납부기한 이내에 재산권과 그 밖의 권리의 취득·이전에 관한 사항을 공부에 등기하거나 등록(등재 포함)하려는 경우에는 등기 또는 등록 신청서를 등기·등록관서에 접수하는 날까지 취득세를 신고·납부하여야 한다.
④ 취득세 과세물건을 취득한 후에 그 과세물건이 중과 세율의 적용대상이 되었을 때에는 중과 세율을 적용하여 산출한 세액에서 이미 납부한 세액(가산세 포함)을 공제한 금액을 세액으로 신고하고 납부하여야 한다.
⑤ 법인의 취득당시가액을 증명할 수 있는 장부가 없는 경우 지방자치단체의 장은 그 산출된 세액의 100분의 20을 징수하여야 할 세액에 가산한다.

11 납세의무자가 취득세 과세물건을 사실상 취득한 후 취득세 신고를 하지 아니하고 매각하는 경우에는 산출세액에 100분의 50을 가산한 금액을 세액으로 하여 보통징수의 방법으로 징수한다. ( ) (2014년 제25회)

12 지목변경으로 인한 취득세 납세의무자가 신고를 하지 아니하고 매각하는 경우 산출세액에 100분의 80을 가산한 금액을 세액으로 하여 징수한다. ( ) (2020년 제31회)

13 국가가 취득세 과세물건을 매각하면 매각일부터 60일 이내에 지방자치단체의 장에게 신고하여야 한다. ( ) (2020년 제31회)

14 등기·등록관서의 장은 취득세가 납부되지 아니하였거나 납부부족액을 발견하였을 때에는 다음 달 10일까지 납세지를 관할하는 시장·군수·구청장에게 통보하여야 한다. ( ) (2014년 제25회)

03 | 등록에 대한 등록면허세

01 등록 : 다음의 등기나 등록은 포함

① 광업권·어업권 및 양식업권
② 외국인 소유 물건의 연부 취득
③ 취득세 부과 제척기간이 경과한 물건
④ 취득세 면세점에 해당하는 물건

02 납세의무자 : 등록을 하는 자(= 등기권리자)

① 전세권
  ㉠ 전세권 설정등기: 전세권자
  ㉡ 전세권 말소등기: 전세권설정자
② 근저당권
  ㉠ 근저당권 설정등기: 근저당권자
  ㉡ 근저당권 말소등기: 근저당권설정자 또는 말소대상 부동산의 현재 소유자

03 등록면허세의 비과세

① 국가 등이 받는 등록. 다만, 대한민국 정부기관에 과세하는 외국정부는 과세
② 체납으로 인한 압류해제의 등기 등
③ 공무원의 착오로 지번 오기에 대한 경정
④ 묘지인 토지에 관한 등기

01 등록 관련 기출문제분석과 출제예상지문

01 甲이 乙로부터 부동산을 40만원에 취득한 경우 등록면허세 납세의무가 있다. (   ) (2021년 제32회)

02 「지방세법」상 등록면허세가 과세되는 등록 또는 등기가 아닌 것은? (2018년 제29회)
  ① 광업권의 취득에 따른 등록
  ② 외국인 소유의 선박을 직접 사용하기 위하여 연부취득 조건으로 수입하는 선박의 등록
  ③ 취득세 부과제척기간이 경과한 주택의 등기
  ④ 취득가액이 50만원 이하인 차량의 등록
  ⑤ 계약상의 잔금지급일을 2024년 7월 20일로 하는 부동산(취득가액 1억원)의 소유권이전 등기

02 납세의무자 : 등록을 하는 자 관련 기출문제분석과 출제예상지문

01 등록을 하는 자는 등록면허세를 납부할 의무를 진다. 여기서 "등록"이란 재산권과 그 밖의 권리의 설정·변경 또는 소멸에 관한 사항을 공부에 등기하거나 등록하는 것을 말한다. ( ) (2012년 제23회)

02 재산권 기타 권리의 설정·변경 또는 소멸에 관한 사항을 공부에 등기 또는 등록을 받는 등기·등록부상에 기재된 명의자는 등록면허세를 납부할 의무를 진다. ( ) (2017년 제28회)

03 근저당권 설정등기의 경우 등록면허세의 납세의무자는 근저당권자이다. ( ) (2012년 제23회)

04 근저당권 말소등기의 경우 등록면허세의 납세의무자는 근저당권 설정자 또는 말소대상 부동산의 현재 소유자이다. ( ) (2012년 제23회)

05 甲이 乙소유 부동산에 관해 전세권설정등기를 하는 경우에 등록면허세의 납세의무자는 전세권자인 甲이다. ( ) (2018년 제29회)

06 丙이 甲으로부터 전세권을 이전받아 등기하는 경우라면 등록면허세의 납세의무자는 丙이다. ( ) (2018년 제29회)

03 등록면허세의 비과세 관련 기출문제분석과 출제예상지문

01 지방세법령상 등록에 대한 등록면허세가 비과세되는 경우로 틀린 것은? (2023년 제34회)
① 지방자치단체조합이 자기를 위하여 받는 등록
② 무덤과 이에 접속된 부속시설물의 부지로 사용되는 토지로서 지적공부상 지목이 묘지인 토지에 관한 등기
③ 회사의 정리 또는 특별청산에 관하여 법원의 촉탁으로 인한 등기(법인의 자본금 또는 출자금의 납입, 증자 및 출자전환에 따른 등기 제외)
④ 대한민국 정부기관의 등록에 대하여 과세하는 외국정부의 등록
⑤ 등기 담당 공무원의 착오로 인한 주소 등의 단순한 표시변경 등기

02 국가의 취득에 대해서는 취득세를 부과하지 아니하고, 국가가 자기를 위하여 받는 등록에 대하여는 등록면허세를 부과하지 아니한다. ( ) (2004년 제15회)

03 지방세의 체납으로 인하여 압류의 등기를 한 재산에 대하여 압류해제의 등기를 할 경우 등록면허세가 비과세된다. ( ) (2013년 제24회)

04 등기 담당 공무원의 착오로 인한 지번의 오기에 대한 경정 등기에 대해서는 등록면허세를 부과하지 아니한다. ( ) (2019년 제30회)

05 무덤과 이에 접속된 부속시설물의 부지로 사용되는 토지로서 지적공부상 지목이 묘지인 토지에 관한 등기에 대하여는 등록면허세를 부과하지 아니한다. ( ) (2017년 제28회, 2013년 제24회)

06 지목이 묘지인 토지의 등록에 대하여 등록면허세를 부과한다. ( ) (2020년 제31회)

04 등록면허세의 과세표준과 세율

(1) 과세표준과 표준세율

구 분				과세표준	표준세율
소유권	보존등기			부동산가액	1천분의 8
	이전등기	유상	주택		취득세율 × 100분의 50
			주택 외		1천분의 20
		무상	상속		1천분의 8
			상속 외		1천분의 15
가등기		설정 이전		부동산가액 채권금액	1천분의 2
지상권				부동산가액	
경매신청 가압류 저당권 가처분				채권금액	
지역권				요역지가액	
전세권				전세금액	
임차권				월임대차금액	
말소등기, 지목변경 등				건당	6천원

(2) 과세표준과 표준세율 적용

① 등록 당시의 가액: 신고가액. 다만, 신고가 없거나 신고가액이 시가표준액보다 적은 경우에는 시가표준액
② 취득세 면세점 등에 해당하는 물건의 등기 또는 등록: 취득당시가액. 다만, 등록 당시에 자산재평가 또는 감가상각 등의 사유로 그 가액이 달라진 경우에는 변경된 가액
③ 채권금액이 없을 때: 채권의 목적이 된 것의 가액 또는 처분의 제한의 목적이 된 금액
④ 신고서상의 금액과 공부상의 금액이 다를 경우: 공부상의 금액
⑤ 산출세액이 6천원 보다 적을 때에는 6천원으로 함
⑥ 조례로 표준세율의 100분의 50의 범위에서 가감할 수 있음

(3) 중과세율: 표준세율의 100분의 300

① 중과세 대상: 대도시에서 법인 설립, 지점이나 분사무소의 설치, 대도시 밖에서 대도시로의 전입에 따른 등기
② 중과세 제외대상: 은행업, 할부금융업 등 대도시 중과 제외 업종

04 등록면허세의 과세표준과 세율 (1) 과세표준과 표준세율 관련 기출문제분석과 출제예상지문

01 「지방세법」상 부동산 등기에 대한 등록면허세의 표준세율로서 틀린 것은?(단, 부동산 등기에 대한 표준세율을 적용하여 산출한 세액이 그 밖의 등기 또는 등록세율보다 크다고 가정하며, 중과세 및 비과세와 지방세특례제한법은 고려하지 않음) (2020년 제31회)

① 소유권 보존: 부동산가액의 1천분의 8
② 가처분: 부동산가액의 1천분의 2
③ 지역권 설정: 요역지가액의 1천분의 2
④ 전세권 이전: 전세금액의 1천분의 2
⑤ 상속으로 인한 소유권 이전: 부동산가액의 1천분의 8

02 「지방세법」상 부동산등기에 대한 등록면허세의 표준세율로 틀린 것은?(단, 표준세율을 적용하여 산출한 세액이 부동산등기에 대한 그 밖의 등기 또는 등록세율보다 크다고 가정함) (2017년 제28회)

① 전세권 설정등기: 전세금액의 1천분의 2
② 상속으로 인한 소유권이전등기: 부동산가액의 1천분의 8
③ 지역권 설정 및 이전등기: 요역지가액의 1천분의 2
④ 임차권 설정 및 이전등기: 임차보증금의 1천분의 2
⑤ 저당권 설정 및 이전등기: 채권금액의 1천분의 2

04 등록면허세의 과세표준과 세율 (2) 과세표준과 표준세율 적용 관련 기출문제분석과 출제예상지문

01 부동산의 등록에 대한 등록면허세의 과세표준은 등록 당시의 가액으로 한다. 여기서 등록 당시의 가액은 조례로 정하는 바에 따라 등록자의 신고에 따른다. 다만, 신고가 없거나 신고가액이 시가표준액보다 적은 경우에는 시가표준액을 과세표준으로 한다. (   ) (2011년 제22회)

02 취득당시가액을 등록면허세의 과세표준으로 하는 경우 등록 당시에 자산재평가 또는 감가상각 등의 사유로 그 가액이 달라진 경우에는 변경된 가액을 과세표준으로 한다. (   ) (출제예상지문)

03 취득당시가액을 등록면허세의 과세표준으로 하는 경우 등록 당시에 자산재평가의 사유로 그 가액이 달라진 때에는 자산재평가 전의 가액을 과세표준으로 한다. (   ) (2013년 제24회)

04 부동산등기에 대한 등록면허세로서 산출세액이 6천원 보다 적은 경우 해당 등록면허세를 징수하지 아니한다. (   ) (2011년 제22회)

05 지방자치단체의 장은 등록면허세의 세율을 표준세율의 100분의 60의 범위에서 가감할 수 있다. (   ) (2020년 제31회)

04 등록면허세의 과세표준과 세율 (3) 중과세율 관련 기출문제분석과 출제예상지문

01 대도시 밖에 있는 법인의 본점이나 주사무소를 대도시로 전입함에 따른 등기는 법인등기에 대한 세율의 100분의 200을 적용한다. (   ) (2015년 제26회)

02 「한국은행법」 및 「한국수출입은행법」에 따른 은행업을 영위하기 위하여 대도시에서 법인을 설립함에 따른 등기를 한 법인이 그 등기일부터 2년 이내에 업종 변경이나 업종 추가가 없는 때에는 등록면허세의 세율을 중과하지 아니한다. (   ) (2019년 제30회)

05 등록면허세의 납세절차

(1) 신고납부
① 등록을 하기 전까지(= 등기·등록관서에 접수하는 날까지)
② 중과세대상, 부과대상 또는 추징대상: 60일 이내 + 가산세 제외
③ 신고의무를 다하지 아니한 경우에도 등록을 하기 전까지 납부하였을 때: 신고를 하고 납부한 것으로 봄. 이 경우 무신고가산세 및 과소신고가산세를 부과하지 아니함
④ 채권자대위자의 신고납부
　㉠ 채권자대위자는 납세의무자를 대위하여 부동산의 등기에 대한 등록면허세를 신고납부할 수 있음
　㉡ 지방자치단체의 장은 채권자대위자의 신고납부가 있는 경우 납세의무자에게 그 사실을 즉시 통보하여야 함

(2) 납세지
① 부동산 소재지
② 납세지가 불분명: 등록관청의 소재지
③ 둘 이상에 걸쳐 있어 지방자치단체별로 부과할 수 없을 때: 등록관청의 소재지
④ 같은 채권의 담보를 위하여 설정하는 둘 이상의 저당권을 등록하는 경우: 처음 등록하는 등록관청 소재지

(3) 보통징수와 가산세

(4) 등기·등록관서의 장의 등록면허세 미납부 및 납부부족액에 대한 통보: 다음 달 10일까지

05 등록면허세의 납세절차 관련 기출문제분석과 출제예상지문

01 등록을 하려는 자는 과세표준에 세율을 적용하여 산출한 세액을 등록을 하기 전까지 납세지를 관할하는 지방자치단체의 장에게 신고하고 납부하여야 한다. (　) (2015년 제26회)

02 등록을 하려는 자가 신고의무를 다하지 않은 경우 등록면허세 산출세액을 등록하기 전까지 납부하였을 때에는 신고하고 납부한 것으로 보지만 무신고 가산세가 부과된다. (　) (2020년 제31회, 2019년 제30회, 2015년 제26회)

03 甲이 乙소유 부동산에 관해 전세권설정등기를 하는 경우에 부동산소재지와 乙의 주소지가 다른 경우 등록면허세의 납세지는 乙의 주소지로 한다. (　) (2018년 제29회, 2015년 제26회)

04 부동산 등기에 대한 등록면허세의 납세지는 부동산 소재지로 하며, 납세지가 분명하지 아니한 경우에는 등록관청 소재지로 한다. (　) (2020년 제31회, 2013년 제24회)

05 같은 등록에 관계되는 재산이 둘 이상의 지방자치단체에 걸쳐 있어 등록면허세를 지방자치단체별로 부과할 수 없을 때에는 등록관청 소재지를 납세지로 한다. (　) (2017년 제28회)

05 등록면허세의 납세절차 관련 기출문제분석과 출제예상지문

06 거주자인 개인 乙은 甲이 소유한 부동산(시가 6억원)에 전세기간 2년, 전세보증금 3억원으로 하는 전세계약을 체결하고, 전세권 설정등기를 하였다. 지방세법상 등록면허세에 관한 설명으로 옳은 것은? (2021년 제32회)

① 과세표준은 6억원이다.
② 표준세율은 전세보증금의 1천분의 8이다.
③ 납부세액은 6천원이다.
④ 납세의무자는 乙이다.
⑤ 납세지는 甲의 주소지이다.

07 지방세법령상 등록에 대한 등록면허세에 관한 설명으로 틀린 것은?(단, 지방세관계법령상 감면 및 특례는 고려하지 않음) (2023년 제34회)

① 같은 등록에 관계되는 재산이 둘 이상의 지방자치단체에 걸쳐 있어 등록면허세를 지방자치단체별로 부과할 수 없을 때에는 등록관청 소재지를 납세지로 한다.
② 지방자치단체의 장은 조례로 정하는 바에 따라 등록면허세의 세율을 부동산 등기에 따른 표준세율의 100분의 50의 범위에서 가감할 수 있다.
③ 주택의 토지와 건축물을 한꺼번에 평가하여 토지나 건축물에 대한 과세표준이 구분되지 아니하는 경우에는 한꺼번에 평가한 개별주택가격을 토지나 건축물의 가액비율로 나눈 금액을 각각 토지와 건축물의 과세표준으로 한다.
④ 부동산의 등록에 대한 등록면허세의 과세표준은 등록자가 신고한 당시의 가액으로 하고, 신고가 없거나 신고가액이 시가표준액보다 많은 경우에는 시가표준액으로 한다.
⑤ 채권자대위자는 납세의무자를 대위하여 부동산의 등기에 대한 등록면허세를 신고납부할 수 있다.

08 지방세법상 등록에 대한 등록면허세에 관한 설명으로 틀린 것은? (2022년 제33회)

① 채권금액으로 과세액을 정하는 경우에 일정한 채권금액이 없을 때에는 채권의 목적이 된 것의 가액 또는 처분의 제한의 목적이 된 금액을 그 채권금액으로 본다.
② 같은 채권의 담보를 위하여 설정하는 둘 이상의 저당권을 등록하는 경우에는 이를 하나의 등록으로 보아 그 등록에 관계되는 재산을 처음 등록하는 등록관청 소재지를 납세지로 한다.
③ 부동산 등기에 대한 등록면허세의 납세지가 분명하지 아니한 경우에는 등록관청 소재지를 납세지로 한다.
④ 지상권 등기의 경우에는 특별징수의무자가 징수할 세액을 납부기한까지 부족하게 납부하면 특별징수의무자에게 과소납부분 세액의 100분의 1을 가산세로 부과한다.
⑤ 지방자치단체의 장은 채권자대위자의 부동산의 등기에 대한 등록면허세의 신고납부가 있는 경우 납세의무자에게 그 사실을 즉시 통보하여야 한다.

09 등기·등록관서의 장은 등기 또는 등록 후에 등록면허세가 납부되지 아니하였거나 납부부족액을 발견한 경우에는 다음 달 10일까지 납세지를 관할하는 시장·군수·구청장에게 통보하여야 한다. (　) (2020년 제31회)

04 | 재산세

01 재산세의 납세의무자

① 과세기준일 현재 사실상 소유자
② 공유재산: 지분권자[지분의 표시가 없으면 균등한 것으로 봄]
③ 주택의 건물과 부속토지의 소유자가 다를 경우: 산출세액을 시가표준액 비율로 안분
④ 소유권 변동신고 또는 종중소유임을 신고하지 아니한 경우: 공부상 소유자
⑤ 상속등기 × + 신고 ×: 주된 상속자[상속지분이 가장 높은 사람 → 나이가 가장 많은 사람]
⑥ 국가 등 + 연부 + 사용권 무상: 매수계약자
⑦ 국가 등 + 선수금 + 사용권 무상: 사용권을 무상으로 받은 자
⑧ 수탁자 명의의 신탁재산: 위탁자
⑨ 체비지 또는 보류지: 사업시행자
⑩ 항공기 또는 선박을 임차하여 수입하는 경우: 수입하는 자
⑪ 파산선고 이후 파산종결의 결정까지 파산재단에 속하는 재산의 경우: 공부상 소유자
⑫ 소유권 귀속이 분명하지 아니한 경우: 사용자

01 재산세의 납세의무자 관련 기출문제분석과 출제예상지문

01 2024년 5월 31일에 재산세 과세대상 재산의 매매잔금을 수령하고 소유권이전등기를 한 매도인은 2024년 재산세 과세기준일 현재 납세의무자이다. ( ) (2015년 제26회)

02 과세기준일 현재 재산세 과세대상 물건의 소유권이 양도·양수된 때에는 양도인을 해당 연도의 납세의무자로 본다. ( ) (출제예상지문)

03 공유재산인 경우 그 지분에 해당하는 부분(지분의 표시가 없는 경우에는 지분이 균등한 것으로 봄)에 대해서는 그 지분권자를 납세의무자로 본다. ( ) (2017년 제28회, 2008년 제19회)

04 공유재산인 경우 그 지분에 해당하는 부분에 대하여 그 지분권자를 납세의무자로 보되, 지분의 표시가 없는 경우 공유자 중 최연장자를 납세의무자로 본다. ( ) (2013년 제24회)

05 주택의 건물과 부속토지의 소유자가 다를 경우 그 주택에 대한 산출세액을 건축물과 그 부속토지의 면적 비율로 안분계산한 부분에 대하여 그 소유자를 납세의무자로 본다. ( ) (2013년 제24회)

01 재산세의 납세의무자 관련 기출문제분석과 출제예상지문

06 甲이 乙로부터 부동산을 취득 후 **재산세 과세기준일까지 등기하지 않았다면** 재산세와 관련하여 乙은 부동산소재지 관할 지방자치단체의 장에게 **소유권변동사실을 신고할 의무**가 있다. ( ) (2021년 제32회)

07 재산의 소유권 변동 또는 과세대상 재산의 변동 사유가 발생하였으나 **과세기준일까지 그 등기·등록이 되지 아니한** 재산의 **공부상 소유자**는 과세기준일부터 20일 이내에 그 소재지를 관할하는 지방자치단체의 장에게 그 사실을 알 수 있는 증거자료를 갖추어 신고하여야 한다. ( ) (출제예상지문)

08 과세기준일 현재 공부상의 소유자가 매매로 **소유권이 변동**되었는데도 신고하지 아니하여 사실상의 소유자를 알 수 없는 경우 그 공부상의 소유자가 아닌 사용자에게 재산세 납부의무가 있다. ( ) (2016년 제27회)

09 공부상에 개인 등의 명의로 등재되어 있는 사실상의 종중 재산으로서 **종중소유임을 신고하지 아니한 경우** 종중을 납세의무자로 본다. ( ) (2013년 제24회)

10 **상속**이 개시된 재산으로서 **상속등기가 이행되지 아니하고 사실상의 소유자를 신고하지 아니하였을 경우**에는 「민법」상 **상속지분이 가장 높은 상속자**(상속지분이 가장 높은 상속자가 두 명 이상인 경우에는 그 중 **나이가 가장 많은 사람**)가 재산세의 납세의무자이다. ( ) (2014년 제25회)

11 **상속**이 개시된 재산으로서 **상속등기가 이행되지 아니하고 사실상의 소유자를 신고하지 아니하였을 때**에는 공동상속인 각자가 받았거나 받을 재산에 따라 납부할 의무를 진다. ( ) (2017년 제28회)

12 **국가**와 재산세 과세대상 재산을 **연부**로 매수계약을 체결하고 그 재산의 **사용권을 무상**으로 받은 경우 매도계약자가 재산세를 납부할 의무가 있다. ( ) (2013년 제24회)

13 **국가**가 선수금을 받아 조성하는 매매용 토지로서 사실상 조성이 완료된 토지의 **사용권을 무상**으로 받은 경우에는 **그 사용권을 무상으로 받은 자**가 재산세의 납세의무자이다. ( ) (2020년 제31회)

14 「신탁법」 제2조에 따른 수탁자 명의로 등기 또는 등록된 **신탁재산**의 경우에는 수탁자가 재산세의 납세의무자이다. ( ) (2014년 제25회, 2005년 제16회)

15 재개발사업의 시행에 따른 환지계획에서 일정한 토지를 환지로 정하지 아니하고 **체비지**로 정한 경우 종전 토지소유자는 재산세 과세기준일 현재 납세의무자이다. ( ) (2015년 제26회)

16 「채무자 회생 및 파산에 관한 법률」에 따른 파산선고 이후 파산종결의 결정까지 **파산재단**에 속하는 재산의 경우 **공부상 소유자**는 재산세를 납부할 의무가 있다. ( ) (출제예상지문)

17 재산세 과세기준일 현재 **소유권의 귀속**이 분명하지 아니하여 사실상의 소유자를 확인할 수 없는 경우에는 **그 사용자**가 납부할 의무가 있다. ( ) (2017년 제28회, 2013년 제24회)

02 재산세 과세대상의 구분

> (1) 공부상 등재 현황과 사실상의 현황이 다른 경우: **사실상 현황**
>
> (2) **주택**: 토지와 건축물의 범위에서 **주택은 제외**
> ① 주택 부속토지의 경계가 명백하지 아니한 경우: 주택의 바닥면적의 **10배**
> ② 주거용과 주거 외의 용도를 겸하는 건물: **1동**은 주거용 부분만, **1구**는 100분의 50 이상이면 주택
> ③ 다가구주택: 구분된 부분을 1구

재산세 과세대상의 구분과 종합부동산세와의 연관관계

재산세				종합부동산세의 과세대상
재산세의 과세대상			재산세의 세율구조	
토지	분리과세대상	(저율)분리과세대상	비례세율	
		(고율)분리과세대상	비례세율	
	합산과세대상	**종합합산과세대상**	**누진세율**	○
		별도합산과세대상	**누진세율**	○
건축물			비례세율	
주택(**토지+건물**)			**누진세율**	○
선박			비례세율	
항공기			비례세율	

토지에 대한 재산세의 세율적용 사례

서울특별시 강남구		서울특별시 서초구	
① 종합 1억원	② 별도 2억원	⑦ 종합 7억원	⑧ 별도 8억원
③ 분리 3억원	④ 종합 4억원	⑨ 종합 9억원	⑩ 분리 10억원
⑤ 별도 5억원	⑥ 분리 6억원		

> 1. 서울특별시 **강남구** 재산세 계산
>   (1) **분리**(개별과세): [(3억원×공정시장가액비율)×세율]+[(6억원×공정시장가액비율)×세율]
>   (2) **종합**(합산과세): [(1억원+4억원)×공정시장가액비율]×세율
>   (3) **별도**(합산과세): [(2억원+5억원)×공정시장가액비율]×세율
> 2. 토지에 대한 재산세는 **한 장의 납세고지서로 발급**

02 재산세 과세대상의 구분 관련 기출문제분석과 출제예상지문

01 재산세의 과세대상 물건이 토지대장, 건축물대장 등 공부상 등재되지 아니하였거나 공부상 등재현황과 사실상의 현황이 다른 경우에는 사실상의 현황에 따라 재산세를 부과한다. 다만, 재산세의 과세대상 물건을 공부상 등재현황과 달리 이용함으로써 재산세 부담이 낮아지는 경우 등 대통령령으로 정하는 경우에는 공부상 등재현황에 따라 재산세를 부과한다. (   ) (2019년 제30회)

02 관계 법령에 따라 허가 등을 받아야 함에도 불구하고 허가 등을 받지 않고 재산세의 과세대상 물건을 이용하는 경우로서 사실상 현황에 따라 재산세를 부과하면 오히려 재산세 부담이 낮아지는 경우 또는 재산세 과세기준일 현재의 사용이 일시적으로 공부상 등재현황과 달리 사용하는 것으로 인정되는 경우에는 공부상 등재현황에 따라 재산세를 부과한다. (   ) (출제예상지문)

03 재산세 과세대상인 건축물의 범위에는 주택을 포함한다. (   ) (2020년 제31회)

04 재산세의 과세대상인 주택은 부속토지를 제외한 주거용 건축물을 말한다. (   ) (2005년 제16회)

05 주택 부속토지의 경계가 명백하지 아니한 경우 그 주택의 바닥면적의 20배에 해당하는 토지를 주택의 부속토지로 한다. (   ) (2020년 제31회)

06 과세대상인 건물을 구분함에 있어서 1구의 건물이 주거와 주거 외의 용도에 겸용되는 경우, 주거용으로 사용되는 면적이 전체의 100분의 50 이상인 경우에는 주택으로 본다. (   ) (2009년 제20회)

07 건축물에서 허가 등이나 사용승인(임시사용승인을 포함)을 받지 아니하고 주거용으로 사용하는 면적이 전체 건축물 면적(허가 등이나 사용승인을 받은 면적을 포함)의 100분의 50 이상인 경우에는 그 건축물 전체를 주택으로 보지 아니하고, 그 부속토지는 별도합산과세대상에 해당하는 토지로 본다. (   ) (출제예상지문)

08 「지방세법」상 재산세 과세대상의 구분에 있어 주거용과 주거 외의 용도를 겸하는 건물 등에 관할 설명으로 옳은 것을 모두 고른 것은? (2022년 제33회)

> ㉠ 1동(棟)의 건물이 주거와 주거 외의 용도로 사용되고 있는 경우에는 주거용으로 사용되는 부분만을 주택으로 본다.
> ㉡ 1구(構)의 건물이 주거와 주거 외의 용도로 사용되고 있는 경우에는 주거용으로 사용되는 면적이 전체의 100분의 60인 경우에는 주택으로 본다.
> ㉢ 주택의 부속토지의 경계가 명백하지 아니한 경우에는 그 주택의 바닥면적의 10배에 해당하는 토지를 주택의 부속토지로 한다.

① ㉠ ② ㉢ ③ ㉠, ㉡
④ ㉡, ㉢ ⑤ ㉠, ㉡, ㉢

09 「건축법 시행령」에 따른 다가구주택은 1가구가 독립하여 구분사용할 수 있도록 분리된 부분을 1구의 주택으로 보며, 이 경우 그 부속토지는 건물면적의 비율에 따라 각각 나눈 면적을 1구의 부속토지로 본다. (   ) (2011년 제22회)

03 토지에 대한 재산세의 과세방법

(1) 농지[전·답·과수원]
① 개인
  ㉠ 영농 × : 종합합산과세대상
  ㉡ 영농 ○
    ⓐ 군, 읍·면, 도시지역 밖, 개발제한구역·녹지지역 : 분리과세대상
    ⓑ ⓐ 외 : 종합합산과세대상
② 법인·단체 : 열거된 5가지[농업법인, 한국농어촌공사, 1990.5.31 이전 사회복지사업자, 매립·간척, 1990.5.31 이전 종중]는 분리과세대상, 그 외는 종합합산과세대상

(2) 목장용지 : 도시지역 밖, 개발제한구역·녹지지역(1989.12.31 이전)에서 이내이면 분리과세대상이고 초과이면 종합합산과세대상, 그 외의 지역은 종합합산과세대상

(3) 임야 : 열거된 지정문화재 및 보호구역 안의 임야, 공원자연환경지구의 임야, 1990.5.31 이전부터 종중이 소유하는 임야, 1990.5.31 이전부터 소유하는 상수원보호구역 임야 및 1989.12.31 이전부터 소유하는 개발제한구역의 임야 등은 분리과세대상, 그 외는 종합합산과세대상 등

(4) 공장용지 등
① 초과이면 종합합산과세대상
② 이내이면 지역 확인 : 군, 읍·면, 산업단지·공업지역은 분리과세대상, 그 외의 지역은 별도합산과세대상
③ 공장용지와 동일한 분리과세대상 : 국방상 목적의 공장 구내의 토지, 염전, 여객자동차터미널 및 물류터미널용 토지, 공모부동산투자회사

(5) 회원제골프장용 토지와 고급오락장용 토지 : 분리과세대상

(6) 영업용 건축물의 부속토지 등
① 이내는 별도합산과세대상, 초과는 종합합산과세대상
② 건축물(공장용 건축물은 제외)의 시가표준액이 토지의 100분의 2에 미달하는 토지 중 건축물 바닥면적을 제외한 토지 : 종합합산과세대상
③ 허가 등을 받지 아니한 또는 사용승인을 받지 아니한 건축물의 토지 : 종합합산과세대상
④ 별도합산과세대상으로 보는 토지 : 차고용 토지, 자동차운전학원용 토지, 스키장 및 골프장용 토지 중 원형이 보전된 임야

03 토지에 대한 재산세의 과세방법 관련 기출문제분석과 출제예상지문

01 토지와 주택에 대한 재산세 과세대상은 종합합산과세대상, 별도합산과세대상 및 분리과세대상으로 구분한다. (　) (2020년 제31회)

02 「한국농어촌공사 및 농지관리기금법」에 따라 설립된 한국농어촌공사가 같은 법에 따라 농가에 공급하기 위하여 소유하는 농지는 「지방세법」상 재산세 비과세 대상이다. (　) (2019년 제30회)

03 1990년 5월 31일 이전부터 종중이 소유하는 농지는 분리과세대상 토지이다. (　) (2004년 제15회)

03 토지에 대한 재산세의 과세방법 관련 기출문제분석과 출제예상지문

04 개인이 축산용으로 사용하는 <u>도시지역 밖</u>의 과세기준일이 속하는 해의 직전 연도를 기준으로 축산용 토지 및 건축물의 기준을 적용하여 계산한 토지면적의 <u>범위에서 소유하는 목장용지</u>는 <u>분리과세대상 토지</u>이다. ( ) (2004년 제15회)

05 <u>1990년 5월 31일 이전부터 종중</u>이 소유하고 있는 <u>임야</u>는 <u>분리과세대상 토지</u>이다. ( ) (2004년 제15회)

06 시지역의 <u>읍·면지역</u>에 소재하는 <u>공장용 건축물의 부속토지</u>로서 <u>공장입지기준면적 범위의 토지</u>는 별도합산과세대상 토지이다. ( ) (2004년 제15회)

07 「여객자동차 운수사업법」 및 「물류시설의 개발 및 운영에 관한 법률」에 따라 면허 또는 인가를 받은 자가 계속하여 사용하는 <u>여객자동차터미널</u> 및 <u>물류터미널용 토지</u>는 별도합산과세대상 토지이다. ( ) (2005년 제16회, 2004년 제15회)

08 「부동산투자회사법」에 따라 설립된 <u>공모부동산투자회사</u>가 목적사업에 사용하기 위하여 소유하고 있는 토지는 <u>분리과세대상 토지</u>이다. ( ) (2004년 제15회)

09 <u>회원제골프장용</u> 부동산으로서 구분등록대상이 되는 <u>토지</u>는 분리과세대상 토지이다. ( ) (2004년 제15회)

10 건축물(공장용 제외)의 시가표준액이 해당 부속토지의 시가표준액의 <u>100분의 2에 미달</u>하는 건축물의 부속토지 중 그 <u>건축물의 바닥면적을 제외한 부속토지</u>는 종합합산과세대상 토지이다. ( ) (2004년 제15회)

11 「지방세법」상 재산세 <u>종합합산과세대상 토지</u>는? (2018년 제29회)
① 「문화재보호법」 제2조 제2항에 따른 <u>지정문화재</u> 안의 <u>임야</u>
② 국가가 <u>국방상의 목적 외</u>에는 그 사용 및 처분 등을 제한하는 <u>공장 구내의 토지</u>
③ 「건축법」 등 관계 법령에 따라 허가 등을 받아야 할 건축물로서 <u>허가 등을 받지 아니한</u> 공장용 건축물의 부속<u>토지</u>
④ 「자연공원법」에 따라 지정된 <u>공원자연환경지구</u>의 <u>임야</u>
⑤ <u>1989년 12월 31일 이전부터 소유하는</u> 「개발제한구역의 지정 및 관리에 관한 특별조치법」에 따른 <u>개발제한구역</u>의 <u>임야</u>

12 「지방세법」상 토지에 대한 재산세를 부과함에 있어서 과세대상의 구분(<u>종합합산과세대상</u>, <u>별도합산과세대상</u>, <u>분리과세대상</u>)이 같은 것으로만 묶인 것은? (2014년 제25회)

> ㉠ <u>1990년 5월 31일 이전부터 종중</u>이 소유하고 있는 <u>임야</u>
> ㉡ 「체육시설의 설치·이용에 관한 법률 시행령」에 따른 <u>골프장용 토지</u> 중 <u>원형</u>이 보전되는 <u>임야</u>
> ㉢ 과세기준일 현재 계속 <u>염전</u>으로 실제 사용하고 있는 토지
> ㉣ 「도로교통법」에 따라 등록된 자동차운전학원의 <u>자동차운전학원용 토지</u>로서 같은 법에서 정하는 시설을 갖춘 구역 안의 토지

① ㉠, ㉡   ② ㉡, ㉢   ③ ㉡, ㉣   ④ ㉠, ㉡, ㉢   ⑤ ㉠, ㉢, ㉣

04 재산세의 비과세

① 국가 등의 보유. 다만, 대한민국 재산에 과세하는 외국정부는 과세
② 국가 등이 1년 이상 공용 또는 공공용으로 사용하는 재산. 다만, 유료 또는 유상이전은 과세
③ 「도로법」에 따른 도로와 사설 도로. 다만, 휴게시설, 연구시설 등과 대지 안의 공지는 과세
④ 하천, 제방, 구거, 유지, 묘지. 다만, 특정인이 전용하는 제방은 과세
⑤ 통제보호구역에 있는 토지. 다만, 전·답·과수원 및 대지는 과세
⑥ 산림보호구역 및 채종림·시험림
⑦ 공원자연보존지구의 임야
⑧ 백두대간보호지역의 임야
⑨ 1년 미만 + 임시건축물. 다만, 사치성은 과세
⑩ 비상재해구조용 등으로 사용하는 선박
⑪ 철거명령을 받았거나 철거보상계약이 체결된 건축물 또는 주택. 다만, 토지는 과세

04 재산세의 비과세 관련 기출문제분석과 출제예상지문

01 대한민국 정부기관의 토지에 대하여 과세하는 외국정부의 토지에 대하여는 재산세를 부과한다. ( ) (2004년 제15회)

02 국가, 지방자치단체 또는 지방자치단체조합이 1년 이상 공용 또는 공공용으로 유료로 사용하는 토지에 대하여는 재산세를 부과하지 아니한다. ( ) (2019년 제30회, 2009년 제20회)

03 지방자치단체가 1년 이상 공용 또는 공공용으로 사용하는 재산에 대하여는 소유권의 유상이전을 약정한 경우로서 그 재산을 취득하기 전에 미리 사용하는 경우 재산세를 부과하지 아니한다. ( ) (2022년 제33회)

04 「공간정보의 구축 및 관리 등에 관한 법률」에 따른 제방으로서 특정인이 전용하는 제방은 「지방세법」상 재산세 비과세 대상이다. ( ) (2019년 제30회)

05 「군사기지 및 군사시설 보호법」에 따른 군사기지 및 군사시설 보호구역 중 통제보호구역에 있는 전·답은 「지방세법」상 재산세 비과세 대상이다. ( ) (2019년 제30회)

06 「산림자원의 조성 및 관리에 관한 법률」에 따라 지정된 채종림·시험림은 「지방세법」상 재산세 비과세 대상이다. ( ) (2019년 제30회)

07 임시로 사용하기 위하여 건축된 건축물로서 재산세 과세기준일 현재 1년 미만의 법령에 따른 고급오락장용 건축물은 재산세를 부과하지 아니한다. ( ) (2011년 제22회)

08 「지방세법」상 재산세의 비과세 대상이 아닌 것은?(단, 아래의 답항별로 주어진 자료 외의 비과세요건은 충족된 것으로 가정함) (2017년 제28회)
① 임시로 사용하기 위하여 건축된 건축물로서 재산세 과세기준일 현재 1년 미만의 것
② 재산세를 부과하는 해당 연도에 철거하기로 계획이 확정되어 재산세 과세기준일 현재 행정관청으로부터 철거명령을 받은 주택과 그 부속토지인 대지
③ 농업용 구거와 자연유수의 배수처리에 제공하는 구거
④ 「군사기지 및 군사시설 보호법」에 따른 군사기지 및 군사시설 보호구역 중 통제보호구역에 있는 토지(전·답·과수원 및 대지는 제외)
⑤ 「도로법」에 따른 도로(같은 법 제2조 제2호에 따른 도로의 부속물 중 도로관리시설, 휴게시설, 주유소, 충전소, 교통·관광안내소 및 도로에 연접하여 설치한 연구시설은 제외)와 그밖에 일반인의 자유로운 통행을 위하여 제공할 목적으로 개설한 사설도로(「건축법 시행령」 제80조의2에 따른 대지 안의 공지는 제외)

05 재산세의 과세표준

① **토지**: 시가표준액[개별공시지가] × 100분의 70의 공정시장가액비율
② **건축물**: 시가표준액[결정한 가액] × 100분의 70의 공정시장가액비율
③ **주택**: 시가표준액[단독은 개별주택가격 또는 공동은 공동주택가격] × 100분의 60의 공정시장가액비율
④ **선박과 항공기**: 시가표준액

시가표준액

구 분		시가표준액
토지 및 주택	공시된 가액이 있는 경우	① 토지: 개별공시지가 ② 단독주택: 개별주택가격 ③ 공동주택: 공동주택가격
	공시된 가액이 없는 경우	특별자치시장·특별자치도지사·시장·군수 또는 구청장이 산정한 가액
토지 및 주택 외의 건축물		거래가격, 수입가격, 신축·건조·제조가격 등을 고려하여 정한 기준가격에 종류, 구조, 용도, 경과연수 등 과세대상별 특성을 고려하여 지방자치단체의 장이 결정한 가액

주택 과세표준의 과세표준상한액

주택의 과세표준이 다음 계산식에 따른 과세표준상한액보다 큰 경우에는 해당 주택의 과세표준은 과세표준상한액으로 한다.
① 과세표준상한액 = 대통령령으로 정하는 직전 연도 해당 주택의 과세표준 상당액 + (과세기준일 당시 시가표준액으로 산정한 과세표준 × 과세표준상한율)
② 과세표준상한율 = 소비자물가지수, 주택가격변동률, 지방재정 여건 등을 고려하여 0에서 100분의 5 범위 이내로 대통령령으로 정하는 비율

05 재산세의 과세표준 관련 기출문제분석과 출제예상지문

01 재산세의 과세표준을 시가표준액에 공정시장가액비율을 곱하여 산정할 수 있는 대상은 토지와 주택에 한한다. ( ) (2010년 제21회)

02 토지에 대한 과세표준은 사실상 취득가격이 증명되는 때에는 장부가액으로 한다. ( ) (2015년 제26회)

03 주택이 아닌 건축물에 대한 과세표준은 건축물 시가표준액에 100분의 70의 공정시장가액비율을 곱하여 산정한다. ( ) (2015년 제26회)

04 주택에 대한 재산세의 과세표준은 시가표준액의 100분의 70으로 한다. ( ) (2019년 제30회)

05 「지방세법」상 재산세 과세표준에 관한 설명으로 옳은 것은? (2012년 제23회)
① 단독주택의 재산세 과세표준은 토지·건물을 일체로 한 개별주택가격으로 한다.
② 건축물의 재산세 과세표준은 거래가격 등을 고려하여 지방자치단체의 장이 결정한 가액으로 한다.
③ 토지의 재산세 과세표준은 개별공시지가로 한다.
④ 공동주택의 재산세 과세표준은 법령에 따른 시가표준액에 100분의 60을 곱하여 산정한 가액으로 한다.
⑤ 건축물의 재산세 과세표준은 법인의 경우 법인장부에 의해 증명되는 가격으로 한다.

시가표준액 관련 기출문제분석과 출제예상지문

01 지방세법상 시가표준액에 관한 설명으로 옳은 것을 모두 고른 것은? (2021년 제32회)

> ㄱ. 토지의 시가표준액은 세목별 납세의무의 성립시기 당시 「부동산 가격공시에 관한 법률」에 따른 개별공시지가가 공시된 경우 개별공시지가로 한다.
> ㄴ. 건축물의 시가표준액은 소득세법령에 따라 매년 1회 국세청장이 산정·고시하는 건물신축가격기준액에 행정안전부장관이 정한 기준을 적용하여 국토교통부장관이 결정한 가액으로 한다.
> ㄷ. 공동주택의 시가표준액은 공동주택가격이 공시되지 아니한 경우에는 지역별·단지별·면적별·층별 특성 및 거래가격을 고려하여 행정안전부장관이 정하는 기준에 따라 국토교통부장관이 산정한 가액으로 한다.

① ㄱ ② ㄱ, ㄴ ③ ㄱ, ㄷ
④ ㄴ, ㄷ ⑤ ㄱ, ㄴ, ㄷ

주택 과세표준의 과세표준상한액 관련 출제예상지문

01 주택의 과세표준이 과세표준상한액보다 큰 경우에는 해당 주택의 과세표준은 과세표준상한액으로 한다. ( ) (출제예상지문)

06 재산세의 세율

(1) 표준세율

구 분			표준세율
토지	분리	농지(전·답·과수원), 목장용지, 임야	1천분의 0.7
		공장용지 등	1천분의 2
		회원제 골프장용 토지 고급오락장용 토지	1천분의 40
	종합합산		1천분의 2~1천분의 5
	별도합산		1천분의 2~1천분의 4
건축물	회원제 골프장, 고급오락장용 건축물		1천분의 40
	시(읍·면지역은 제외) 주거지역 등의 공장용 건축물		1천분의 5
	그 밖의 건축물		1천분의 2.5
주택	9억원 이하 + 1세대 1주택		1천분의 0.5~1천분의 3.5
	그 외		1천분의 1~1천분의 4
선박	고급선박		1천분의 50
	그 밖의 선박		1천분의 3
항공기			1천분의 3

(2) 세율의 적용 방법

① 토지에 대한 재산세
  ㉠ **분리과세대상**: 토지의 가액에 세율 적용
  ㉡ **종합합산과세대상**: 관할구역 + 합한 금액에 세율 적용
  ㉢ **별도합산과세대상**: 관할구역 + 합한 금액에 세율 적용
② 주택에 대한 재산세
  ㉠ **주택별**로 세율 적용
  ㉡ 주택을 2명 이상이 공동으로 소유하거나 토지와 건물의 소유자가 다를 경우: 토지와 건물의 가액을 합산한 금액에 세율 적용
③ **표준세율**: 조례로 100분의 50의 범위에서 가감할 수 있음. 다만, 가감한 세율은 **해당 연도**에만 적용

(3) 중과세율

과밀억제권역(산업단지 및 유치지역과 공업지역은 제외) 공장 신설·증설의 건축물: 5년간 1천분의 2.5 세율의 100분의 500

06 재산세의 세율 (1) 표준세율 관련 기출문제분석과 출제예상지문

01 지방세법령상 재산세의 표준세율에 관한 설명으로 틀린 것은?(단, 지방세관계법령상 감면 및 특례는 고려하지 않음) (2023년 제34회)

① 법령에서 정하는 고급선박 및 고급오락장용 건축물의 경우 고급선박의 표준세율이 고급오락장용 건축물의 표준세율보다 높다.
② 특별시 지역에서「국토의 계획 및 이용에 관한 법률」과 그 밖의 관계 법령에 따라 지정된 주거지역 및 해당 지방자치단체의 조례로 정하는 지역의 대통령령으로 정하는 공장용 건축물의 표준세율은 과세표준의 1천분의 5이다.
③ 주택(법령으로 정하는 1세대 1주택 아님)의 경우 표준세율은 최저 1천분의 1에서 최고 1천분의 4까지 4단계 초과누진세율로 적용한다.
④ 항공기의 표준세율은 1천분의 3으로 법령에서 정하는 고급선박을 제외한 그 밖의 선박의 표준세율과 동일하다.
⑤ 지방자치단체의 장은 특별한 재정수요나 재해 등의 발생으로 재산세의 세율 조정이 불가피하다고 인정되는 경우 조례로 정하는 바에 따라 표준세율의 100분의 50의 범위에서 가감할 수 있다. 다만, 가감한 세율은 해당 연도를 포함하여 3년간 적용한다.

02 「지방세법」상 다음에 적용되는 재산세의 표준세율이 가장 높은 것은?(단, 재산세 도시지역분은 제외하고, 지방세관계법에 의한 특례는 고려하지 않음) (2021년 제32회)

① 과세표준이 5천만원인 종합합산과세대상 토지
② 과세표준이 2억원인 별도합산과세대상 토지
③ 과세표준이 1억원인 광역시의 군지역에서「농지법」에 따른 농업법인이 소유하는 농지로서 과세기준일 현재 실제 영농에 사용되고 있는 농지
④ 과세표준이 5억원인「수도권정비계획법」에 따른 과밀억제권역 외의 읍·면 지역의 공장용 건축물
⑤ 과세표준이 6천만원인 주택(1세대 1주택에 해당되지 않음)

06 재산세의 세율 (2) 세율의 적용 방법 관련 기출문제분석과 출제예상지문

01 「지방세법」상 재산세 과세대상에 대한 표준세율 적용에 관한 설명으로 틀린 것은? (2016년 제27회)

① 납세의무자가 해당 지방자치단체 관할구역에 소유하고 있는 종합합산과세대상 토지의 가액을 모두 합한 금액을 과세표준으로 하여 종합합산과세대상의 세율을 적용한다.
② 납세의무자가 해당 지방자치단체 관할구역에 소유하고 있는 별도합산과세대상 토지의 가액을 모두 합한 금액을 과세표준으로 하여 별도합산과세대상의 세율을 적용한다.
③ 분리과세대상이 되는 해당 토지의 가액을 과세표준으로 하여 분리과세대상의 세율을 적용한다.
④ 납세의무자가 해당 지방자치단체 관할구역에 2개 이상의 주택을 소유하고 있는 경우 그 주택의 가액을 모두 합한 금액을 과세표준으로 하여 주택의 세율을 적용한다.
⑤ 주택에 대한 토지와 건물의 소유자가 다른 경우 해당 주택의 토지와 건물의 가액을 합산한 과세표준에 주택의 세율을 적용한다.

02 주택에 대한 재산세는 주택별로 표준세율을 적용한다. (   ) (2015년 제26회)

03 토지와 건물의 소유자가 다른 주택에 대해 세율을 적용할 때 해당 주택의 토지와 건물의 가액을 소유자별로 구분계산한 과세표준에 해당 세율을 적용한다. (   ) (2011년 제22회)

04 지방자치단체의 장은 조례로 정하는 바에 따라 표준세율의 100분의 50의 범위에서 가감할 수 있으며, 가감한 세율은 해당 연도부터 3년간 적용한다. (   ) (2020년 제31회)

07 재산세의 납세절차

(1) 과세기준일과 납기
① 과세기준일: **매년 6월 1일**
② 납기
  ㉠ **토지: 매년 9월 16일부터 9월 30일까지**
  ㉡ **건축물: 매년 7월 16일부터 7월 31일까지**
  ㉢ **주택: 세액의 2분의 1은 매년 7월 16일부터 7월 31일까지, 나머지 2분의 1은 매년 9월 16일부터 9월 30일까지.** 다만, 세액이 **20만원 이하**인 경우에는 **조례**로 정하는 바에 따라 납기를 **7월 16일부터 7월 31일까지**로 하여 한꺼번에 부과·징수할 수 있음
  ㉣ 선박과 항공기: **매년 7월 16일부터 7월 31일까지**

(2) 징수방법
① 보통징수: **납기개시 5일 전까지** 발급
② **수시로 부과·징수할 수 있음**
③ 소액징수면제: 세액이 **2천원 미만**
④ 납세지: **부동산 소재지**
⑤ **토지**와 **건축물**에 대한 **세 부담의 상한**: 100분의 150
⑥ 납부유예
  ㉠ **1세대 1주택 + 그 납부기한 만료 3일 전까지** 신청 + **담보 제공**
  ㉡ 납부유예 허가의 취소: 해당 주택을 타인에게 **양도**하거나 **증여**하는 경우 등

07 재산세의 납세절차 관련 기출문제분석과 출제예상지문

01 재산세의 **과세기준일**은 매년 7월 1일이다. ( ) (2016년 제27회)

02 **토지**의 정기분 재산세 **납부세액이 9만원**인 경우 조례에 따라 납기를 <u>7월 16일부터 7월 31일까지</u>로 하여 한꺼번에 부과·징수할 수 있다. ( ) (2016년 제27회)

03 **건축물**에 대한 재산세의 납기는 매년 9월 16일에서 9월 30일이다. ( ) (2019년 제30회)

04 **주택**의 정기분 재산세 납부세액이 50만원인 경우 **세액의 2분의 1은 7월 16일부터 7월 31일까지** 나머지는 10월 16일부터 10월 31일까지를 납기로 한다. ( ) (2016년 제27회)

05 해당 연도에 **주택**에 부과할 세액이 100만원인 경우 재산세의 납기를 <u>7월 16일부터 7월 31일까지</u>로 하여 한꺼번에 부과·징수한다. ( ) (2015년 제26회)

06 **선박**분 재산세 납기는 <u>매년 7월 16일부터 7월 31일까지</u>이다. ( ) (2018년 제29회)

07 **재산세**는 관할 지방자치단체의 장이 세액을 산정하여 **보통징수의 방법**으로 부과·징수한다. ( ) (2015년 제26회, 2014년 제25회)

08 재산세를 징수하려면 토지, 건축물, 주택, 선박 및 항공기로 각각 구분된 납세고지서에 과세표준과 세액을 적어 늦어도 **납기개시 5일 전까지** 발급하여야 한다. ( ) (2018년 제29회, 2015년 제26회)

09 토지에 대한 재산세 과세대상은 <u>토지의 소재지</u>를 관할하는 지방자치단체에서 부과한다. ( ) (2004년 제15회)

10 토지에 대한 재산세는 납세의무자별로 **한 장의 납세고지서**로 발급하여야 한다. ( ) (2015년 제26회)

07 재산세의 납세절차 관련 기출문제분석과 출제예상지문

11 지방세법령상 재산세의 부과·징수에 관한 설명으로 틀린 것은? (2023년 제34회)

① 주택에 대한 재산세의 경우 해당 연도에 부과·징수할 세액의 2분의 1은 매년 7월 16일부터 7월 31일까지, 나머지 2분의 1은 9월 16일부터 9월 30일까지를 납기로 한다. 다만, 해당 연도에 부과할 세액이 20만원 이하인 경우에는 조례로 정하는 바에 따라 납기를 9월 16일부터 9월 30일까지로 하여 한꺼번에 부과·징수할 수 있다.
② 재산세는 관할 지방자치단체의 장이 세액을 산정하여 보통징수의 방법으로 부과·징수한다.
③ 재산세를 징수하려면 토지, 건축물, 주택, 선박 및 항공기로 구분한 납세고지서에 과세표준과 세액을 적어 늦어도 납기개시 5일 전까지 발급하여야 한다.
④ 재산세의 과세기준일은 매년 6월 1일로 한다.
⑤ 고지서 1장당 재산세로 징수할 세액이 2천원 미만인 경우에는 해당 재산세를 징수하지 아니한다.

12 「지방세법」상 재산세에 관한 설명으로 틀린 것은?(단, 주어진 조건 외에는 고려하지 않음) (2022년 제33회)

① 재산세 과세기준일 현재 공부상에 개인 등의 명의로 등재되어 있는 사실상의 종중재산으로서 종중소유임을 신고하지 아니하였을 때에는 공부상 소유자는 재산세를 납부할 의무가 있다.
② 지방자치단체가 1년 이상 공용 또는 공공용으로 사용하는 재산에 대하여는 소유권의 유상이전을 약정한 경우로서 그 재산을 취득하기 전에 미리 사용하는 경우 재산세를 부과하지 아니한다.
③ 재산세 과세기준일 현재 소유권의 귀속이 분명하지 아니하여 사실상의 소유자를 확인할 수 없는 경우에는 그 사용자가 재산세를 납부할 의무가 있다.
④ 재산세의 납기는 토지의 경우 매년 9월 16일부터 9월 30일까지이며, 건축물의 경우 매년 7월 16일부터 7월 31일까지이다.
⑤ 재산세의 납기에도 불구하고 지방자치단체의 장은 과세대상 누락, 위법 또는 착오 등으로 인하여 이미 부과한 세액을 변경하거나 수시부과하여야 할 사유가 발생하면 수시로 부과·징수할 수 있다.

13 건축물에 대한 재산세의 산출세액이 법령으로 정하는 방법에 따라 계산한 직전연도의 해당 재산에 대한 재산세액 상당액의 100분의 150을 초과하는 경우에는 100분의 150에 해당하는 금액을 해당연도에 징수할 세액으로 한다. ( ) (2012년 제23회)

14 지방자치단체의 장은 일정한 요건을 모두 충족하는 납세의무자가 제111조의2에 따른 1세대 1주택(시가표준액이 9억원을 초과하는 주택을 포함)의 재산세액의 납부유예를 그 납부기한 만료 3일 전까지 신청하는 경우 이를 허가할 수 있다. 이 경우 납부유예를 신청한 납세의무자는 그 유예할 주택 재산세에 상당하는 담보를 제공하여야 한다. ( ) (출제예상지문)

15 지방자치단체의 장은 주택 재산세의 납부가 유예된 납세의무자가 해당 주택을 타인에게 양도하거나 증여하는 경우에는 그 납부유예 허가를 취소하여야 한다. ( ) (출제예상지문)

07 재산세의 납세절차

(3) 물납
① 물납의 요건과 물납대상: 1천만원 초과 + 관할구역 부동산
② 물납의 신청: 납부기한 10일 전까지
③ 부동산 평가: 과세기준일 현재의 시가

(4) 분할납부
① 분할납부의 요건: 250만원 초과 + 3개월 이내
② 분할납부의 신청: 납부기한까지
③ 분할납부세액
  ㉠ 납부할 세액이 500만원 이하인 경우: 250만원을 초과하는 금액
  ㉡ 납부할 세액이 500만원을 초과하는 경우: 그 세액의 100분의 50 이하의 금액

07 재산세의 납세절차 관련 기출문제분석과 출제예상지문

01 지방자치단체의 장은 재산세 납부세액이 1천만원을 초과하는 경우 납세의무자의 신청을 받아 관할구역에 관계없이 해당 납세의무자의 부동산에 대하여 법령으로 정하는 바에 따라 물납을 허가할 수 있다. (　) (2013년 제24회)

02 서울특별시 강남구와 경기도 성남시에 부동산을 소유하고 있는 자의 성남시 소재 부동산에 대하여 부과된 재산세의 물납은 성남시 내에 소재하는 부동산만 가능하다. (　) (2017년 제28회)

03 재산세 물납허가를 받는 부동산을 행정안전부령으로 정하는 바에 따라 물납하였을 때에는 납부기한 내에 납부한 것으로 본다. (　) (2017년 제28회)

04 재산세의 물납 신청 후 불허가 통지를 받은 경우에 해당 시·군·구의 다른 부동산으로의 변경 신청은 허용되지 않으며 금전으로만 납부하여야 한다. (　) (2017년 제28회)

05 재산세를 물납하려는 자는 납부기한 10일 전까지 납세지를 관할하는 시장·군수·구청장에게 물납을 신청하여야 한다. (　) (2018년 제29회, 2017년 제28회, 2013년 제24회)

06 재산세 물납을 허가하는 부동산의 가액은 매년 12월 31일 현재의 시가로 평가한다. (　) (2011년 제22회)

07 재산세의 납세절차 관련 기출문제분석과 출제예상지문

07 지방세법상 재산세에 관한 설명으로 틀린 것은?(단, 주어진 조건 외에는 고려하지 않음) (2021년 제32회 수정)

① 토지에 대한 재산세의 과세표준은 시가표준액에 공정시장가액비율(100분의 70)을 곱하여 산정한 가액으로 한다.
② 지방자치단체가 1년 이상 공용으로 사용하는 재산으로서 유료로 사용하는 경우에는 재산세를 부과한다.
③ 재산세 물납신청을 받은 시장·군수·구청장이 물납을 허가하는 경우 물납을 허가하는 부동산의 가액은 물납 허가일 현재의 시가로 한다.
④ 주택의 토지와 건물 소유자가 다를 경우 해당 주택에 대한 세율을 적용할 때 해당 주택의 토지와 건물의 가액을 합산한 과세표준에 주택의 세율을 적용한다.
⑤ 주택의 과세표준이 과세표준상한액보다 큰 경우 해당 주택의 과세표준은 과세표준상한액으로 한다.

08 지방자치단체의 장은 재산세의 납부세액이 250만원을 초과하는 경우 법령에 따라 납부할 세액의 일부를 납부 기한이 지난 날부터 3개월 이내에 분할납부하게 할 수 있다. ( ) (2016년 제27회)

09 재산세 납부세액이 250만원을 초과하여 재산세를 분할납부하려는 자는 재산세 납부기한까지 법령으로 정하는 신청서를 시장·군수·구청장에게 제출하여야 한다. ( ) (2013년 제24회)

10 시장·군수·구청장은 분할납부신청을 받았을 때에는 이미 고지한 납세고지서를 납부기한 내에 납부하여야 할 납세고지서와 분할납부기간 내에 납부하여야 할 납세고지서로 구분하여 수정 고지하여야 한다. ( ) (출제예상지문)

11 「지방세법」상 재산세의 부과·징수에 관한 설명으로 옳은 것은 모두 몇 개인가?(단, 비과세는 고려하지 않음) (2020년 제31회)

> ㉠ 재산세의 과세기준일은 매년 6월 1일로 한다.
> ㉡ 토지의 재산세 납기는 매년 7월 16일부터 7월 31일까지이다.
> ㉢ 지방자치단체의 장은 재산세의 납부할 세액이 500만원 이하인 경우 250만원을 초과하는 금액은 납부기한이 지난 날부터 3개월 이내 분할납부하게 할 수 있다.
> ㉣ 재산세는 관할지방자치단체의 장이 세액을 산정하여 특별징수의 방법으로 부과·징수한다.

① 0개　　② 1개　　③ 2개
④ 3개　　⑤ 4개

05 | 종합부동산세

01 종합부동산세의 과세방법

구 분			납세의무자	공정시장가액비율	세부담 상한
주택	개인	2주택 이하	재산세의 납세의무자	100분의 60	100분의 150
		3주택 이상			
	법인	2주택 이하			없음 (비례세율 적용시)
		3주택 이상			
토지	종합합산		5억원 초과	100분의 100	100분의 150
	별도합산		80억원 초과		100분의 150

재산세 과세대상의 구분과 종합부동산세와의 연관관계

재산세				종합부동산세의 과세대상
재산세의 과세대상			재산세의 세율구조	
토지	분리과세대상	(저율)분리과세대상	비례세율	
		(고율)분리과세대상	비례세율	
	합산과세대상	종합합산과세대상	누진세율	○
		별도합산과세대상	누진세율	○
건축물			비례세율	
주택(일반주택＋고급주택)			누진세율	○
선박			비례세율	
항공기			비례세율	

01 종합부동산세의 과세방법 관련 기출문제분석과 출제예상지문

01 종합부동산세는 주택에 대한 종합부동산세와 토지에 대한 종합부동산세의 세액을 합한 금액을 그 세액으로 한다. 이 경우 토지에 대한 종합부동산세의 세액은 토지분 종합합산세액과 토지분 별도합산세액을 합한 금액으로 한다. ( ) (2005년 제16회)

02 재산세 과세대상 중 분리과세대상 토지는 종합부동산세 과세대상이 아니다. ( ) (2009년 제20회)

03 과세기준일 현재 토지분 재산세 납세의무자로서「자연공원법」에 따라 지정된 공원자연환경지구의 임야를 소유하는 자는 토지에 대한 종합부동산세를 납부할 의무가 있다. ( ) (2019년 제30회)

04 종합부동산세의 과세대상인 주택의 범위는 재산세의 과세대상인 주택의 범위와 다르다. ( ) (2010년 제21회)

01 종합부동산세의 과세방법 관련 기출문제분석과 출제예상지문

05 「종합부동산세법」상 종합부동산세의 과세대상인 것은? (2012년 제23회 수정)

① 고급오락장용 건축물의 부속토지
② 관계법령에 따른 사회복지사업자가 복지시설이 소비목적으로 사용할 수 있도록 하기 위하여 1990년 5월 1일부터 소유하는 농지
③ 상업용 건축물(오피스텔 제외)
④ 공장용 건축물
⑤ 「건축법」 등 관계법령에 따라 허가 등을 받아야 할 건축물로서 허가 등을 받지 아니한 건축물의 부속토지

06 「종합부동산세법」상 종합부동산세의 과세대상이 아닌 것을 모두 고른 것은?(단, 재산세의 감면규정 또는 분리과세규정에 따라 종합부동산세를 경감하는 것이 종합부동산세를 부과하는 취지에 비추어 적합한 것으로 가정함) (2013년 제24회)

> ㉠ 종중이 1990년 1월부터 소유하는 농지
> ㉡ 1990년 1월부터 소유하는 「수도법」에 따른 상수원보호구역의 임야
> ㉢ 「지방세특례제한법」에 따라 재산세가 비과세되는 토지
> ㉣ 취득세 중과대상인 고급오락장용 건축물

① ㉠, ㉡ ② ㉡, ㉢ ③ ㉢, ㉣
④ ㉠, ㉡, ㉣ ⑤ ㉠, ㉡, ㉢, ㉣

07 종합부동산세의 과세기준일 현재 과세대상자산이 아닌 것을 모두 고른 것은?(단, 주어진 조건 외에는 고려하지 않음) (2015년 제26회)

> ㄱ. 여객자동차운송사업 면허를 받은 자가 그 면허에 따라 사용하는 차고용 토지(자동차운송사업의 최저보유차고면적기준의 1.5배에 해당하는 면적 이내의 토지)의 공시가격이 100억원인 경우
> ㄴ. 국내에 있는 부부공동명의(지분비율이 동일함)로 된 1세대 1주택의 공시가격이 10억원인 경우
> ㄷ. 공장용 건축물
> ㄹ. 회원제 골프장용 토지(회원제 골프장업의 등록시 구분등록의 대상이 되는 토지)의 공시가격이 100억원인 경우

① ㄱ, ㄴ ② ㄷ, ㄹ ③ ㄱ, ㄴ, ㄷ
④ ㄱ, ㄷ, ㄹ ⑤ ㄴ, ㄷ, ㄹ

08 과세기준일 현재 토지분 재산세의 납세의무자로서 국내에 소재하는 종합합산과세대상 토지의 공시가격을 합한 금액이 5억원을 초과하는 자는 해당 토지에 대한 종합부동산세를 납부할 의무가 있다. ( ) (2020년 제31회)

09 과세기준일 현재 토지분 재산세의 납세의무자로서 국내에 소재하는 별도합산과세대상 토지의 공시가격을 합한 금액이 80억원을 초과하는 자는 토지에 대한 종합부동산세의 납세의무자이다. ( ) (2017년 제28회)

02 종합부동산세 과세표준의 산정

(1) 주택
① 개인
 ㉠ 일반: [주택 공시가격 합계액 − 9억원] × 100분의 60의 공정시장가액비율
 ㉡ 단독소유 + 1세대 1주택 + 거주자: [주택 공시가격 합계액 − 12억원] × 100분의 60의 공정시장가액비율
② 비례세율이 적용되는 법인 또는 법인으로 보는 단체: 주택 공시가격 합계액 × 100분의 60의 공정시장가액비율

(2) 토지
① 종합합산과세대상 토지: [종합합산 공시가격 합계액 − 5억원] × 100분의 100의 공정시장가액비율
② 별도합산과세대상 토지: [별도합산 공시가격 합계액 − 80억원] × 100분의 100의 공정시장가액비율

합산배제주택 관련 법조문

① 다음의 어느 하나에 해당하는 주택은 과세표준 합산의 대상이 되는 주택의 범위에 포함되지 아니하는 것으로 본다.
 ㉠ 합산배제 임대주택
 ㉡ 문화재보호법에 따른 등록문화재 등 종합부동산세를 부과하는 목적에 적합하지 아니한 것으로서 대통령령으로 정하는 주택
② ①의 규정에 따른 주택을 보유한 납세의무자는 해당 연도 9월 16일부터 9월 30일까지 관할세무서장에게 해당 주택의 보유현황을 신고하여야 한다.

02 종합부동산세 과세표준의 산정 관련 기출문제분석과 출제예상지문

01 개인이 주택 2채를 소유한 경우 주택에 대한 종합부동산세의 과세표준은 납세의무자별로 주택의 공시가격을 합산한 금액에서 9억원을 공제한 금액에 100분의 100의 공정시장가액비율을 곱한 금액으로 한다. (　) (2004년 제15회)

02 거주자인 개인 甲은 국내에 주택 2채(다가구주택 아님) 및 상가건물 1채를 각각 보유하고 있다. 甲의 2024년 귀속 재산세 및 종합부동산세에 관한 설명으로 틀린 것은?(단, 甲의 주택은 종합부동산세법상 합산배제주택에 해당하지 아니하며, 지방세관계법상 재산세 특례 및 감면은 없음) (2021년 제32회)

① 甲의 주택에 대한 재산세는 주택별로 표준세율을 적용한다.
② 甲의 상가건물에 대한 재산세는 시가표준액에 법령이 정하는 공정시장가액비율을 곱하여 산정한 가액을 과세표준으로 하여 비례세율로 과세한다.
③ 甲의 주택분 종합부동산세액의 결정세액은 주택분 종합부동산세액에서 '(주택의 공시가격 합산액 − 9억원) × 종합부동산세 공정시장가액비율 × 재산세 표준세율'의 산식에 따라 산정한 재산세액을 공제하여 계산한다.
④ 甲의 상가건물에 대해서는 종합부동산세를 과세하지 아니한다.
⑤ 甲의 주택에 대한 종합부동산세는 甲이 보유한 주택의 공시가격을 합산한 금액에서 9억원을 공제한 금액에 공정시장가액비율(100분의 60)을 곱한 금액(영보다 작은 경우는 영)을 과세표준으로 하여 누진세율로 과세한다.

03 토지에 대한 종합부동산세는 국내에 소재하는 토지에 대하여 종합합산과세대상과 별도합산과세대상으로 구분하여 과세한다. (　) (출제예상지문)

04 종합합산과세대상인 토지에 대한 종합부동산세의 과세표준은 납세의무자별로 해당 과세대상토지의 공시가격을 합산한 금액에서 80억원을 공제한 금액에 100분의 100의 공정시장가액비율을 곱한 금액으로 한다. 다만, 그 금액이 영보다 작은 경우에는 영으로 본다. (　) (출제예상지문)

05 별도합산과세대상인 토지에 대한 종합부동산세의 과세표준은 납세의무자별로 해당 과세대상토지의 공시가격을 합산한 금액에서 5억원을 공제한 금액에 100분의 100의 공정시장가액비율을 곱한 금액으로 한다. 다만, 그 금액이 영보다 작은 경우에는 영으로 본다. (　) (출제예상지문)

합산배제주택 관련 기출문제분석과 출제예상지문

01 「문화재보호법」에 따른 등록문화재에 해당하는 주택은 과세표준 합산의 대상이 되는 주택의 범위에 포함되지 않는 것으로 본다. (　) (2019년 제30회)

02 「문화재보호법」에 따른 등록문화재에 해당하는 주택은 주택에 대한 종합부동산세의 과세표준 계산시 합산대상이 되는 주택에 해당한다. (　) (2012년 제22회)

03 과세표준 합산의 대상에 포함되지 않는 주택을 보유한 납세의무자는 해당 연도 10월 16일부터 10월 31일까지 관할 세무서장에게 해당 주택의 보유현황을 신고하여야 한다. (　) (2022년 제33회)

03 단독소유+1세대 1주택+거주자

(1) 과세표준 계산시 공제: 12억원
(2) 세액공제: [①과 ②은 최대 100분의 80의 범위 내에서 중복 적용]
① 연령별 세액공제: 만 60세 이상인 자
  ㉠ 만 60세 이상 만 65세 미만: 100분의 20
  ㉡ 만 65세 이상 만 70세 미만: 100분의 30
  ㉢ 만 70세 이상: 100분의 40
② 보유기간별 세액공제: 5년 이상 보유한 자
  ㉠ 5년 이상 10년 미만: 100분의 20
  ㉡ 10년 이상 15년 미만: 100분의 40
  ㉢ 15년 이상: 100분의 50
(3) 공동명의 1주택자의 납세의무 등에 관한 특례: 단독소유 1주택으로 신청할 수 있음
(4) 동거봉양 또는 혼인의 경우 각각 1세대로 보는 기간
① 동거봉양: 10년 동안
② 혼인: 5년 동안

03 단독소유 + 1세대 1주택 + 거주자 관련 기출문제분석과 출제예상지문

01 주택분 종합부동산세의 납세의무자가 과세기준일 현재 1세대 1주택자로서 만 70세이고 해당 주택을 3년 보유한 경우, 법령에 따라 산출된 세액에서 그 산출된 세액에 법령이 정하는 연령별 공제율을 곱한 금액을 공제한다. (   ) (2009년 제20회)

02 법정요건을 충족하는 1세대 1주택자(단독소유임)는 과세기준일 현재 보유기간이 5년 이상이면 보유기간에 따른 세액공제를 받을 수 있다. (   ) (2010년 제21회)

03 종합부동산세 과세대상 1세대 1주택자로서 과세기준일 현재 해당 주택을 12년 보유한 자의 보유기간별 세액공제에 적용되는 공제율은 100분의 50이다. (   ) (2022년 제32회)

04 주택분 종합부동산세 납세의무자가 1세대 1주택자에 해당하는 경우의 주택분 종합부동산세액 계산시 연령에 따른 세액공제와 보유기간에 따른 세액공제는 공제율 합계 100분의 80의 범위에서 중복하여 적용할 수 있다. (   ) (2019년 제30회)

05 과세기준일 현재 만 65세 이상인 자가 보유하고 있는 종합부동산세 과세대상인 토지에 대하여는 연령에 따른 세액공제를 받을 수 있다. (   ) (2010년 제21회)

03 단독소유 + 1세대 1주택 + 거주자 관련 기출문제분석과 출제예상지문

06 종합부동산세법상 1세대 1주택자에 관한 설명으로 옳은 것은? (2021년 제32회)

① 과세기준일 현재 세대원 중 1인과 그 배우자만이 공동으로 1주택을 소유하고 해당 세대원 및 다른 세대원이 다른 주택을 소유하지 아니한 경우 신청하지 않더라도 공동명의 1주택자를 해당 1주택에 대한 납세의무자로 한다.

② 합산배제 신고한「문화재보호법」에 따른 등록문화재에 해당하는 주택은 1세대가 소유한 주택 수에서 제외한다.

③ 1세대가 일반 주택과 합산배제 신고한 임대주택을 각각 1채씩 소유한 경우 해당 일반 주택에 그 주택소유자가 실제 거주하지 않더라도 1세대 1주택자에 해당한다.

④ 1세대 1주택자는 주택의 공시가격을 합산한 금액에서 9억원을 공제한 금액에 공정시장가액비율을 곱한 금액을 과세표준으로 한다.

⑤ 1세대 1주택자에 대하여는 주택분 종합부동산세 산출세액에서 소유자의 연령과 주택 보유기간에 따른 공제액을 공제율 합계 100분의 70의 범위에서 중복하여 공제한다.

07 각각 주택을 소유한 甲과 乙이 2023년 5월 31일 혼인신고한 후 계속하여 보유하는 경우 2024년분 종합부동산세 과세시 혼인한 자별로 각각 1세대로 본다. ( ) (2006년 제17회)

08 종합부동산세법령상 주택의 과세표준 계산과 관련한 내용으로 틀린 것은?(단, 2024년 납세의무 성립분임) (2023년 제34회)

① 대통령령으로 정하는 1세대 1주택자(공동명의 1주택자 제외)의 경우 주택에 대한 종합부동산세의 과세표준은 납세의무자별로 주택의 공시가격을 합산한 금액에서 12억원을 공제한 금액에 100분의 60을 곱한 금액으로 한다. 다만, 그 금액이 영보다 작은 경우에는 영으로 본다.

② 대통령령으로 정하는 다가구 임대주택으로서 임대기간, 주택의 수, 가격, 규모 등을 고려하여 대통령령으로 정하는 주택은 과세표준 합산의 대상이 되는 주택의 범위에 포함되지 아니하는 것으로 본다.

③ 1주택(주택의 부속토지만을 소유한 경우는 제외)과 다른 주택의 부속토지(주택의 건물과 부속토지의 소유자가 다른 경우의 그 부속토지)를 함께 소유하고 있는 경우는 1세대 1주택자로 본다.

④ 혼인으로 인한 1세대 2주택의 경우 납세의무자가 해당 연도 9월 16일부터 9월 30일까지 관할세무서장에게 합산배제를 신청하면 1세대 1주택자로 본다.

⑤ 2주택을 소유하여 1천분의 27의 세율이 적용되는 법인의 경우 주택에 대한 종합부동산세의 과세표준은 납세의무자별로 주택의 공시가격을 합산한 금액에서 0원을 공제한 금액에 100분의 60을 곱한 금액으로 한다. 다만, 그 금액이 영보다 작은 경우에는 영으로 본다.

04 1세대 1주택자 판정시 주택 수에서 제외

① 다른 주택의 부속토지
② 일시적으로 2주택이 된 경우: 3년
③ 대통령령으로 정하는 상속주택
④ 대통령령으로 정하는 지방 저가주택

05 수탁자의 명의로 등기 또는 등록된 신탁재산

① 납세의무자: 위탁자
② 신탁주택 관련 수탁자의 물적납세의무: 신탁 설정일 이후에 법정기일이 도래하는 신탁주택과 관련하여 발생 + 위탁자가 체납 + 위탁자의 다른 재산에 대하여 강제징수를 하여도 징수할 금액에 미치지 못할 때

04 1세대 1주택자 판정시 주택 수에서 제외 관련 기출문제분석과 출제예상지문

01 주택에 대한 종합부동산세의 과세표준을 적용할 때 1주택(주택의 부속토지만을 소유한 경우는 제외)과 다른 주택의 부속토지(주택의 건물과 부속토지의 소유자가 다른 경우의 그 부속토지를 말함)를 함께 소유하고 있는 경우에는 1세대 1주택자로 본다. ( ) (2023년 제34회)

02 주택에 대한 종합부동산세의 과세표준을 적용할 때 1세대 1주택자가 보유하고 있는 주택을 양도하기 전에 신규주택을 취득(자기가 건설하여 취득하는 경우를 포함)하여 2주택이 된 경우로서 과세기준일 현재 신규주택을 취득한 날부터 3년이 경과하지 않은 경우에는 1세대 1주택자로 본다. ( ) (출제예상지문)

03 주택에 대한 종합부동산세의 과세표준을 적용할 때 1주택과 상속받은 주택으로서 대통령령으로 정하는 "상속주택"을 함께 소유하고 있는 경우로서 1세대 1주택자로 보는 규정을 적용받으려는 납세의무자는 해당 연도 9월 16일부터 9월 30일까지 관할세무서장에게 신청하여야 한다. ( ) (출제예상지문)

05 수탁자 명의로 등기 또는 등록된 신탁재산 관련 기출문제분석과 출제예상지문

01 과세기준일 현재 주택분 재산세의 납세의무자는 종합부동산세를 납부할 의무가 있다. ( ) (2022년 제33회)

02 수탁자의 명의로 등기 또는 등록된 신탁주택의 경우에는 위탁자가 종합부동산세를 납부할 의무가 있다. 이 경우 위탁자가 신탁주택을 소유한 것으로 본다. ( ) (출제예상지문)

03 신탁주택의 위탁자가 신탁 설정일 이후에 법정기일이 도래하는 해당 신탁주택과 관련하여 발생한 종합부동산세를 체납한 경우로서 그 위탁자의 다른 재산에 대하여 강제징수를 하여도 징수할 금액에 미치지 못할 때에는 해당 신탁주택의 수탁자는 그 신탁주택으로써 위탁자의 종합부동산세를 납부할 의무가 있다. ( ) (출제예상지문)

06 종합부동산세의 세율

구 분			세 율
주택	개인	2주택 이하	1천분의 5~1천분의 27의 7단계 초과누진세율
		3주택 이상	1천분의 5~1천분의 50의 7단계 초과누진세율
	법인 (공익법인 등은 제외)	2주택 이하	1천분의 27
		3주택 이상	1천분의 50
토지	종합합산		1천분의 10~1천분의 30의 3단계 초과누진세율
	별도합산		1천분의 5~1천분의 7의 3단계 초과누진세율

07 이중과세 조정과 세율 적용시 주택 수의 계산 등

① 이중과세 조정
  ㉠ 재산세로 부과된 세액은 공제
  ㉡ 가감조정된 세율이 적용된 세액, 세부담 상한을 적용받은 세액
② 세부담의 상한: 직전 연도 과세기준일 현재 소유한 것으로 보아 계산함
③ 세율 적용시 주택 수
  ㉠ 공동소유주택: 공동 소유자 각자
  ㉡ 다가구주택: 1주택
  ㉢ 주택 수에 불포함: 합산배제 임대주택, 합산배제 등록문화재 주택 등

06 종합부동산세의 세율 관련 기출문제분석과 출제예상지문

01 3주택 이상을 소유한 거주자인 개인의 주택에 대한 과세표준이 3억원인 경우 적용될 세율은 1천분의 5이다. ( ) (2016년 제27회)

02 종합합산과세대상인 토지에 대한 종합부동산세의 세액은 과세표준에 1%~5%의 세율을 적용하여 계산한 금액으로 한다. ( ) (2022년 제33회)

03 별도합산과세대상인 토지에 대한 종합부동산세의 세액은 과세표준에 0.5%~0.8%의 세율을 적용하여 계산한 금액으로 한다. ( ) (2022년 제33회)

04 종합부동산세법상 주택에 대한 과세 및 납세지에 관한 설명으로 옳은 것은? (2022년 제33회)
  ① 납세의무자가 법인이며 3주택 이상을 소유한 경우 소유한 주택 수에 따라 과세표준에 0.5%~5%의 세율을 적용하여 계산한 금액을 주택분 종합부동산세액으로 한다.
  ② 납세의무자가 법인으로 보지 않는 단체인 경우 주택에 대한 종합부동산세 납세지는 해당 주택의 소재지로 한다.
  ③ 과세표준 합산의 대상에 포함되지 않는 주택을 보유한 납세의무자는 해당 연도 10월 16일부터 10월 31일까지 관할 세무서장에게 해당 주택의 보유현황을 신고하여야 한다.
  ④ 종합부동산세 과세대상 1세대 1주택자로서 과세기준일 현재 해당 주택을 12년 보유한 자의 보유기간별 세액공제에 적용되는 공제율은 100분의 50이다.
  ⑤ 과세기준일 현재 주택분 재산세의 납세의무자는 종합부동산세를 납부할 의무가 있다.

07 이중과세 조정과 세율 적용시 주택 수의 계산 등 관련 기출문제분석과 출제예상지문

01 2주택을 소유한 거주자인 개인이 해당 연도에 납부하여야 할 주택에 대한 총세액상당액이 직전 년도에 총세액상당액에 100분의 200의 비율을 곱하여 계산한 금액을 초과하는 경우에는 그 초과하는 세액에 대하여는 이를 없는 것으로 본다. ( ) (2009년 제20회)

02 주택분 종합부동산세액에서 공제되는 재산세액은 재산세 표준세율의 100분의 50의 범위에서 가감된 세율이 적용된 경우에는 그 세율이 적용되기 전의 세액으로 하고, 재산세 세부담 상한을 적용받은 경우에는 그 상한을 적용받기 전의 세액으로 한다. ( ) (2020년 제31회, 2017년 제28회)

03 주택에 대한 세부담 상한의 기준이 되는 직전 연도에 해당 주택에 부과된 주택에 대한 총세액상당액은 납세의무자가 해당 연도의 과세표준합산주택을 직전 연도 과세기준일에 실제로 소유하였는지의 여부를 불문하고 직전 연도 과세기준일 현재 소유한 것으로 보아 계산한다. ( ) (2017년 제28회)

04 주택분 종합부동산세액을 계산할 때 1주택을 여러 사람이 공동으로 매수하여 소유한 경우 공동소유자 각자가 그 주택을 소유한 것으로 본다. ( ) (2019년 제30회)

05 2024년 귀속 토지분 종합부동산세에 관한 설명으로 옳은 것은?(단, 감면과 비과세와 지방세특례제한법 또는 조세특례제한법은 고려하지 않음) (2021년 제32회)
① 재산세 과세대상 중 분리과세대상 토지는 종합부동산세 과세대상이다.
② 종합부동산세의 분납은 허용되지 않는다.
③ 종합부동산세의 물납은 허용되지 않는다.
④ 납세자에게 부정행위가 없으며 특례제척기간에 해당하지 않는 경우 원칙적으로 납세의무 성립일부터 3년이 지나면 종합부동산세를 부과할 수 없다.
⑤ 별도합산과세대상인 토지의 재산세로 부과된 세액이 세부담 상한을 적용받는 경우 그 상한을 적용받기 전의 세액을 별도합산과세대상 토지분 종합부동산세액에서 공제한다.

06 2024년도 3주택 이상을 소유한 거주자인 납세의무자에 대한 주택(합산배제대상 주택 제외)분 종합부동산세 세액계산 흐름도를 나타낸 것이다. A~E에 들어갈 내용으로 옳게 묶인 것은? (2008년 제19회)

구 분	내 용
과세표준	[주택의 공시가격의 합(合) − 공제액(A)] × 공정시장가액비율(B)
종합부동산세액	과세표준 × 7단계 초과누진세율(최고 C)
산출세액	종합부동산세 − 공제할 (D)액 − 세부담 상한 초과세액(해당 연도 총세액상당액 − 전년도 총세액 상당액× E) (단, 세부담상한 초과세액 > 0)

	A	B	C	D	E
①	9억원	100분의 100	1천분의 50	재산세	150%
②	6억원	100분의 60	1천분의 27	재산세	300%
③	6억원	100분의 80	1천분의 27	재산세	300%
④	9억원	100분의 60	1천분의 50	재산세	150%
⑤	9억원	100분의 80	1천분의 50	재산세	150%

08 종합부동산세의 절차적 사항

(1) 과세기준일과 납기
① 과세기준일: 매년 6월 1일
② 납기: 매년 12월 1일부터 12월 15일까지

(2) 징수방법
① 관할세무서장의 결정: 납부기간 개시 5일 전까지 납부고지서 발부
② 다만, 선택적 신고납부: 이 경우 관할세무서장의 결정은 없었던 것으로 봄
③ 납세지: 개인은 「소득세법」 준용하고, 법인은 「법인세법」 준용
　㉠ 개인
　　ⓐ 거주자: 주소지 → 거소지
　　ⓑ 비거주자: 국내사업장의 소재지 → 국내원천소득이 발생하는 장소 → 주택 또는 토지의 소재지
　㉡ 법인
　　ⓐ 내국법인: 본점이나 주사무소의 소재지
　　ⓑ 외국법인: 국내사업장의 소재지 → 자산의 소재지
④ 가산세: 무신고 배제, 과소와 납부는 적용

(3) 납부유예
① 과세기준일 현재 1세대 1주택자 + 그 납부기한 만료 3일 전까지 신청 + 담보 제공
② 납부유예 허가의 취소: 해당 주택을 타인에게 양도하거나 증여하는 경우 등

08 종합부동산세의 절차적 사항 (1) 과세기준일과 납기 (2) 징수방법 관련 기출문제분석과 출제예상지문

01 종합부동산세의 과세기준일은 7월 1일이다. ( ) (2016년 제27회)

02 과세대상 토지가 매매로 유상이전 되는 경우로서 매매계약서 작성일이 2024년 6월 1일이고, 잔금지급 및 소유권이전등기일이 2024년 6월 29일인 경우, 종합부동산세의 납세의무자는 매도인이다. ( ) (2018년 제29회)

03 종합부동산세는 부과·징수가 원칙이며 납세의무자의 선택에 의하여 신고납부도 가능하다. ( ) (2017년 제28회)

04 관할세무서장은 종합부동산세를 징수하고자 하는 때에는 납부고지서에 주택 및 토지로 구분한 과세표준과 세액을 기재하여 납부기간 개시 5일 전까지 발부하여야 한다. ( ) (2020년 제31회, 2017년 제28회, 2016년 제27회)

05 종합부동산세를 신고납부방식으로 납부하고자 하는 납세의무자는 종합부동산세의 과세표준과 세액을 해당 연도 12월 1일부터 12월 15일까지 관할세무서장에게 신고하여야 한다. ( ) (2022년 제33회)

06 종합부동산세법령상 종합부동산세의 부과·징수에 관한 내용으로 틀린 것은? (2023년 제34회)
① 관할세무서장은 납부하여야 할 종합부동산세의 세액을 결정하여 해당 연도 12월 1일부터 12월 15일까지 부과·징수한다.
② 종합부동산세를 신고납부방식으로 납부하고자 하는 납세의무자는 종합부동산세의 과세표준과 세액을 관할세무서장이 결정하기 전인 해당 연도 11월 16일부터 11월 30일까지 관할세무서장에게 신고하여야 한다.
③ 관할세무서장은 종합부동산세로 납부하여야 할 세액에 250만원을 초과하는 경우에는 대통령령으로 정하는 바에 따라 그 세액의 일부를 납부기한이 지난 날부터 6개월 이내에 분납하게 할 수 있다.
④ 관할세무서장은 납세의무자가 과세기준일 현재 1세대 1주택자가 아닌 경우 주택분 종합부동산세액의 납부유예를 허가할 수 없다.
⑤ 관할세무서장은 주택분 종합부동산세액의 납부가 유예된 납세의무자가 해당 주택을 타인에게 양도하거나 증여하는 경우에는 그 납부유예 허가를 취소하여야 한다.

07 종합부동산세의 납세의무자가 거주자인 개인인 경우 납세지는 「소득세법」상 납세지 규정을 준용한다. ( ) (2009년 제20회)

08 종합부동산세의 납세의무자가 국내에 주소를 두고 있는 개인의 경우 납세지는 주소지이다. ( ) (2018년 제29회)

09 거주자에 대한 종합부동산세의 납세지는 부동산 소재지이다. ( ) (2005년 제16회)

10 종합부동산세의 납세의무자가 비거주자인 개인으로서 국내사업장이 없고 국내원천소득이 발생하지 아니하는 1주택을 소유한 경우 그 주택 소재지를 납세지로 정한다. ( ) (2020년 제31회)

11 종합부동산세는 무신고가산세를 부과하지 아니한다. ( ) (2006년 제17회)

12 종합부동산세의 납세의무자는 선택에 따라 신고·납부할 수 있으나, 신고를 함에 있어 납부세액을 과소하게 신고한 경우라도 과소신고가산세가 적용되지 않는다. ( ) (2018년 제29회)

08 종합부동산세의 절차적 사항

(3) 분납
① 분납의 요건: 250만원 초과+6개월 이내
② 분납세액
   ㉠ 납부하여야 할 세액이 250백만원 초과 500만원 이하: 해당 세액에서 250만원을 차감한 금액
   ㉡ 납부하여야 할 세액이 500만원을 초과: 해당 세액의 100분의 50 이하의 금액
③ 분납의 신청: 납부기한까지

08 종합부동산세의 절차적 사항 (3) 분납 관련 기출문제분석과 출제예상지문

01 관할세무서장은 종합부동산세로 납부하여야 할 세액이 1천만원을 초과하면 물납을 허가할 수 있다. ( ) (2016년 제27회, 2005년 제16회)

02 관할세무서장은 종합부동산세로 납부하여야 할 세액이 250만원을 초과하는 경우에는 법령으로 정하는 바에 따라 그 세액의 일부를 납부기한이 지난 날부터 6개월 이내에 분납하게 할 수 있다. ( ) (2010년 제21회)

03 관할세무서장은 종합부동산세로 납부하여야 할 세액이 400만원인 경우 최대 150만원의 세액을 납부기한이 지난 날부터 6개월 이내에 분납하게 할 수 있다. ( ) (2019년 제30회)

04 종합부동산세법상 토지 및 주택에 대한 과세와 부과·징수에 관한 설명으로 옳은 것은? (2022년 제33회)
① 종합합산과세대상인 토지에 대한 종합부동산세의 세액은 과세표준에 1%~5%의 세율을 적용하여 계산한 금액으로 한다.
② 종합부동산세로 납부해야 할 세액이 200만원인 경우 관할세무서장은 그 세액의 일부를 납부기한이 지난 날부터 6개월 이내에 분납하게 할 수 있다.
③ 관할세무서장이 종합부동산세를 징수하려면 납부기간 개시 5일 전까지 주택분과 토지분을 합산한 과세표준과세액을 납부고지서에 기재하여 발급하여야 한다.
④ 종합부동산세를 신고납부방식으로 납부하고자 하는 납세의무자는 종합부동산세의 과세표준과 세액을 해당 연도 12월 1일부터 12월 15일까지 관할세무서장에게 신고하여야 한다.
⑤ 별도합산과세대상인 토지에 대한 종합부동산세의 세액은 과세표준에 0.5%~0.8%의 세율을 적용하여 계산한 금액으로 한다.

05 개인인 거주자 甲은 A주택을 3년간 소유하며 직접 거주하고 있다. 甲이 A주택에 대하여 납부하게 되는 2024년 귀속 재산세와 종합부동산세에 관한 설명으로 틀린 것은?(단, 甲은 종합부동산세법상 납세의무자로서 만 61세이며 1세대 1주택자라 가정함) (2018년 제29회 수정)
① 재산세 및 종합부동산세의 과세기준일은 매년 6월 1일이다.
② 甲의 고령자 세액공제액은 종합부동산세법에 따라 산출된 세액에 100분의 20을 곱한 금액으로 한다.
③ 재산세 납부세액이 600만원인 경우, 100만원은 납부기한이 지난 날부터 2개월 이내에 분할납부할 수 있다.
④ 지방자치단체의 장은 법정 요건을 모두 충족하는 납세의무자가 1세대 1주택(시가표준액이 9억원을 초과하는 주택은 제외)의 재산세액의 납부유예를 그 납부기한 만료 3일 전까지 신청하는 경우 이를 허가할 수 있다.
⑤ 만약 甲이 A주택을 「신탁법」에 따라 수탁자 명의로 신탁등기하게 하는 경우에도 甲을 재산세 납세의무자로 본다.

06 | 소득세

01 소득세법 총설

① **종합과세**: 이자+배당+**사업소득**[부동산임대업과 사업적인 양도(건설업과 부동산매매업)]+근로+연금+**기타소득**
② **분류과세**: 퇴직소득과 **양도소득**
③ **거주자**: 국내에 주소를 두거나 183일 이상 거소 - 국내소득+국외소득(국외자산양도는 5년 이상)
④ **비거주자**: 국내소득

소득의 구분과 소득세의 과세방법

소득의 구분	소득세의 과세방법	
이자소득	종합소득세	- 종합과세
배당소득		
사업소득[부동산임대업과 사업적인 양도(건설업과 부동산매매업)]		
근로소득		
연금소득		
기타소득		
퇴직소득	퇴직소득세	- 분류과세
양도소득	양도소득세	- 분류과세

납세의무자: 개인

구 분	개 념	과세소득의 범위		납세지
		국내소득	국외소득	
거주자	국내에 주소를 두거나 183일 이상 거소를 둔 개인	○	○	주소지 주소지가 없는 경우: 거소지
비거주자	거주자가 아닌 개인	○	×	국내사업장 소재지 국내원천소득이 발생하는 장소

01 소득세법 총설 관련 기출문제분석과 출제예상지문

01 주택의 임대로 인하여 얻은 과세대상 소득은 사업소득으로서 해당 거주자의 종합소득금액에 합산된다. ( ) (2017년 제28회, 2014년 제25회, 2009년 제20회)

02 양도소득에 대한 과세표준은 종합소득 및 퇴직소득에 대한 과세표준과 구분하여 계산한다. ( ) (2018년 제29회, 2011년 제22회)

03 양도소득은 다른 소득과 합산하여 종합소득세를 신고납부하여야 한다. ( ) (2005년 제16회)

04 "거주자"란 국내에 주소를 두거나 183일 이상의 거소를 둔 개인을 말한다. ( ) (출제예상지문)

05 국내에 거소를 둔 기간이 2과세기간 동안 183일 이상인 경우에는 국내에 183일 이상 거소를 둔 것으로 본다. ( ) (출제예상지문)

06 거주자는 국내에 있는 토지의 양도로 발생하는 소득에 대하여 양도소득세 납세의무가 있다. ( ) (2009년 제20회)

07 거주자가 양도일까지 계속하여 국내에 5년 이상 주소 또는 거소를 둔 경우 국외에 있는 토지의 양도로 인하여 발생하는 소득에 대하여 양도소득세 납세의무가 있다. ( ) (2009년 제20회)

08 비거주자는 국내에 있는 토지의 양도로 인하여 발생하는 소득에 대하여 양도소득세 납세의무가 있다. ( ) (2009년 제20회)

09 비거주자가 국외 토지를 양도한 경우 양도소득세 납부 의무가 있다. ( ) (2016년 제27회)

법인으로 보는 단체 외의 법인 아닌 단체 관련 기출문제분석과 출제예상지문

01 법인으로 보는 단체 외의 법인 아닌 단체는 국내에 주사무소 또는 사업의 실질적 관리장소를 둔 경우에는 1거주자로, 그 밖의 경우에는 1비거주자로 보아 소득세법을 적용한다. ( ) (출제예상지문)

과세기간과 납세지 관련 기출문제분석과 출제예상지문

01 소득세의 과세기간은 1월 1일부터 12월 31일까지 1년으로 한다. ( ) (출제예상지문)

02 거주자가 사망한 경우의 과세기간은 1월 1일부터 사망한 날까지로 한다. ( ) (출제예상지문)

03 거주자가 출국하여 비거주자가 되는 경우의 과세기간은 1월 1일부터 출국한 날까지로 한다. ( ) (출제예상지문)

04 거주자가 국내 상가건물을 양도한 경우 거주자의 주소지와 상가 건물의 소재지가 다르다면 양도소득세 납세지는 상가건물의 소재지이다. ( ) (2016년 제27회)

05 비거주자가 국내 주택을 양도한 경우 양도소득세 납세지는 비거주자의 국외 주소지이다. ( ) (2016년 제27회)

02 양도소득세의 과세대상: 국내소재로 가정

구 분	○	X
등기되지 않은 토지	○	
허가를 받지 아니한 건축물	○	
지상권	○	
지역권		○
전세권	○	
등기되지 않은 부동산임차권		○
조합원입주권	○	
분양권	○	
토지상환채권과 주택상환사채	○	
사업에 사용하는 토지와 분리되어 양도하는 영업권		○
이축권 — 토지 또는 건물과 함께 양도하는 이축권	○	
이축권 — 해당 이축권 가액을 별도로 평가하여 신고하는 경우		○
골프회원권	○	
주식을 소유하는 것만으로 시설물을 배타적으로 이용하게 되는 경우 그 주식	○	
신탁 수익권	○	
건설업과 부동산매매업		○

양도소득세 과세대상

양도소득세 과세대상	구 분

1. 토지 또는 건물
2. 부동산에 관한 권리
  ① 부동산을 이용할 수 있는 권리: 지상권, 전세권, 등기된 부동산임차권
  ② 부동산을 취득할 수 있는 권리
    ㉠ 건물이 완성되는 때에 그 건물과 이에 부수되는 토지를 취득할 수 있는 권리(조합원입주권과 분양권 등)
    ㉡ 토지상환채권과 주택상환사채
    ㉢ 부동산매매계약을 체결한 자가 계약금만 지급한 상태에서 양도하는 권리
3. 기타자산
  ① 사업에 사용하는 토지 또는 건물 및 부동산에 관한 권리와 함께 양도하는 영업권
  ② 토지 또는 건물과 함께 양도하는 이축권(별도로 평가하여 신고하는 경우는 제외)
  ③ 시설물이용권(시설물이용권을 부여받는 주식 포함): 골프회원권 등
	제1호

4. 주식 등	제2호
5. 파생상품 등	제3호
6. 신탁 수익권	제4호

02 양도소득세의 과세대상 : 국내소재로 가정 관련 기출문제분석과 출제예상지문

01 부동산에 관한 권리 중 지상권의 양도는 양도소득세 과세대상이다. (   ) (2017년 제28회, 2015년 제26회)

02 지역권은 양도소득의 과세대상자산이다. (   ) (2014년 제25회)

03 전세권의 양도는 양도소득세 과세대상이다. (   ) (2015년 제26회, 2014년 제25회)

04 국내 소재 등기된 부동산임차권은 양도소득의 과세대상자산이다. (   ) (2014년 제25회, 2013년 제24회)

05 국내 소재 등기되지 않은 부동산임차권의 양도는 양도소득세 과세대상이다. (   ) (2017년 제28회, 2015년 제26회)

06 건물이 완성되는 때에 그 건물과 이에 딸린 토지를 취득할 수 있는 권리는 양도소득의 과세대상자산이다. (   ) (2014년 제25회)

07 지방자치단체가 발행하는 토지상환채권을 양도하는 경우에는 양도소득세 과세대상이 아니다. (   ) (2012년 제23회)

08 부동산매매계약을 체결한 거주자가 계약금액만 지급한 상태에서 유상으로 양도하는 권리는 양도소득세의 과세대상이다. (   ) (2010년 제21회)

09 사업에 사용하는 건물과 함께 양도하는 영업권은 양도소득세 과세대상이다. (   ) (2017년 제28회, 2015년 제26회, 2013년 제24회)

10 영업권(사업에 사용하는 건물과 분리되어 양도되는 것)은 양도소득의 과세대상자산이다. (   ) (2014년 제25회)

11 **소득세법령상 거주자의 양도소득세 과세대상은 모두 몇 개인가?(단, 국내소재 자산을 양도한 경우임)** (2023년 제34회)

> • 전세권
> • 등기되지 않은 부동산임차권
> • 사업에 사용하는 토지 및 건물과 함께 양도하는 영업권
> • 토지 및 건물과 함께 양도하는 「개발제한구역의 지정 및 관리에 관한 특별조치법」에 따른 이축권(해당 이축권의 가액을 대통령령으로 정하는 방법에 따라 별도로 평가하여 신고함)

① 0개   ② 1개   ③ 2개
④ 3개   ⑤ 4개

12 골프회원권의 양도는 양도소득세 과세대상이다. (   ) (2015년 제26회)

13 법인의 주식을 소유하는 것만으로 시설물을 배타적으로 이용하게 되는 경우 그 주식의 양도는 양도소득세 과세대상이다. (   ) (2017년 제28회)

14 주거용 건물건설업자가 당초부터 판매할 목적으로 신축한 다가구주택을 양도하는 경우에는 양도소득세 과세대상이 아니다. (   ) (2012년 제23회)

03 양도로 보는 경우와 양도로 보지 않는 경우

구 분				O	X
무상이전					○
현물출자				○	
대물변제				○	
이혼에 따른 위자료				○	
이혼에 따른 재산분할					○
수용				○	
부담부증여	일반	채무액		○	
		채무액을 제외한 부분			○
	배우자 직계존비속	채무액	원칙		○
			입증되는 경우	○	
		채무액을 제외한 부분			○
환지처분으로 지목 또는 지번의 변경					○
보류지로 충당					○
양도담보	계약체결시				○
	채무불이행			○	
신탁	설정 + 수탁자에게 이전				○
	해지 + 소유권 이전등기				○
	위탁자의 지배를 벗어나는 경우			○	
공유물 분할	지분 변경 없음				○
	지분 변경 있음			○	
매매원인 무효의 소					○
경매·공매로 인하여 자기가 재취득					○

03 양도로 보는 경우와 양도로 보지 않는 경우 관련 기출문제분석과 출제예상지문

01 무상이전에 따라 자산의 소유권이 변경된 경우에는 양도소득세 과세대상이 되지 아니한다. ( ) (2017년 제28회, 2008년 제19회)

02 개인이 토지를 법인에 현물출자하는 경우에는 양도소득세 과세대상이 아니다. ( ) (2013년 제24회)

03 법원의 확정판결에 의한 이혼위자료로 배우자에게 토지의 소유권을 이전하는 경우에는 양도에 해당한다. ( ) (2015년 제26회)

04 이혼으로 인하여 혼인 중에 형성된 부부공동재산을 「민법」 제839조의 2에 따라 재산분할 하는 경우에는 양도소득세 과세대상이 아니다. ( ) (2012년 제23회)

05 배우자 또는 직계존비속이 아닌 자 간의 부담부증여에 있어서 수증자가 증여자의 채무를 인수하는 경우 그 채무액 상당부분은 양도소득세 과세대상이 아니다. ( ) (2008년 제19회)

06 부담부증여시 그 증여가액 중 채무액에 해당하는 부분을 제외한 부분은 양도에 해당한다. ( ) (2017년 제28회)

07 「도시개발법」이나 그 밖의 법률에 따른 환지처분으로 지목 또는 지번이 변경되거나 보류지로 충당되는 경우는 양도로 본다. ( ) (2017년 제28회, 2013년 제24회, 2012년 제23회)

08 토지의 경계를 변경하기 위하여 「공간정보의 구축 및 관리 등에 관한 법률」 제79조에 따른 토지의 분할 등 대통령령으로 정하는 방법과 절차로 하는 토지 교환의 경우에는 양도로 보지 아니한다. ( ) (출제예상지문)

09 「소득세법 시행령」 제151조 제1항에 따른 양도담보계약을 체결한 후 채무불이행으로 인하여 당해 자산을 변제에 충당한 때에는 양도에 해당한다. ( ) (2017년 제28회)

10 법원의 확정판결에 의하여 신탁해지를 원인으로 소유권 이전등기를 하는 경우에는 양도에 해당한다. ( ) (2015년 제26회)

11 위탁자와 수탁자 간 신임관계에 기하여 위탁자의 자산에 신탁이 설정되고 그 신탁재산의 소유권이 수탁자에게 이전된 경우로서 위탁자가 신탁 설정을 해지하거나 신탁의 수익자를 변경할 수 있는 등 신탁재산을 실질적으로 지배하고 소유하는 것으로 볼 수 있는 경우에는 양도로 보지 아니한다. ( ) (출제예상지문)

12 공동소유의 토지를 공유자지분 변경없이 2개 이상의 공유토지로 분할하였다가 공동지분의 변경없이 그 공유토지를 소유지분별로 단순히 재분할 하는 경우에는 양도에 해당한다. ( ) (2015년 제26회)

13 매매원인 무효의 소에 의하여 그 매매사실이 원인무효로 판시되어 환원될 경우에는 양도에 해당한다. ( ) (2017년 제28회, 2015년 제26회)

14 본인 소유자산을 경매·공매로 인하여 자기가 재취득하는 경우에는 양도에 해당한다. ( ) (2017년 제28회, 2015년 제26회)

04 1세대 1주택 양도의 비과세

(1) 1세대

① **거주자** 및 그 배우자. 부부가 각각 단독세대를 구성한 경우에도 **동일한 세대**
② 배우자가 없어도 1세대로 보는 경우: **30세 이상**, **사망**하거나 **이혼**, 기준 중위소득의 **100분의 40 이상**

(2) 1주택: 양도일 현재 국내에 1주택

① **사실상 주거용**으로 사용하는 건물
② 주택부수토지의 한도

구 분			배율
도시지역 내	수도권 내	주거지역·상업지역 및 공업지역	3배
		녹지지역	5배
	수도권 밖		5배
도시지역 밖			10배

③ 겸용주택

구 분	겸용주택의 판단	
	일반주택	고가주택
주택 연면적 > 주택 외 연면적	전부 주택	주택 부분만 주택
주택 연면적 ≤ 주택 외 연면적	주택 부분만 주택	주택 부분만 주택

④ 다가구주택: **구획**된 부분을 **각각** 하나의 주택. 다만, **하나의 매매단위로 하여 양도하는 경우**에는 **그 전체를 하나**
⑤ 고가주택: **양도당시 실지거래가액의 합계액이 12억원 초과**
⑥ 공동소유주택: 특별한 규정이 있는 것 외에는 **공동 소유자 각자**

비과세 양도소득 관련 법조문

다음의 소득에 대해서는 **양도소득에 대한 소득세를 과세하지 아니한다**.
① **파산선고**에 의한 처분으로 발생하는 소득
② 대통령령으로 정하는 경우에 해당하는 **농지의 교환 또는 분합**으로 발생하는 소득
③ 1세대가 1주택을 보유하는 경우로서 주택(주택 및 이에 딸린 토지의 **양도 당시 실지거래가액의 합계액이 12억원을 초과하는 고가주택은 제외**)과 이에 딸린 토지로서 건물이 정착된 면적에 지역별로 대통령령으로 정하는 배율을 곱하여 산정한 면적 이내의 토지(주택부수토지)의 양도로 발생하는 소득 등
④ 조합원입주권을 1개 보유한 1세대가 해당 조합원입주권을 양도하여 발생하는 소득
⑤ 지적재조사에 관한 특별법 제18조에 따른 경계의 확정으로 지적공부상의 면적이 감소되어 같은 법 제20조에 따라 지급받는 **조정금**

04 1세대 1주택 양도의 비과세 (1) 1세대와 (2) 1주택 관련 기출문제분석과 출제예상지문

01 비거주자에 대하여는 주거생활 안정 목적에서 운영되는 1세대 1주택의 비과세규정은 적용되지 아니한다. (　) (2004년 제15회)

02 배우자가 사망하거나 이혼한 경우에는 배우자가 없는 때에도 이를 1세대로 본다. (　) (2005년 제16회)

03 1세대 1주택 비과세규정을 적용하는 경우 부부가 각각 세대를 달리 구성하는 경우에도 동일한 세대로 본다. (　) (2013년 제24회)

04 고가주택이 아닌 등기된 국내 소재 2주택을 보유한 1세대가 나중에 양도하는 주택은 1세대 1주택 비과세요건을 충족하면 양도소득세가 비과세된다. (　) (2007년 제18회)

05 국내에 주택1채와 토지를, 국외에 1채의 주택을 소유하고 있는 거주자 甲이 국내주택을 먼저 양도하는 경우 2년 이상 보유한 경우라도 1세대 2주택에 해당하므로 양도소득세가 과세된다. (　) (2012년 제23회)

06 소유하고 있던 공부상 주택인 1세대 1주택을 전부 영업용 건물로 사용하다가 양도한 때에는 양도소득세 비과세대상인 1세대 1주택으로 보지 아니한다. (　) (2010년 제21회)

07 1세대 1주택에 대한 비과세 규정을 적용함에 있어 하나의 건물이 주택과 주택 외의 부분으로 복합되어 있는 경우 고가주택인 겸용주택의 경우 주택의 연면적이 주택 외의 연면적보다 클 때에는 그 전부를 주택으로 본다. (　) (2012년 제23회)

08 1세대 1주택 요건을 충족하는 거주자 甲이 다음과 같은 단층 겸용주택(주택은 국내 상시주거용이며, 도시지역 내의 수도권 밖에 존재)을 7억원에 양도하였을 경우 양도소득세가 과세되는 건물면적과 토지면적으로 옳은 것은?(단, 주어진 조건 외에는 고려하지 않음) (2015년 제26회)

> • 건물: 주택 $80m^2$, 상가 $120m^2$
> • 토지: 건물 부수토지 $800m^2$

① 건물 $120m^2$, 토지 $320m^2$　　② 건물 $120m^2$, 토지 $400m^2$
③ 건물 $120m^2$, 토지 $480m^2$　　④ 건물 $200m^2$, 토지 $400m^2$
⑤ 건물 $200m^2$, 토지 $480m^2$

09 「건축법 시행령」별표 1 제1호 다목에 해당하는 다가구주택은 해당 다가구주택을 구획된 부분별로 분양하지 아니하고 하나의 매매단위로 하여 양도하는 경우 그 구획된 부분을 각각 하나의 주택으로 본다. (　) (2020년 제31회)

10 양도소득세에서 "고가주택"이란 기준시가 12억원을 초과하는 주택을 말한다. (　) (2020년 제31회)

양도소득세 겸용주택의 계산산식 : 주택의 연면적 ≦ 주택 외의 부분의 연면적

(1) 건물: 주택 부분만 주택
(2) 주택부수토지: 둘 중 작은 것(①, ②)
① 전체 토지면적×(주택의 연면적/건물의 연면적)
② 한도: 주택정착면적 × 배율(도시지역 밖은 10배, 도시지역 내의 수도권 밖은 5배, 도시지역 내의 수도권 내에서 녹지지역은 5배, 그 밖은 3배)

04 1세대 1주택 양도의 비과세

(2) 1주택: 양도일 현재 국내에 1주택

⑦ 1세대 2주택을 1주택으로 보는 경우
 ㉠ **수도권 밖**: 사유가 해소된 날부터 3년 이내
 ㉡ **동거봉양**: 한 사람이 60세 이상 또는 요양급여는 60세 미만 + 10년 이내
 ㉢ **혼인**: 5년 이내
 ㉣ 농어촌주택: 일반주택을 양도하는 경우. **귀농주택**귀농주택(3년 이상 영농·영어)은 5년 이내 일반주택 양도
 ㉤ **일시적인 2주택**: 1년 이상이 지난 후 + 3년 이내
 ㉥ 상속: **상속개시 당시 보유한 일반주택**(상속개시일부터 소급하여 2년 이내에 증여받은 주택 등은 제외)을 양도하는 경우
 ㉦ 지정문화재 및 국가등록문화재: 일반주택을 양도하는 경우

04 1세대 1주택 양도의 비과세 ⑵ 1주택 : 양도일 현재 국내에 1주택 관련 기출문제분석과 출제예상지문

01 소득세법 시행령 제155조 1세대 1주택의 특례에 관한 조문의 내용이다. ( )에 숫자로 옳은 것은? (2022년 제33회)

> • 영농의 목적으로 취득한 귀농주택으로서 수도권 밖의 지역 중 면지역에 소재하는 주택과 일반주택을 국내에 각각 1개씩 소유하고 있는 1세대가 귀농주택을 취득한 날부터 (㉠)년 이내에 일반주택을 양도하는 경우에는 국내에 1개의 주택을 소유하고 있는 것으로 보아 제154조 제1항을 적용한다.
> • 취학 등 부득이한 사유로 취득한 수도권 밖에 소재하는 주택과 일반주택을 국내에 각각 1개씩 소유하고 있는 1세대가 부득이한 사유가 해소된 날부터 (㉡)년 이내에 일반주택을 양도하는 경우에는 국내에 1개의 주택을 소유하고 있는 것으로 보아 제154조 제1항을 적용한다.
> • 1주택을 보유하는 자가 1주택을 보유하는 자와 혼인함으로써 1세대가 2주택을 보유하게 되는 경우 혼인한 날부터 (㉢)년 이내에 먼저 양도하는 주택은 이를 1세대 1주택으로 보아 제154조 제1항을 적용한다.

① ㉠: 2, ㉡: 2, ㉢: 5　　② ㉠: 2, ㉡: 3, ㉢: 10　　③ ㉠: 3, ㉡: 2, ㉢: 5
④ ㉠: 5, ㉡: 3, ㉢: 5　　⑤ ㉠: 5, ㉡: 3, ㉢: 10

02 1주택을 보유하고 1세대를 구성하는 자가 1주택을 보유하고 있는 (　　)세 이상의 직계존속[배우자의 직계존속을 포함하며, 직계존속 중 어느 한 사람이 (　　)세 미만인 경우를 포함] 또는 「국민건강보험법 시행령」에 따른 요양급여를 받는 (　　)세 미만의 직계존속(배우자의 직계존속을 포함)으로서 기획재정부령으로 정하는 사람을 동거봉양하기 위하여 세대를 합침으로써 1세대가 2주택을 보유하게 되는 경우 합친 날부터 (　　)년 이내에 먼저 양도하는 주택은 이를 1세대 1주택으로 보아 제154조 제1항을 적용한다. (2018년 제29회)

04 1세대 1주택 양도의 비과세

(3) 1세대 1주택의 경우로서 보유기간 및 거주기간의 제한을 받지 아니하는 경우

① 건설임대주택 + 임차일부터 양도일까지 거주한 기간이 5년 이상
② 사업인정 고시일 전 취득 + 수용
③ 해외이주 + 출국일부터 2년 이내
④ 1년 이상 국외거주를 필요로 하는 취학 또는 근무상 + 출국일부터 2년 이내
⑤ 다른 시·군으로 취학, 근무상, 질병요양 + 1년 이상 거주

보유기간과 거주기간 관련 법조문

① 보유기간은 그 자산의 취득일부터 양도일까지로 한다. 다만, 양도소득의 필요경비 계산 특례의 경우에는 증여한 배우자 또는 직계존비속이 해당 자산을 취득한 날부터 기산하고, 가업상속공제가 적용된 비율에 해당하는 자산의 경우에는 피상속인이 해당 자산을 취득한 날부터 기산한다.
② 거주기간은 주민등록표 등본에 따른 전입일부터 전출일까지의 기간으로 한다.

거주기간 또는 보유기간의 통산 관련 법조문

거주기간 또는 보유기간을 계산할 때 다음의 기간을 통산한다.
① 거주하거나 보유하는 중에 소실·무너짐·노후 등으로 인하여 멸실되어 재건축한 주택인 경우에는 그 멸실된 주택과 재건축한 주택에 대한 거주기간 및 보유기간
② 비거주자가 해당 주택을 3년 이상 계속 보유하고 그 주택에서 거주한 상태로 거주자로 전환된 경우에는 해당 주택에 대한 거주기간 및 보유기간
③ 상속받은 주택으로서 상속인과 피상속인이 상속개시 당시 동일세대인 경우에는 상속개시 전에 상속인과 피상속인이 동일세대로서 거주하고 보유한 기간

04 1세대 1주택 양도의 비과세 ⑶ 보유기간 등의 제한을 받지 아니하는 경우 관련 기출문제분석과 출제예상지문

01 거주하거나 보유하는 중에 소실·무너짐·노후 등으로 인하여 멸실되어 재건축한 주택인 경우에는 그 멸실된 주택과 재건축한 주택에 대한 거주기간 및 보유기간을 통산한다. (   ) (2005년 제16회)

02 비거주자가 해당 주택을 3년 이상 계속 보유하고 그 주택에서 거주한 상태로 거주자로 전환된 경우에는 해당 주택에 대한 거주기간 및 보유기간을 통산한다. (   ) (출제예상지문)

03 상속받은 주택으로서 상속인과 피상속인이 상속개시 당시 동일세대인 경우에는 상속개시 전에 상속인과 피상속인이 동일세대로서 거주하고 보유한 기간을 통산한다. (   ) (출제예상지문)

04 「민간임대주택에 관한 특별법」에 따른 민간건설임대주택을 취득하여 양도하는 1세대 1주택의 경우로서 해당 건설임대주택의 임차일부터 해당 주택의 양도일까지의 기간 중 세대전원이 거주한 기간이 3년 이상인 경우에는 그 보유기간 및 거주기간의 제한을 받지 아니한다. (   ) (2013년 제24회)

05 사업인정 고시일 전에 취득한 1세대가 보유한 1주택의 전부 또는 일부가 관련 법률에 의하여 수용되는 경우에는 그 보유기간 및 거주기간의 제한을 받지 아니한다. (   ) (2004년 제15회)

06 국내에 1주택만을 보유하고 있는 1세대가 해외이주로 세대전원이 출국하는 경우 출국일부터 3년이 되는 날 해당 주택을 양도하면 비과세 된다. (   ) (2016년 제27회)

07 부산광역시에 소재하는 1세대 1주택(고가주택에 해당하지 않고 등기된 주택임)을 1년 6개월 동안 보유하고 양도한 경우로서, 양도일부터 6개월 전에 세대전원이 「해외이주법」에 따른 해외이주로 출국한 경우에는 양도소득세 비과세대상이다. (   ) (2007년 제18회)

08 광주광역시에 소재하는 1세대 1주택(고가주택에 해당하지 않고 등기된 주택임)을 1년 동안 보유하고 양도한 경우로서, 양도일부터 6개월 전에 2년 동안 해외거주를 필요로 하는 근무상의 형편으로 세대전원이 출국한 경우에는 양도소득세 비과세대상이다. (   ) (2007년 제18회)

09 직장의 변경으로 세대전원이 다른 시로 주거를 이전하는 경우 6개월간 거주한 1주택을 양도하면 비과세 된다. (   ) (2016년 제27회)

10 대전광역시에 소재하는 1세대 1주택(고가주택에 해당하지 않고 등기된 주택임)을 1년 6개월 동안 보유하고 6개월 동안 거주하던 중 양도한 경우로서, 기획재정부령이 정하는 근무상의 형편으로 다른 시로 이사한 경우에는 양도소득세 비과세대상이다. (   ) (2007년 제18회)

05 농지의 교환 또는 분합에 대한 비과세

① 농지의 범위: 논밭이나 과수원
② 비과세 요건: 쌍방 토지가액의 차액이 가액이 큰 편의 4분의 1 이하
③ 경작상 필요: 3년 이상 경작. 수용되는 경우에는 3년 이상 농지 소재지에 거주하면서 경작한 것으로 보며, 피상속인의 경작기간과 상속인의 경작기간을 통산

05 농지의 교환 또는 분합에 대한 비과세 관련 기출문제분석과 출제예상지문

01 농지란 논밭이나 과수원으로서 지적공부의 지목과 관계없이 실제로 경작에 사용되는 토지를 말하며, 농지의 경영에 직접 필요한 농막, 퇴비사, 양수장, 지소(池沼), 농도(農道) 및 수로(水路) 등에 사용되는 토지를 포함한다. (   ) (2019년 제30회)

02 「국토의 계획 및 이용에 관한 법률」에 따른 주거지역·상업지역·공업지역 외에 있는 농지(환지예정지 아님)를 경작상 필요에 의하여 교환함으로써 발생한 소득은 쌍방 토지가액의 차액이 가액이 큰 편의 4분의 1 이하이고 새로이 취득한 농지를 3년 이상 농지소재지에 거주하면서 경작하는 경우 비과세한다. (   ) (2019년 제30회, 2009년 제20회)

03 농지를 교환할 때 쌍방 토지가액의 차액이 가액이 큰 편의 3분의 1인 경우 발생하는 소득은 비과세 된다. (   ) (2016년 제27회)

04 법령의 규정에 따라 경작상 필요에 의해 甲 소유의 A농지(가액 10억원)를 乙 소유의 B농지(가액 Y원)와 교환하는 경우 양도소득세가 비과세되는 것은?(단, A농지가액은 B농지가액보다 크며, 교환에 의하여 새로이 취득하는 B농지를 3년 이상 농지소재지에서 거주하면서 경작한다고 가정한다) (2008년 제19회)

① 2억원 < (10억원 − Y원) ≦ 2억 5천만원
② 2억 5천만원 < (10억원 − Y원) ≦ 3억
③ 3억원 < (10억원 − Y원) ≦ 3억 5천만원
④ 3억 5천만원 < (10억원 − Y원) ≦ 4억
⑤ 4억원 < (10억원 − Y원) ≦ 4억 5천만원

05 농지로부터 직선거리 30킬로미터 이내에 있는 지역에 사실상 거주하는 자가 그 소유농지에서 농작업의 2분의 1 이상을 자기의 노동력에 의하여 경작하는 경우 비사업용 토지에서 제외한다(단, 농지는 도시지역 외에 있으며, 소유기간 중 재촌과 자경에 변동이 없고 농업에서 발생한 소득 이외에 다른 소득은 없음). (   ) (2019년 제30회)

06 「국토의 계획 및 이용에 관한 법률」에 따른 개발제한구역에 있는 농지는 비사업용 토지에 해당한다(단, 소유기간 중 개발제한구역 지정·변경은 없음). (   ) (2019년 제30회)

07 비사업용 토지에 해당하는지 여부를 판단함에 있어 농지의 판정은 소득세법령상 규정이 있는 경우를 제외하고 사실상의 현황에 의하며 사실상의 현황이 분명하지 아니한 경우에는 공부상의 등재현황에 의한다. (   ) (2019년 제30회)

06 미등기양도제외 자산 : 법령이 정하는 자산

① 장기할부조건
② 법률의 규정 또는 법원의 결정
③ 비과세대상 농지의 교환 또는 분합, 감면대상 자경농지 및 농지대토
④ 비과세요건을 충족한 1세대 1주택 등
⑤ 도시개발법에 따른 취득등기를 하지 아니하고 양도하는 토지
⑥ 도시개발법에 따라 체비지를 양도

미등기양도자산(미등기양도 제외자산 아님)에 대한 제재

구 분	제재의 내용
비과세와 감면	배제
필요경비개산공제	등기 100분의 3(미등기는 1,000분의 3)
장기보유특별공제	배제
양도소득기본공제	배제
세율	100분의 70

거래가액을 다르게 적은 경우 비과세 또는 감면의 배제 관련 법조문

매매계약서의 거래가액을 실지거래가액과 다르게 적은 경우에는 비과세 또는 감면받았거나 받을 세액에서 비과세의 경우 양도소득 산출세액 또는 감면의 경우 감면세액과 매매계약서의 거래가액과 실지거래가액과의 차액 중 적은 금액을 뺀다.

06 미등기양도제외 자산 : 법령이 정하는 자산 관련 기출문제분석과 출제예상지문

01 미등기양도자산도 양도소득에 대한 소득세의 비과세에 관한 규정을 적용할 수 있다. (   ) (2018년 제29회)

02 법원의 결정에 의하여 양도 당시 취득에 관한 등기가 불가능한 미등기주택은 양도소득세 비과세가 배제되는 미등기양도자산에 해당하지 않는다. (   ) (2016년 제27회)

03 건설업자가 「도시개발법」에 따라 공사용역 대가로 취득한 체비지를 토지구획환지처분공고 전에 양도하는 토지는 미등기양도자산에 해당하지 않는다. (   ) (2018년 제29회)

04 「소득세법」상 미등기양도제외자산을 모두 고른 것은? (2021년 제32회)

> ㄱ. 양도소득세 비과세요건을 충족한 1세대 1주택으로서 「건축법」에 따른 건축허가를 받지 아니하여 등기가 불가능한 자산
> ㄴ. 법원의 결정에 의하여 양도 당시 그 자산의 취득에 관한 등기가 불가능한 자산
> ㄷ. 「도시개발법」에 따른 도시개발사업이 종료되지 아니하여 토지 취득등기를 하지 아니하고 양도하는 토지

① ㄱ   ② ㄴ   ③ ㄱ, ㄴ   ④ ㄴ, ㄷ   ⑤ ㄱ, ㄴ, ㄷ

06 미등기양도제외 자산 : 법령이 정하는 자산 관련 기출문제분석과 출제예상지문

05 소득세법령상 거주자의 양도소득세 비과세에 관한 설명으로 틀린 것은?(단, 국내소재 자산을 양도한 경우임) (2023년 제34회)

① 파산선고에 의한 처분으로 발생하는 소득은 비과세된다.
② 「지적재조사에 관한 특별법」에 따른 경계의 확정으로 지적공부상의 면적이 감소되어 같은 법에 따라 지급받는 조정금은 비과세된다.
③ 건설사업자가 「도시개발법」에 따라 공사용역 대가로 취득한 체비지를 토지구획환지처분공고 전에 양도하는 토지는 양도소득세 비과세가 배제되는 미등기양도자산에 해당하지 않는다.
④ 「도시개발법」에 따른 도시개발사업이 종료되지 아니하여 토지 취득등기를 하지 아니하고 양도하는 토지는 양도소득세 비과세가 배제되는 미등기양도자산에 해당하지 않는다.
⑤ 국가가 소유하는 토지와 분합하는 농지로서 분합하는 쌍방 토지가액의 차액이 가액이 큰 편의 4분의 1을 초과하는 경우 분합으로 발생하는 소득은 비과세된다.

06 「소득세법」상 미등기양도자산(미등기양도제외자산 아님)인 상가건물의 양도에 관한 내용으로 옳은 것을 모두 고른 것은? (2021년 제32회)

ㄱ. 양도소득세율은 양도소득 과세표준의 100분의 70
ㄴ. 장기보유특별공제 적용 배제
ㄷ. 필요경비개산공제 적용 배제
ㄹ. 양도소득기본공제 적용 배제

① ㄱ, ㄴ, ㄷ   ② ㄱ, ㄴ, ㄹ   ③ ㄱ, ㄷ, ㄹ
④ ㄴ, ㄷ, ㄹ   ⑤ ㄱ, ㄴ, ㄷ, ㄹ

07 「소득세법」상 양도소득세 비과세대상인 1세대 1주택을 거주자 甲이 특수관계 없는 乙에게 다음과 같이 양도한 경우, 양도소득세의 비과세에 관한 규정을 적용할 때 비과세 받을 세액에서 뺄 금액은 얼마인가? (2011년 제22회)

㉠ 매매(양도)계약 체결일 : 2024년 7월 10일
㉡ 매매(양도)계약서상의 거래가액 : 3억 5천만원
㉢ 양도시 시가 및 실지거래가액 : 3억원
㉣ 甲의 주택에 양도소득세 비과세에 관한 규정을 적용하지 않을 경우 양도소득 산출세액 : 3천만원

① 0원   ② 1천만원   ③ 2천만원
④ 3천만원   ⑤ 5천만원

07 양도 또는 취득시기

① 대금을 청산한 날. 양수자가 부담하는 양도소득세 등은 제외
② 대금을 청산한 날이 불분명: 등기·등록접수일 또는 명의개서일
③ 대금을 청산하기 전 등기: 등기접수일
④ 장기할부조건: 소유권이전등기접수일·인도일 또는 사용수익일 중 빠른 날
⑤ 자기가 건설한 건축물
    ㉠ 허가: 사용승인서 교부일과 사실상의 사용일 또는 임시사용승인을 받은 날 중 빠른 날
    ㉡ 무허가: 사실상의 사용일
⑥ 상속: 상속이 개시된 날
⑦ 증여: 증여를 받은 날
⑧ 점유: 점유를 개시한 날
⑨ 수용: 대금을 청산한 날, 수용의 개시일 또는 소유권이전등기접수일 중 빠른 날. 다만, 소송으로 보상금이 공탁된 경우에는 소유권 관련 소송 판결 확정일
⑩ 대금을 청산한 날까지 완성 또는 확정되지 아니한 경우: 완성 또는 확정된 날
⑪ 환지처분: 환지 전. 다만, 증감된 경우는 환지처분의 공고가 있은 날의 다음 날
⑫ 무효판결: 당초 취득일

양도소득세의 계산구조

	양도가액
−	필요경비: 취득가액(지적공부상의 면적이 증가되어 징수한 조정금은 제외)
	: 자본적 지출액
	: 양도비
=	**양도차익**
−	장기보유특별공제액
=	**양도소득금액**
−	양도소득기본공제액
=	**양도소득 과세표준**
×	세율
=	**양도소득 산출세액**
−	양도소득세 감면액
=	**양도소득 결정세액**
+	가산세액
=	**양도소득 총결정세액**

07 양도 또는 취득시기 관련 기출문제분석과 출제예상지문

01 부동산의 양도에 대한 양도소득세를 양수자가 부담하기로 약정한 경우, 양도시기인 대금청산일 판단시 그 대금에는 양도소득세를 제외한다. ( ) (2010년 제21회)

07 양도 또는 취득시기 관련 기출문제분석과 출제예상지문

02 소득세법령상 양도소득세의 양도 또는 취득시기에 관한 내용으로 틀린 것은? (2023년 제34회)
① 대금을 청산한 날이 분명하지 아니한 경우에는 등기부·등록부 또는 명부 등에 기재된 등기·등록접수일 또는 명의개서일
② 상속에 의하여 취득한 자산에 대하여는 그 상속이 개시된 날
③ 대금을 청산하기 전에 소유권이전등기를 한 경우에는 등기부에 기재된 등기접수일
④ 자기가 건설한 건축물로서 건축허가를 받지 아니하고 건축하는 건축물에 있어서는 그 사실상의 사용일
⑤ 완성되지 아니한 자산을 양도한 경우로서 해당 자산의 대금을 청산한 날까지 그 목적물이 완성되지 아니한 경우에는 해당 자산의 대금을 청산한 날

03 자기가 건설한 건축물에 있어서 건축허가를 받지 아니하고 건축하는 건축물은 추후 사용승인 또는 임시사용승인을 받는 날이 취득시기이다. ( ) (2018년 제29회)

04 상속에 의하여 취득한 자산에 대하여는 그 상속이 개시된 날이 취득시기이다. ( ) (2018년 제29회, 2014년 제25회)

05 증여에 의하여 취득한 자산은 증여를 받은 날이 취득시기이다. ( ) (2014년 제25회)

06 「민법」상 점유로 인하여 부동산의 소유권을 취득한 경우에는 등기부에 기재된 등기접수일이 취득시기이다. ( ) (2006년 제17회)

07 「공익사업을 위한 토지 등의 취득 및 보상에 관한 법률」에 따라 공익사업을 위하여 수용되는 경우에는 사업인정고시일이 양도시기이다. ( ) (2014년 제25회)

08 「도시개발법」에 따른 환지처분으로 교부받은 토지의 면적이 환지처분에 의한 권리면적보다 증가한 경우 그 증가된 면적의 토지에 대한 취득시기는 환지처분의 공고가 있은 날의 다음날이다. ( ) (2018년 제29회)

09 「소득세법」상 양도소득세 과세대상 자산의 양도 또는 취득의 시기로 틀린 것은? (2021년 제32회)
① 「도시개발법」에 따라 교부받은 토지의 면적이 환지처분에 의한 권리면적보다 증가 또는 감소된 경우: 환지처분의 공고가 있은 날
② 기획재정부령이 정하는 장기할부조건의 경우: 소유권이전등기(등록 및 명의개서를 포함) 접수일·인도일 또는 사용수익일 중 빠른 날
③ 건축허가를 받지 않고 자기가 건설한 건축물의 경우: 그 사실상의 사용일
④ 「민법」 제245조 제1항의 규정에 의하여 부동산의 소유권을 취득하는 경우: 당해 부동산의 점유를 개시한 날
⑤ 대금을 청산한 날이 분명하지 아니한 경우: 등기부·등록부 또는 명부 등에 기재된 등기·등록접수일 또는 명의개서일

10 부동산의 소유권이 타인에게 이전되었다가 법원의 무효판결에 의하여 해당 자산의 소유권이 환원되는 경우 해당 자산의 취득시기는 법원의 확정판결일이다. ( ) (2004년 제15회)

08 양도가액과 취득가액의 산정원리

① 양도가액을 기준시가에 따를 때에는 취득가액도 기준시가에 따름
② 추계순서
  ㉠ 양도가액: 매매사례가액 → 감정가액 → 기준시가
  ㉡ 취득가액: 매매사례가액 → 감정가액 → 환산취득가액 → 기준시가
③ 용어의 정의
  ㉠ 매매사례가액과 감정가액: 3개월 이내
  ㉡ 환산취득가액: 양도당시의 실지거래가액 등 × [취득당시의 기준시가 / 양도당시의 기준시가]
  ㉢ 기준시가
    ⓐ 토지: 개별공시지가
    ⓑ 단독주택: 개별주택가격
    ⓒ 공동주택: 공동주택가격
    ⓓ 부동산을 취득할 수 있는 권리: 납입한 금액 + 프리미엄 상당액
  ㉣ 매매사례가액 또는 감정가액이 특수관계인과의 거래에 따른 가액 등으로서 객관적으로 부당하다고 인정되는 경우에는 해당 가액을 적용하지 아니함
④ 토지 또는 건물에 대한 필요경비개산공제액: 취득당시 기준시가 × 100분의 3[미등기: 취득당시 기준시가 × 1,000분의 3]

취득가액을 환산취득가액으로 추계결정한 경우

양도차익 계산시 취득가액을 환산취득가액으로 추계결정한 경우로서 ①의 금액이 ②의 금액보다 적은 경우에는 ②의 금액을 필요경비로 할 수 있음
① 환산취득가액과 필요경비개산공제액의 합계액
② 자본적 지출액과 양도비의 합계액

감정가액 또는 환산취득가액 적용에 따른 가산세

① 거주자가 건물을 신축 또는 증축(증축의 경우 바닥면적 합계가 85제곱미터를 초과하는 경우에 한정)하고 그 건물의 취득일 또는 증축일부터 5년 이내에 해당 건물을 양도하는 경우로서 감정가액 또는 환산취득가액을 그 취득가액으로 하는 경우에는 해당 건물의 감정가액(증축의 경우 증축한 부분에 한정) 또는 환산취득가액(증축의 경우 증축한 부분에 한정)의 100분의 5에 해당하는 금액을 양도소득 결정세액에 더함
② ①은 양도소득 산출세액이 없는 경우에도 적용

양도가액과 필요경비(취득가액+자본적지출액+양도비)의 산정원리

양도가액	실지거래가액 →	추계: 매매사례가액 → 감정가액 → 기준시가
− 취득가액	실지거래가액 → ↓	추계: 매매사례가액 → 감정가액 → 환산취득가액 → 기준시가 ↓
− 자본적 지출액 − 양도비	자본적 지출액 양도비	추계: 필요경비개산공제
= 양도차익		

08 양도가액과 취득가액의 산정원리 관련 기출문제분석과 출제예상지문

01 양도가액을 기준시가에 따를 때에는 취득가액도 기준시가에 따른다. (　) (2015년 제26회)

02 취득당시 실지거래가액을 확인할 수 없는 경우에는 매매사례가액, 환산취득가액, 감정가액, 기준시가를 순차로 적용하여 산정한 가액을 취득가액으로 한다. (　) (2015년 제26회)

03 매매사례가액은 양도일 또는 취득일 전후 각 3개월 이내에 해당 자산과 동일성 또는 유사성이 있는 자산의 매매사례가 있는 경우 그 가액을 말한다. (　) (2013년 제24회)

04 부동산을 취득할 수 있는 권리에 대한 기준시가는 양도자산의 종류를 고려하여 취득일 또는 양도일까지 납입한 금액으로 한다. (　) (2019년 제30회)

05 취득가액을 실지거래가액으로 계산하는 경우 자본적 지출액은 필요경비에 포함된다. (　) (2015년 제26회)

06 등기된 토지의 취득가액을 매매사례가액으로 계산하는 경우 취득당시 개별공시지가에 3/100을 곱한 금액이 필요경비에 포함된다. (　) (2015년 제26회)

07 「소득세법」상 거주자 甲이 2019년 5월 2일 취득하여 2024년 3월 20일 등기한 상태로 양도한 건물에 대한 자료이다. 甲의 양도소득세 부담을 최소화하기 위한 양도차익은? (2014년 제25회)

> • 취득과 양도당시 실지거래가액은 확인되지 않는다.
> • 취득당시 매매사례가액과 감정가액은 없으며, 기준시가는 1억원이다.
> • 양도당시 매매사례가액은 3억원이고 감정가액은 없으며, 기준시가는 2억원이다.
> • 자본적 지출액(본래의 용도를 변경하기 위한 개조비)은 1억 4천만원, 양도비 지출액(공증비용, 인지대, 소개비)은 2천만원이다.

① 1억4천만원　② 1억4천2백만원　③ 1억4천3백만원
④ 1억4천7백만원　⑤ 1억4천9백만원

08 다음은 거주자 甲의 상가건물 양도소득세 관련 자료이다. 이 경우 양도차익은?(단, 양도차익을 최소화하는 방향으로 필요경비를 선택하고, 부가가치세는 고려하지 않음) (2021년 제32회)

(1) 취득 및 양도 내역

구 분	실지거래가액	기준시가	거래일자
양도당시	5억원	4억원	2024. 4. 30.
취득당시	확인 불가능	2억원	2023. 3. 7.

(2) 자본적지출액 및 소개비 : 2억 6천만원(세금계산서 수취함)
(3) 주어진 자료 외에는 고려하지 않는다.

① 2억원　② 2억 4천만원　③ 2억 4천4백만원
④ 2억 5천만원　⑤ 2억 6천만원

09 건물을 신축하고 그 신축한 건물의 취득일부터 5년 이내에 해당 건물을 양도하는 경우로서 취득 당시의 실지거래가액을 확인할 수 없어 환산취득가액을 그 취득가액으로 하는 경우에는 양도소득세 산출세액의 100분의 5에 해당하는 금액을 양도소득 결정세액에 더한다. (　) (2018년 제29회)

09 실지거래가액에 의한 필요경비 포함 여부

구 분		○	X
납부영수증이 없는 취득세		○	
상속세			○
현재가치할인차금	원칙	○	
	필요경비 산입금액		○
부가가치세법 제10조 제1항 및 제6항의 부가가치세		○	
부당행위계산에 의한 시가초과액			○
취득관련 소송비용	원칙	○	
	필요경비 산입금액		○
이자상당액	약정이자	○	
	지급기일 지연이자		○
	대출금 이자		○
감가상각비로 필요경비 산입금액			○
지적공부상 면적 증가로 징수한 조정금			○
수익적 지출액			○
취득 후 소송비용	원칙	○	
	필요경비 산입금액		○
용도변경·개량 또는 이용편의		○	
주택의 이용편의를 위한 방 확장 공사비용		○	
개발부담금과 재건축부담금		○	
양도소득세과세표준 신고서 작성비용		○	
공증비용, 인지대 및 소개비		○	
명도비용		○	
금융기관 매각차손을 한도로 국민주택채권 및 토지개발채권 매각차손		○	

자본적 지출액과 양도비의 증명서류

자본적 지출액과 양도비는 그 지출에 관한 증명서류(계산서, 세금계산서, 신용카드매출전표, 현금영수증)를 수취·보관하거나 실제 지출사실이 금융거래 증명서류에 의하여 확인되는 경우를 말함

09 실지거래가액에 의한 필요경비 포함 여부 관련 기출문제분석과 출제예상지문

01 취득세는 납부영수증이 없으면 필요경비로 인정되지 아니한다. (　) (2017년 제28회)

02 상속받은 부동산을 양도하는 경우 기납부한 상속세는 양도차익 계산시 이를 필요경비로 공제받을 수 있다. (　) (2010년 제21회)

03 취득원가에 현재가치할인차금이 포함된 양도자산의 보유기간 중 사업소득금액 계산시 필요경비로 산입한 현재가치할인차금상각액은 양도차익을 계산할 때 양도가액에서 공제할 필요경비로 본다. (　) (2020년 제31회)

04 취득가액을 실지거래가액에 의하는 경우 당초 약정에 의한 지급기일의 지연으로 인하여 추가로 발생하는 이자상당액은 취득원가에 포함하지 아니한다. (　) (2017년 제28회)

05 실지거래가액을 기준으로 양도차익을 산정하는 경우 주택의 취득대금에 충당하기 위한 대출금의 이자지급액은 양도소득의 필요경비에 해당한다. (　) (2011년 제22회)

06 양도차익을 실지거래가액에 의하는 경우 양도가액에서 공제할 취득가액은 그 자산에 대한 감가상각비로서 각 과세기간의 사업소득금액을 계산하는 경우 필요경비에 산입한 금액이 있을 때에는 이를 공제하지 않은 금액으로 한다. (　) (2018년 제29회)

07 「소득세법」 제97조 제3항에 따른 취득가액을 계산할 때 감가상각비를 공제하는 것은 취득가액을 실지거래가액으로 하는 경우에만 적용하므로 취득가액을 환산취득가액으로 하는 때에는 적용하지 아니한다. (　) (2017년 제28회)

08 A법인과 특수관계에 있는 주주가 시가 3억원(「법인세법」 제52조에 따른 시가임)의 토지를 A법인에게 5억원에 양도한 경우 양도가액은 3억원으로 본다. 단, A법인은 이 거래에 대하여 세법에 따른 처리를 적절하게 하였다. (　) (2017년 제28회)

09 취득가액을 실지거래가액에 의하는 경우 자본적 지출액도 실지로 지출된 가액에 의하므로 「소득세법」 제160조의2 제2항에 따른 증명서류를 수취·보관하지 않은 경우에는 실제 지출사실이 금융거래 증명서류에 의하여 확인되는 경우에도 이를 필요경비로 인정하지 아니한다. (　) (2017년 제28회)

10 실지거래가액에 의해 부동산의 양도차익을 계산하는 경우에 양도자산의 취득 후 쟁송이 있는 경우 그 소유권을 확보하기 위하여 직접 소요된 소송비용으로서 그 지출한 연도의 각 사업소득금액 계산시 필요경비에 산입된 금액은 양도가액에서 공제할 자본적 지출액에 포함된다. (　) (2016년 제27회)

11 실지거래가액에 의해 부동산의 양도차익을 계산하는 경우에 양도자산의 이용편의를 위하여 지출한 비용은 양도가액에서 공제할 자본적 지출액에 포함된다. (　) (2016년 제27회)

12 실지거래가액에 의해 부동산의 양도차익을 계산하는 경우에 납부의무자와 양도자가 동일한 경우 「재건축초과이익 환수에 관한 법률」에 따른 재건축부담금은 양도가액에서 공제할 자본적 지출액에 포함된다. (　) (2016년 제27회)

13 자산을 양도하기 위하여 직접 지출한 양도소득세과세표준 신고서 작성비용 및 계약서 작성비용, 공증비용, 인지대 및 소개비는 실지거래가액으로 양도소득세의 양도차익을 계산하는 경우 양도가액에서 공제하는 필요경비로 인정된다. (　) (2016년 제27회, 2004년 제15회)

14 실지거래가액을 기준으로 양도차익을 산정하는 경우 공인중개사에게 지출한 중개보수는 양도소득의 필요경비에 해당한다. (　) (2011년 제22회)

15 토지를 취득함에 있어서 부수적으로 매입한 채권을 만기 전에 양도함으로써 발생하는 매각차손은 채권의 매매상대방과 관계없이 전액 양도비용으로 인정된다. (　) (2017년 제28회)

10 장기보유특별공제

① 대상: 토지 또는 건물과 조합원입주권[조합원으로부터 취득한 것은 제외]
② 보유기간: 3년 이상
  ㉠ 취득일부터 양도일까지
  ㉡ 이월과세: 증여한 배우자 또는 직계존비속이 해당 자산을 취득한 날부터 기산
  ㉢ 가업상속공제: 피상속인
③ 공제액
  ㉠ 일반적인 경우: 100분의 6~100분의 30
  ㉡ 1세대 1주택: 3년 이상 보유기간 중 거주기간이 2년 이상
    ⓐ 보유기간: 100분의 12~100분의 40
    ⓑ 거주기간: 100분의 8~100분의 40
④ 공제방법: 자산별로 각각 공제
⑤ 적용배제
  ㉠ 미등기[법령이 정하는 자산은 제외]
  ㉡ 국외 자산

장기보유특별공제액

① 일반적인 경우

보유기간	공제율
3년 이상 4년 미만	100분의 6
4년 이상 5년 미만	100분의 8
14년 이상 15년 미만	100분의 28
15년 이상	100분의 30

② 1세대 1주택의 경우: 보유기간 3년 이상 + 보유기간 중 거주기간 2년 이상

보유기간	공제율	거주기간	공제율
3년 이상 4년 미만	100분의 12	2년 이상 3년 미만 (보유기간 3년 이상에 한정함)	100분의 8
		3년 이상 4년 미만	100분의 12
4년 이상 5년 미만	100분의 16	4년 이상 5년 미만	100분의 16
9년 이상 10년 미만	100분의 36	9년 이상 10년 미만	100분의 36
10년 이상	100분의 40	10년 이상	100분의 40

10 장기보유특별공제 관련 기출문제분석과 출제예상지문

01 양도차익은 양도가액에서 장기보유특별공제액을 공제하여 계산한다. (　) (2011년 제22회)

02 장기보유특별공제액은 해당 자산의 양도차익에 보유기간별 공제율을 곱하여 계산한다. (　) (2015년 제26회, 2015년 제26회, 2013년 제24회)

03 보유기간이 3년 이상인 토지 및 건물에 한정하여 장기보유특별공제가 적용된다. (　) (2013년 제24회)

04 거주자가 2023년 취득 후 계속 거주한 국내 소재 1세대 1주택인 고가주택을 2024년 5월에 양도하는 경우 장기보유특별공제의 대상이 되지 않는다. (　) (2020년 제31회)

05 1세대 1주택 요건을 충족한 국내 소재 고가주택(보유기간 2년 6개월)이 과세되는 경우 장기보유특별공제가 적용된다. (　) (2015년 제26회)

06 보유기간이 12년인 국내 소재 등기된 상가건물의 보유기간별 장기보유특별공제율은 100분의 24이다. (　) (2015년 제26회)

07 법령이 정하는 1세대 1주택에 해당하는 자산의 경우 10년 이상 보유하고 그 보유기간 중 10년 이상 거주한 경우에는 100분의 80의 장기보유특별공제율이 적용된다. (　) (2009년 제20회)

08 「소득세법」 제97조의2 제1항에 따라 이월과세를 적용받는 경우 장기보유특별공제의 보유기간은 증여자가 해당 자산을 취득한 날부터 기산한다. (　) (2017년 제28회, 2013년 제24회)

09 100분의 70 세율이 적용되는 국내 소재 미등기 건물에 대해서는 장기보유특별공제를 적용하지 아니한다. (　) (2015년 제26회)

10 미등기양도자산(법령이 정하는 자산은 제외)의 양도소득금액 계산시 장기보유특별공제를 적용할 수 있다. (　) (2018년 제29회)

11 법원의 결정에 의하여 양도당시 취득에 관한 등기가 불가능한 부동산에 대하여는 장기보유특별공제가 적용되지 아니한다. (　) (2009년 제20회)

12 조정대상지역에 있는 등기된 1세대 2주택을 3년 이상 보유한 자가 그 주택을 양도한 경우 장기보유특별공제를 적용받을 수 있다. (　) (2012년 제23회, 2007년 제18회)

13 甲이 양도한 토지가 법령이 정한 비사업용토지에 해당하는 경우 장기보유특별공제를 적용받을 수 있다. (　) (2012년 제23회, 2009년 제20회, 2007년 제18회)

| 11 | 양도소득기본공제 |

① 대상: 각 호의 소득별로 각각 연 250만원
  ㉠ 제1호: 토지 또는 건물·부동산에 관한 권리 및 기타자산에 따른 소득
  ㉡ 제2호: 주식 등
  ㉢ 제3호: 파생상품 등
  ㉣ 제4호: 신탁 수익권
② 감면 외에서 먼저 공제하고, 감면 외에서는 먼저 양도한 자산
③ 공유자산: 공유자 각각 공제
④ 적용배제: 미등기[법령이 정하는 자산은 제외]

거주자와 비거주자에 대한 1세대 1주택 비과세규정 등의 적용여부

구분		거주자		비거주자	
		국내	국외	국내	국외
1세대 1주택의 비과세		O	X	X	과세 제외
장기보유특별공제	일반 6%~30%	O	X	O	과세 제외
	1세대 1주택 20%~80%	O	X	X	
양도소득기본공제		O	O	O	과세 제외

11 양도소득기본공제 관련 기출문제분석과 출제예상지문

01 양도소득세 과세대상인 국내 소재의 등기된 토지와 건물을 같은 연도 중에 양도시기를 달리하여 양도한 경우에도 양도소득기본공제는 연 250만원을 공제한다. (   ) (2010년 제21회)

02 고가주택이 아닌 등기된 국내 소재 2주택을 보유한 1세대가 2주택을 연도를 달리하여 양도하고 다른 양도자산이 없다면, 각각에 대하여 연 250만원의 양도소득기본공제가 적용된다. (   ) (2007년 제18회)

03 같은 해에 여러 개의 자산(모두 등기됨)을 양도한 경우 양도소득기본공제는 해당 과세기간에 먼저 양도한 자산의 양도소득금액에서부터 순서대로 공제한다. 단, 감면소득금액은 없다. (   ) (2017년 제28회)

04 100분의 70의 양도소득세 세율이 적용되는 국내 소재 미등기 양도자산에 대해서는 양도소득 과세표준 계산시 양도소득기본공제는 적용되지 않는다. (   ) (2011년 제22회)

05 미등기양도자산(법령이 정하는 자산은 제외)의 양도소득금액 계산시 양도소득기본공제를 적용할 수 있다. (   ) (2018년 제29회)

06 등기된 비사업용 토지를 양도한 경우 양도소득기본공제 대상이 된다. (   ) (2013년 제24회)

07 2024년 6월에 양도한 거주자의 국내 소재 등기된 토지(보유기간 1년 6개월)의 자료이다. 양도소득 과세표준은 얼마인가?(단, 2024년 중 다른 양도거래는 없음) (2013년 제24회)

- 취득시 기준시가는 7천만원
- 취득시 실지거래가액은 9천만원
- 양도시 기준시가는 1억원
- 양도시 실지거래가액은 1억 2천 5백만원
- 자본적 지출액 및 양도비 지출액은 2백만원

① 2천 7백 5십만원   ② 3천만원   ③ 3천 5십만원
④ 3천 3백만원   ⑤ 3천 5백만원

08 거주자 甲의 매매(양도일: 2024. 5. 1.)에 의한 등기된 토지 취득 및 양도에 관한 다음의 자료를 이용하여 양도소득세 과세표준을 계산하면?(단, 법령에 따른 적격증명서류를 수취·보관하고 있으며, 주어진 조건 이외에는 고려하지 않음) (2022년 제33회)

항 목	기준시가	실지거래가액
양도가액	40,000,000원	67,000,000원
취득가액	35,000,000원	42,000,000원
추가사항	• 양도비용: 4,000,000원 • 보유기간: 2년	

① 18,500,000원   ② 19,320,000원   ③ 19,740,000원
④ 21,000,000원   ⑤ 22,500,000원

12 양도소득금액계산의 특례

(1) 비과세요건을 충족한 고가주택 양도차익 등

① 고가주택 양도차익 = 양도차익 × [(양도가액 − 12억원)/양도가액]
② 고가주택 장기보유특별공제액 = 장기보유특별공제액 × [(양도가액 − 12억원)/양도가액]

(2) 부담부증여에 대한 양도가액 및 취득가액의 계산

① 부담부증여 양도가액 = 「상속세 및 증여세법」에 따라 평가한 가액 × [채무액/증여가액]
② 부담부증여의 취득가액 = 취득당시 취득가액 × [채무액/증여가액]

(3) 특수관계인간 고가양수 또는 저가양도의 부당행위계산 부인

시가와 거래가액의 차액이 3억원 이상이거나 시가의 100분의 5에 상당하는 금액 이상인 경우 시가로 계산

고가주택의 판단기준

양도소득세	부동산임대업
양도당시 실지거래가액의 합계액이 12억원 초과	과세기간 종료일 또는 양도일 현재 기준시가가 12억원 초과

12 양도소득금액계산의 특례 관련 기출문제분석과 출제예상지문

01 법령에 따른 고가주택에 해당하는 자산의 양도차익은 소득세법 제95조 제1항에 따른 양도차익에 "양도가액에서 12억원을 차감한 금액이 양도가액에서 차지하는 비율"을 곱하여 산출한다. ( ) (2020년 제31회)

02 1세대 1주택 비과세 요건을 충족하는 고가주택의 양도가액이 20억원이고 양도차익이 4억원인 경우 양도소득세가 과세되는 양도차익은 2억 4천만원이다. ( ) (2018년 제29회)

03 다음은 거주자가 국내소재 1세대 1주택을 양도한 내용이다. 양도차익은 얼마인가? (2017년 제28회)

1. 취득 및 양도 내역(등기됨)

구분	가액		거래일자
	실지거래가액	기준시가	
양도	15억원	5억원	2024. 3. 2.
취득	확인 불가능	3억 5천만원	2020. 2. 4.

2. 자본적 지출 및 양도비용은 1천 7백만원이다.
3. 주어진 자료 외는 고려하지 않는다.

① 87,900,000원   ② 276,900,000원   ③ 296,600,000원
④ 439,500,000원   ⑤ 1,483,000,000원

12 양도소득금액계산의 특례 관련 기출문제분석과 출제예상지문

04 법령에 따른 고가주택에 해당하는 자산의 장기보유특별공제액은 소득세법 제95조 제2항에 따른 장기보유특별공제액에 "양도가액에서 12억원을 차감한 금액이 양도가액에서 차지하는 비율"을 곱하여 산출한다. (   ) (2020년 제31회)

05 소득세법령상 1세대 1주택자인 거주자 甲이 2024년 양도한 국내소재 A주택(조정대상지역이 아니며 등기됨)에 대한 양도소득과세표준은?(단, 2024년에 A주택 외 양도한 자산은 없으며, 법령에 따른 적격증명서류를 수취·보관하고 있고 주어진 조건 이외에는 고려하지 않음) (2023년 제34회)

구 분	기준시가	실지거래가액
양도시	18억원	25억원
취득시	13억5천만원	19억5천만원
추가사항	• 양도비 및 자본적지출액: 5천만원 • 보유기간 및 거주기간: 각각 5년 • 장기보유특별공제율: 보유기간별 공제율과 거주기간별 공제율은 각각 20%	

① 153,500,000원   ② 156,000,000원   ③ 195,500,000원
④ 260,000,000원   ⑤ 500,000,000원

06 거주자 甲은 국내에 있는 양도소득세 과세대상 X토지를 2015년 시가 1억원에 매수하여 2024년 배우자 乙에게 증여하였다. X토지에는 甲의 금융기관 차입금 5천만원에 대한 저당권이 설정되어 있었으며 乙이 이를 인수한 사실은 채무부담계약서에 의하여 확인되었다. X토지의 증여가액과 증여시「상속세 및 증여세법」에 따라 평가한 가액(시가)은 각각 2억원이었다. 다음 중 틀린 것은? (2019년 제30회)

① 배우자간 부담부증여로서 수증자에게 인수되지 아니한 것으로 추정되는 채무액은 부담부증여의 채무액에 해당하는 부분에서 제외한다.
② 乙이 인수한 채무 5천만원에 해당하는 부분은 양도로 본다.
③ 양도로 보는 부분의 취득가액은 2천5백만원이다.
④ 양도로 보는 부분의 양도가액은 5천만원이다.
⑤ 甲이 X토지와 증여가액(시가) 2억원인 양도소득세 과세대상에 해당하지 않는 Y자산을 함께 乙에게 부담부증여하였다면 乙이 인수한 채무 5천만원에 해당하는 부분은 모두 X토지에 대한 양도로 본다.

07 거주자가 특수관계인과의 거래(시가와 거래가액의 차액이 5억원임)에 있어서 토지를 시가에 미달하게 양도함으로써 조세의 부담을 부당히 감소시킨 것으로 인정되는 때에는 그 양도가액을 시가에 의하여 계산한다. (   ) (2020년 제31회)

08 형(거주자)이 국내소재 토지를 사촌 동생(거주자)에게 양도한다고 가정하는 경우 토지의 시가를 10억원으로 할 경우 이를 9억원에 양도하였다면 부당행위계산부인의 규정이 적용되지 않는다. (   ) (2008년 제19회)

09 거주자인 甲이「상속세 및 증여세법」에 따라 시가 8억원으로 평가된 토지를 사촌 형인 거주자 乙에게 7억 5천만원에 양도한 경우, 양도차익 계산시 양도가액은 8억원으로 계산한다. (   ) (2012년 제23회)

12 양도소득금액계산의 특례

(4) 배우자 또는 직계존비속으로부터 증여받은 자산에 대한 이월과세(= 양도소득의 필요경비 계산 특례)

① 수증자와의 관계: 배우자(이혼은 포함하고, 사망은 제외) 또는 직계존비속
② 적용대상자산: 토지 또는 건물, 부동산을 취득할 수 있는 권리, 시설물이용권
③ 양도일까지의 기간: 10년 이내
④ 납세의무자: 수증자
⑤ 양도소득세 연대납세의무: 없음
⑥ 취득가액, 자본적지출액, 장기보유특별공제, 세율: 증여자
⑦ 증여세: 양도차익 계산시 필요경비에 산입
⑧ 적용 배제
  ㉠ 소급하여 2년 이전 증여 + 수용된 경우
  ㉡ 1세대 1주택 비과세를 적용받는 경우
  ㉢ 이월과세 적용시 세액 < 이월과세 미적용시 세액

(5) 특수관계인간 증여 후 양도행위의 부인

① 수증자와의 관계: 특수관계인(이월과세가 적용되는 배우자 및 직계존비속은 제외)
② 양도일까지의 기간: 10년 이내
③ 적용 요건: (수증자의 증여세 + 수증자의 양도소득세) < 증여자가 직접 양도하는 경우로 보아 계산한 양도소득세
④ 납세의무자: 증여자
⑤ 양도소득세 연대납세의무: 있음
⑥ 증여세: 부과를 취소하고 수증자에게 환급
⑦ 적용 배제: 양도소득이 해당 수증자에게 실질적으로 귀속된 경우

12 양도소득금액계산의 특례 관련 기출문제분석과 출제예상지문

01 「소득세법」상 거주자 甲이 2018년 1월 20일에 취득한 건물(취득가액 3억원)을 甲의 배우자 乙에게 2022년 3월 5일자로 증여(해당 건물의 시가 8억원)한 후, 乙이 2024년 5월 20일에 해당 건물을 甲·乙의 특수관계인이 아닌 丙에게 10억원에 매도하였다. 해당 건물의 양도소득세에 관한 설명으로 옳은 것은?(단, 취득·증여·매도의 모든 단계에서 등기를 마쳤으며, 이월과세를 적용하여 계산한 양도소득 결정세액이 이월과세를 적용하지 아니하고 계산한 양도소득 결정세액보다 큰 경우로 가정함) (2014년 제25회)

① 양도소득세 납세의무자는 甲이다.
② 양도소득금액 계산시 장기보유특별공제가 적용된다.
③ 양도차익 계산시 양도가액에서 공제할 취득가액은 8억원이다.
④ 乙이 납부한 증여세는 양도소득세 납부세액 계산시 세액공제된다.
⑤ 양도소득세에 대해 甲과 乙이 연대하여 납세의무를 진다.

12 양도소득금액계산의 특례 관련 기출문제분석과 출제예상지문

02 「소득세법」상 배우자 간 증여재산의 이월과세에 관한 설명으로 옳은 것은? (2021년 제32회)

① 이월과세를 적용하는 경우 거주자가 배우자로부터 증여받은 자산에 대하여 납부한 증여세를 필요경비에 산입하지 아니한다.

② 이월과세를 적용받은 자산의 보유기간은 증여한 배우자가 그 자산을 증여한 날을 취득일로 본다.

③ 거주자가 양도일부터 소급하여 5년 이내에 그 배우자(양도 당시 사망으로 혼인관계가 소멸된 경우 포함)로부터 증여받은 토지를 양도할 경우에 이월과세를 적용한다.

④ 거주자가 사업인정고시일부터 소급하여 2년 이전에 배우자로부터 증여받은 경우로서 「공익사업을 위한 토지 등의 취득 및 보상에 관한 법률」에 따라 수용된 경우에는 이월과세를 적용하지 아니한다.

⑤ 이월과세를 적용하여 계산한 양도소득결정세액이 이월과세를 적용하지 않고 계산한 양도소득결정세액보다 적은 경우에 이월과세를 적용한다.

03 거주자 甲은 2018. 10. 20. 취득한 토지(취득가액 1억원, 등기함)를 동생인 거주자 乙(특수관계인)에게 2021. 10. 1. 증여(시가 3억원, 등기함)하였다. 乙은 해당 토지를 2024. 6. 30. 특수관계가 없는 丙에게 양도(양도가액 10억원)하였다. 양도소득은 乙에게 실질적으로 귀속되지 아니하고, 乙의 증여세와 양도소득세를 합한 세액이 甲이 직접 양도하는 경우로 보아 계산한 양도소득세보다 적은 경우에 해당한다. 소득세법상 양도소득세 납세의무에 관한 설명으로 틀린 것은? (2022년 제33회)

① 乙이 납부한 증여세는 양도차익 계산시 필요경비에 산입한다.
② 양도차익 계산시 취득가액은 甲의 취득 당시를 기준으로 한다.
③ 양도소득세에 대해서는 甲과 乙이 연대하여 납세의무를 진다.
④ 甲은 양도소득세 납세의무자이다.
⑤ 양도소득세 계산시 보유기간은 甲의 취득 일부터 乙의 양도일까지의 기간으로 한다.

04 형이 사촌 동생에게 증여한 후, 사촌 동생이 이를 10년 이내에 특수관계가 없는 타인에게 다시 양도한 경우로서 사촌 동생의 증여세와 양도소득세를 합한 세액이 형이 직접 양도하는 경우로 보아 계산한 양도소득세액 보다 적은 경우에는 형이 그 토지를 직접 타인에게 양도한 것으로 본다. ( ) (2008년 제19회)

05 거주자인 甲이 국내 소재 토지를 甲의 사촌 형인 거주자 乙에게 토지를 증여한 후, 乙이 이를 그 증여일로부터 11년이 지나 다시 타인에게 양도한 경우에는 甲이 그 토지를 직접 타인에게 양도한 것으로 보아 양도소득세가 과세된다. ( ) (2012년 제23회)

06 특수관계인에게 증여한 자산에 대해 증여자인 거주자에게 양도소득세가 과세되는 경우 수증자가 부담한 증여세 상당액은 양도가액에서 공제할 필요경비에 산입한다. ( ) (2020년 제31회)

12 양도소득금액계산의 특례

(6) 양도차손(=결손금)의 공제

① 양도차손의 공제: **각 호의 소득별**로 양도차손을 **양도소득금액**에서 공제
  ㉠ **토지** 또는 **건물·부동산에 관한 권리** 및 **기타자산**에 따른 소득
  ㉡ 주식등의 양도로 발생하는 소득
  ㉢ 파생상품등의 거래 또는 행위로 발생하는 소득
  ㉣ 신탁 수익권에 따른 소득
② 이월결손금의 공제: **이월공제**는 받을 수 **없음**

종합소득금액 계산시 결손금과 이월결손금의 공제

(1) 결손금의 공제

구 분		공제방법
사업소득		종합소득 과세표준을 계산할 때 **공제함**
임대업	주거용 건물 임대업	
	그 밖의 임대업	종합소득 과세표준을 계산할 때 공제하지 아니함

(2) 이월결손금의 공제: 15년 이내

12 양도소득금액계산의 특례 관련 기출문제분석과 출제예상지문

01 양도소득금액을 계산할 때 부동산을 취득할 수 있는 권리에서 발생한 양도차손은 토지에서 발생한 양도소득금액에서 공제할 수 없다. (   ) (2018년 제29회)

02 부동산에 관한 권리의 양도로 발생한 양도차손은 토지의 양도에서 발생한 양도소득금액에서 공제할 수 없다. (   ) (2020년 제31회)

03 국내 거주자가 토지와 주식을 양도하는 경우 각각 발생한 양도차손은 양도소득금액에서 공제할 수 있다. (   ) (2008년 제19회)

04 2024년에 양도한 토지에서 발생한 양도차손은 5년 이내에 양도하는 토지의 양도소득금액에서 이월하여 공제받을 수 있다. (   ) (2012년 제23회)

13 양도소득세의 세율 : 토지 또는 건물 및 부동산에 관한 권리

(1) 일반적으로 적용되는 세율
① 미등기(법령이 정하는 자산은 제외) : 100분의 70
② 등기
  ㉠ 주택, 조합원입주권 및 분양권 제외

1년 미만	100분의 50
1년 이상 2년 미만	100분의 40
2년 이상	6%~45%의 8단계 초과누진세율

  ㉡ 주택, 조합원입주권 및 분양권

구 분	주택, 조합원입주권	분양권
1년 미만	100분의 70	100분의 70
1년 이상 2년 미만	100분의 60	100분의 60
2년 이상	6%~45%의 8단계 초과누진세율	100분의 60

  ㉢ 비사업용토지 : 16%~55%의 8단계 초과누진세율

(2) 조정대상지역 1세대 2주택 등 : 보유기간이 2년 이상으로써 25.5.9까지 양도시 중과 한시 배제
(3) 중복되는 경우 : 양도소득 산출세액 중 큰 세액
(4) 세율 적용시 보유기간 : 상속은 피상속인이 취득한 날부터 기산

기타자산의 양도로 발생하는 소득 : 6%~45%의 8단계 초과누진세율

장기보유특별공제와 세율 적용시 기산일

구 분	증여	상속
장기보유특별공제	① 원칙 : 증여를 받은 날 ② 이월과세가 적용되는 경우 : 증여한 배우자 또는 직계존비속이 해당 자산을 취득한 날	① 원칙 : 상속이 개시된 날 ② 가업상속공제가 적용된 경우 : 피상속인이 해당 자산을 취득한 날
세율	① 원칙 : 증여를 받은 날 ② 이월과세가 적용되는 경우 : 증여한 배우자 또는 직계존비속이 해당 자산을 취득한 날	피상속인이 해당 자산을 취득한 날

13 양도소득세의 세율 : 토지 또는 건물 및 부동산에 관한 권리 관련 기출문제분석과 출제예상지문

01 미등기양도자산은 양도소득세 산출세액에 100분의 70을 곱한 금액을 양도소득 결정세액에 더한다. ( ) (2018년 제29회)

02 「소득세법」상 거주자가 2022년 7월 1일 조정대상지역이 아닌 국내 소재 주택을 취득하여 등기한 후 해당 주택을 2024년 7월 10일 양도하였다. 이에 따른 양도소득 과세표준이 1천만원인 경우, 적용되는 양도소득세율은?(단, 양도시 비과세대상이 아닌 1세대 2주택자이며, 조합원입주권과 분양권은 없음) (2011년 제22회)
① 6%   ② 15%   ③ 24%
④ 40%   ⑤ 45%

03 소득세법령상 거주자의 양도소득과세표준에 적용되는 세율에 관한 내용으로 옳은 것은?(단, 국내소재 자산을 2024년에 양도한 경우로서 주어진 자산 외에 다른 자산은 없으며, 비과세와 감면은 고려하지 않음) (2023년 제34회)
① 보유기간이 6개월인 등기된 상가건물 : 100분의 40
② 보유기간이 10개월인 「소득세법」에 따른 분양권 : 100분의 70
③ 보유기간이 1년 6개월인 등기된 상가건물 : 100분의 30
④ 보유기간이 1년 10개월인 「소득세법」에 따른 조합원입주권 : 100분의 70
⑤ 보유기간이 2년 6개월인 「소득세법」에 따른 분양권 : 100분의 50

04 「소득세법」상 거주자가 국내에 있는 자산을 양도한 경우 양도소득과세표준에 적용되는 세율로 틀린 것은?(단, 주어진 자산 외에는 고려하지 않음) (2019년 제30회)
① 보유기간이 1년 이상 2년 미만인 등기된 상업용 건물 : 100분의 40
② 보유기간이 1년 미만인 조합원입주권 : 100분의 50
③ 보유기간이 1년 이상 2년 미만인 분양권 : 100분의 60
④ 양도소득과세표준이 1,400만원 이하이고, 보유기간이 2년 이상인 등기된 비사업용 토지(지정지역에 있지 않음) : 100분의 16
⑤ 미등기건물(미등기양도제외 자산 아님) : 100분의 70

05 「소득세법」상 등기된 국내 부동산에 대한 양도소득과세표준의 세율에 관한 내용으로 옳은 것은?(단, 조정대상지역은 아니라고 가정함) (2016년 제27회)
① 1년 6개월 보유한 1주택 : 100분의 40
② 2년 1개월 보유한 상가건물 : 100분의 40
③ 10개월 보유한 상가건물 : 100분의 50
④ 6개월 보유한 1주택 : 100분의 50
⑤ 1년 8개월 보유한 상가건물 : 100분의 50

06 상속받은 부동산을 양도하는 경우, 양도소득세 세율을 적용함에 있어서 보유기간은 피상속인이 그 부동산을 취득한 날부터 상속인이 양도한 날까지로 한다. ( ) (2010년 제21회)

14 양도소득 과세표준 예정신고

구 분		예정신고기간
토지 또는 건물 부동산에 관한 권리 기타자산 신탁 수익권	일반	양도일이 속하는 달의 말일부터 2개월
	토지거래계약허가 (대금청산 → 허가)	허가일(또는 해제일)이 속하는 달의 말일부터 2개월
	부담부증여	양도일이 속하는 달의 말일부터 3개월
주식 등		양도일이 속하는 반기의 말일부터 2개월
파생상품 등		예정신고납부의무 없음

14 양도소득 과세표준 예정신고 관련 기출문제분석과 출제예상지문

01 예정신고납부를 할 때 납부한 세액은 양도차익에서 장기보유특별공제와 양도소득기본공제를 한 금액에 해당 양도소득세 세율을 적용하여 계산한 금액을 그 산출세액으로 한다. (   ) (2011년 제22회)

02 2024년 3월 21일에 주택을 매매로 양도하고 잔금을 청산한 경우 2024년 6월 30일에 예정신고할 수 있다. (   ) (2016년 제27회)

03 사업자가 아닌 거주자 甲이 2024년 5월 10일에 토지(토지거래계약에 관한 허가구역 외에 존재)를 양도한 경우, 2024년 7월 31일까지 양도소득과세표준을 납세지 관할 세무서장에게 신고하여야 한다. (   ) (2015년 제26회)

04 토지 또는 건물을 양도한 경우에는 그 양도일이 속하는 분기의 말일부터 2개월 이내에 양도소득과세표준을 신고해야 한다. (   ) (2018년 제29회)

05 법령에 따른 부담부증여의 채무액에 해당하는 부분으로서 양도로 보는 경우 그 양도일이 속하는 달의 말일부터 3개월 이내에 양도소득과세표준을 납세지 관할 세무서장에게 신고하여야 한다. (   ) (2020년 제31회)

06 거주자인 개인 甲이 乙로부터 부동산을 취득하여 보유하고 있다가 丙에게 양도하였다. 甲의 부동산 관련 조세의 납세의무에 관한 설명으로 틀린 것은?(단, 주어진 조건 외에는 고려하지 않음) (2021년 제32회)

① 甲이 乙로부터 증여받은 것이라면 그 계약일에 취득세 납세의무가 성립한다.
② 甲이 乙로부터 부동산을 취득 후 재산세 과세기준일까지 등기하지 않았다면 재산세와 관련하여 乙은 부동산소재지 관할 지방자치단체의 장에게 소유권변동사실을 신고할 의무가 있다.
③ 甲이 종합부동산세를 신고납부방식으로 납부하고자 하는 경우 과세표준과 세액을 해당 연도 12월 1일부터 12월 15일까지 관할 세무서장에게 신고하는 때에 종합부동산세 납세의무는 확정된다.
④ 甲이 乙로부터 부동산을 40만원에 취득한 경우 등록면허세 납세의무가 있다.
⑤ 양도소득세의 예정신고만으로 甲의 양도소득세 납세의무가 확정되지 아니한다.

14 양도소득 과세표준 예정신고 관련 기출문제분석과 출제예상지문

07 甲은 「부동산 거래신고 등에 관한 법률」의 규정에 의한 거래계약허가구역 안의 토지에 대하여 2024년 2월 21일 乙과 매매계약을 체결하고, 2024년 3월 24일 매매대금을 모두 수령하며 2024년 5월 15일 토지거래계약허가를 받는다고 가정한다. 이 경우 甲의 양도소득세 예정신고기한으로 옳은 것은? (2006년 제17회)

① 2024년 5월 24일 ② 2024년 5월 31일 ③ 2024년 7월 15일
④ 2024년 7월 31일 ⑤ 2025년 5월 31일

08 「소득세법」상 거주자의 양도소득과 관련된 다음 자료에 의한 양도소득세 감면액은?(단, 조세특례제한법은 고려하지 않음) (2020년 제31회)

• 양도소득 과세표준	20,000,000원
• 감면대상 양도소득금액	7,500,000원
• 양도소득 기본공제	2,500,000원
• 양도소득 산출세액	10,000,000원
• 감면율	50%

① 1,250,000원 ② 1,875,000원 ③ 2,500,000원
④ 3,750,000원 ⑤ 5,000,000원

09 「지방세법」상 거주자의 국내자산 양도소득에 대한 지방소득세에 관한 설명으로 틀린 것은? (2016년 제27회)

① 양도소득에 대한 개인지방소득세 관세표준은 종합소득 및 퇴직소득에 대한 개인지방소득세 과세표준과 구분하여 계산한다.
② 양도소득에 대한 개인지방소득세의 세액이 2천원인 경우에는 이를 징수하지 아니한다.
③ 양도소득에 대한 개인지방소득세의 공제세액이 산출세액을 초과하는 경우 그 초과금액은 없는 것으로 한다.
④ 양도소득에 대한 개인지방소득세 과세표준은 「소득세법 제92조에 따라 계산한 소득세의 과세표준과 동일한 금액으로 한다.
⑤ 「소득세법」상 보유기간이 8개월인 조합원입주권의 세율은 양도소득에 대한 개인지방소득세 과세표준의 1천분의 70을 적용한다.

15 양도소득세의 납세절차

(1) 예정신고
① 양도차익이 없거나 양도차손이 발생한 경우: 적용
② 수시부과세액: 공제하여 납부
③ 이행: 세액공제 없음, 불이행: 가산세

(2) 확정신고납부
① 다음연도 5월 1일부터 5월 31일까지
② 예정신고를 한 자는 해당 소득에 대한 확정신고를 하지 아니할 수 있음
③ 다만, 누진세율 자산에 대한 예정신고를 2회 이상 한 자가 합산하여 신고하지 아니한 경우: 확정신고를 하여야 함
④ 예정신고와 관련하여 무신고가산세가 부과되는 부분에 대해서는 확정신고와 관련하여 무신고가산세를 적용하지 아니함

(3) 납세지
① 거주자: 주소지 → 거소지
② 비거주자: 국내사업장 소재지 → 국내원천소득이 발생하는 장소

(4) 분할납부
① 분할납부의 요건: 1천만원 초과 + 2개월 이내
② 분할납부세액
  ㉠ 납부할 세액이 2천만원 이하인 경우: 1천만원을 초과하는 금액
  ㉡ 납부할 세액이 2천만원을 초과하는 경우: 그 세액의 100분의 50 이하의 금액
③ 분할납부의 신청: 예정신고기한 또는 확정신고기한까지

15 양도소득세의 납세절차 관련 기출문제분석과 출제예상지문

01 양도차익이 없거나 양도차손이 발생한 경우에도 양도소득 과세표준의 예정신고를 하여야 한다. ( ) (2020년 제31회, 2008년 제19회)

02 양도차익이 없거나 양도차손이 발생한 경우에는 양도소득과세표준 예정신고 의무가 없다. ( ) (2018년 제29회, 2016년 제27회)

03 납세지 관할세무서장은 양도소득이 있는 국내 거주자가 조세를 포탈할 우려가 있다고 인정되는 상당한 이유가 있는 경우에는 수시로 그 거주자의 양도소득세를 부과할 수 있다. ( ) (2006년 제17회)

04 예정신고납부를 하는 경우 예정신고 산출세액에서 감면 세액을 빼고 수시부과세액이 있을 때에는 이를 공제하지 아니한 세액을 납부한다. ( ) (2020년 제31회)

05 예정신고를 하지 않은 경우 확정신고를 하면 예정신고에 대한 가산세는 부과되지 아니한다. ( ) (2015년 제26회)

06 확정신고기간은 양도일이 속한 연도의 다음 연도 6월 1일부터 6월 30일까지이다. ( ) (2011년 제22회)

07 예정신고를 한 경우에는 확정신고를 하지 아니할 수 있다. ( ) (2015년 제26회)

08 예정신고하지 않은 거주자가 해당 과세기간의 과세표준이 없는 경우 확정신고하지 아니한다. ( ) (2016년 제27회)

09 당해 연도에 누진세율의 적용대상 자산에 대한 예정신고를 2회 이상 한 자가 법령에 따라 이미 신고한 양도소득금액과 합산하여 신고하지 아니한 경우에는 양도소득과세표준의 확정신고를 하여야 한다. ( ) (2020년 제31회)

15 양도소득세의 납세절차 관련 기출문제분석과 출제예상지문

10 예정신고관련 무신고가산세가 부과되는 경우, 그 부분에 대하여 확정신고와 관련한 무신고가산세가 다시 부과된다. ( ) (2011년 제22회)

11 거주자가 국내 상가건물을 양도한 경우 거주자의 주소지와 상가 건물의 소재지가 다르다면 양도소득세 납세지는 상가건물의 소재지이다. ( ) (2016년 제27회, 2006년 제17회)

12 비거주자가 국내 주택을 양도한 경우 양도소득세 납세지는 비거주자의 국외 주소지이다. ( ) (2016년 제27회)

13 양도소득과세표준 예정신고시에는 납부할 세액이 1천만원을 초과하더라도 그 납부할 세액의 일부를 분할납부할 수 없다. ( ) (2018년 제29회)

14 예정신고납부할 세액이 2천만원을 초과하는 때에는 그 세액의 100분의 50 이하의 금액을 납부기한이 지난 후 2개월 이내에 분할납부할 수 있다. ( ) (2020년 제31회)

15 확정신고납부시 납부할 세액이 1천 6백만원인 경우 6백만원을 분할납부할 수 있다. ( ) (2016년 제27회)

16 거주자가 양도소득세 확정신고에 따라 납부할 세액이 3천 600만원인 경우 최대 1천 800만원까지 분할납부할 수 있다. ( ) (2014년 제25회)

17 납부할 세액의 일부를 분할납부하고자 하는 자는 양도소득 과세표준 예정신고 및 납부계산서에 분할납부할 세액을 기재하여 예정신고기한까지 신청하여야 한다. ( ) (2015년 제26회)

18 소득세법상 거주자의 양도소득세 신고납부에 관한 설명으로 옳은 것은? (2022년 제33회)
① 건물을 신축하고 그 취득일부터 3년 이내에 양도하는 경우로서 감정가액을 취득가액으로 하는 경우에는 그 감정가액의 100분의 3에 해당하는 금액을 양도소득 결정세액에 가산한다.
② 공공사업의 시행자에게 수용되어 발생한 양도소득세액이 2천만원을 초과하는 경우 납세의무자는 물납을 신청할 수 있다.
③ 과세표준 예정신고와 함께 납부하는 때에는 산출세액에서 납부할 세액의 100분의 5에 상당하는 금액을 공제한다.
④ 예정신고납부할 세액이 1천 5백만원인 자는 그 세액의 100분의 50의 금액을 납부기한이 지난 후 2개월 이내에 분할납부할 수 있다.
⑤ 납세의무자가 법정신고기한까지 양도소득세의 과세표준신고를 하지 아니한 경우(부정행위로 인한 무신고는 제외)에는 그 무신고납부세액에 100분의 20을 곱한 금액을 가산세로 한다.

19 소득세법상 거주자의 양도소득세 징수와 환급에 관한 설명으로 옳은 것은? (2022년 제33회)
① 과세기간별로 이미 납부한 확정신고세액이 관할세무서장이 결정한 양도소득 총결정세액을 초과하는 경우 다른 국세에 충당할 수 없다.
② 양도소득과세표준과 세액을 결정 또는 경정한 경우 관할세무서장이 결정한 양도소득 총결정세액이 이미 납부한 확정신고세액을 초과할 때에는 그 초과하는 세액을 해당 거주자에게 알린 날부터 30일 이내에 징수한다.
③ 양도소득세 과세대상 건물을 양도한 거주자는 부담부증여의 채무액을 양도로 보는 경우 예정신고 없이 확정신고를 하여야 한다.
④ 양도소득세 납세의무의 확정은 납세의무자의 신고에 의하지 않고 관할세무서장의 결정에 의한다.
⑤ 이미 납부한 확정신고세액이 관할세무서장이 결정한 양도소득 총결정세액을 초과할 때에는 해당 결정일부터 90일 이내에 환급하여야 한다.

16 국외부동산양도에 대한 양도소득세

① 납세의무자: 5년 이상
② 환차익을 양도소득의 범위에서 제외
③ 양도가액과 취득가액의 산정방법: 실지거래가액 → 시가
④ 장기보유특별공제는 배제
⑤ 양도소득기본공제는 적용
⑥ 세율: 6%~45%의 8단계 초과누진세율
⑦ 양도차익의 외화환산: 기준환율 또는 재정환율
⑧ 외국납부세액의 이중과세조정: 세액공제방법 또는 필요경비 산입방법

거주자의 국내자산과 국외자산의 양도소득세 비교

구 분		국내자산	국외자산
과세대상		등기된 부동산임차권	부동산임차권
양도가액		실지거래가액 → 추계(매 → 감 → → 기)	실지거래가액 → 시가
취득가액		실지거래가액 → 추계(매 → 감 → 환 → 기)	실지거래가액 → 시가
기준시가		○	×
필요경비개산공제		○	×
장기보유특별공제		○	×
양도소득기본공제		○	○
세율	70%	○	×
	60%	○	×
	50%	○	×
	40%	○	×
	6%~45%	○	○

16 국외부동산양도에 대한 양도소득세 관련 기출문제분석과 출제예상지문

01 국외자산 양도시 양도소득세의 납세의무자는 국외자산의 양도일까지 계속하여 3년간 국내에 주소를 둔 거주자이다. (   ) (2014년 제25회)

02 거주자가 국외 토지를 양도한 경우 양도일까지 계속해서 10년간 국내에 주소를 두었다면 양도소득과세표준을 예정신고하여야 한다. (   ) (2016년 제27회)

03 국외에 있는 부동산에 관한 권리로서 미등기 양도자산의 양도로 발생하는 소득은 양도소득의 범위에 포함된다. (   ) (2020년 제31회)

04 양도 당시의 실지거래가액이 확인되더라도 외국정부의 평가가액을 양도가액으로 먼저 적용한다. (   ) (2020년 제31회)

05 국외자산의 양도가액은 실지거래가액이 있더라도 양도 당시 현황을 반영한 시가에 의하는 것이 원칙이다. (   ) (2014년 제25회)

06 「소득세법」상 국외자산의 양도에 대한 양도소득세 과세에 있어서 국내자산의 양도에 대한 양도소득세 규정 중 기준시가의 산정은 준용한다. (   ) (2016년 제27회)

07 미등기 국외토지에 대한 양도소득세율은 70%이다. (   ) (2014년 제25회)

08 양도차익 계산시 필요경비의 외화환산은 지출일 현재 「외국환거래법」에 의한 기준환율 또는 재정환율에 의한다. (   ) (2014년 제25회)

09 국외토지의 양도소득에 대하여 해당 외국에서 과세를 하는 경우로서 법령이 정한 그 국외자산양도소득세액을 납부하였거나 납부할 것이 있을 때에는 외국납부세액의 세액공제방법과 필요경비 산입방법 중 하나를 선택하여 적용할 수 있다. (   ) (2020년 제31회, 2012년 제23회)

10 거주자 甲이 국외에 있는 양도소득세 과세대상 X토지를 양도함으로써 소득이 발생하였다. 다음 중 틀린 것은?(단, 해당 과세기간에 다른 자산의 양도는 없음) (2019년 제30회)

① 甲이 X토지의 양도일까지 계속 5년 이상 국내에 주소 또는 거소를 둔 경우에만 해당 양도소득에 대한 납세의무가 있다.
② 甲이 국외에서 외화를 차입하여 X토지를 취득한 경우 환율변동으로 인하여 외화차입금으로부터 발생한 환차익은 양도소득의 범위에서 제외한다.
③ X토지의 양도가액은 양도 당시의 실지거래가액으로 하는 것이 원칙이다.
④ X토지에 대한 양도차익에서 장기보유특별공제액을 공제한다.
⑤ X토지에 대한 양도소득금액에서 양도소득기본공제로 250만원을 공제한다.

11 거주자 甲은 2016년에 국외에 1채의 주택을 미화 1십만 달러(취득자금 중 일부 외화 차입)에 취득하였고, 2023년에 동 주택을 미화 2십만 달러에 양도하였다. 이 경우 소득세법상 설명으로 틀린 것은?(단, 甲은 해당자산의 양도일까지 계속 5년 이상 국내에 주소를 둠) (2021년 제32회)

① 甲의 국외주택에 대한 양도차익은 양도가액에서 취득가액과 필요경비개산공제를 차감하여 계산한다.
② 甲의 국외주택 양도로 발생하는 소득이 환율변동으로 인하여 외화차입금으로부터 발생하는 환차익을 포함하고 있는 경우에는 해당 환차익을 양도소득의 범위에서 제외한다.
③ 甲의 국외주택 양도에 대해서는 해당 과세기간의 양도소득금액에서 연 250만원을 공제한다.
④ 甲은 국외주택을 3년 이상 보유하였음에도 불구하고 장기보유특별공제액은 공제하지 아니한다.
⑤ 甲은 국외주택의 양도에 대하여 양도소득세의 납세의무가 있다.

17 부동산임대업의 범위 등

① 지역권·지상권을 설정하거나 대여
  ㉠ 공익사업과 관련 없음: 사업소득
  ㉡ 공익사업과 관련 있음: 기타소득
② 미등기 부동산 포함
③ 사업자등록 여부에 관계없이 과세
④ 공공요금 납부액의 초과금액: 총수입금액에 산입
⑤ 간주임대료를 계산하는 과정에서 차감하는 금융수익: 수입이자와 할인료, 배당금
⑥ 주거용 건물 임대업에서 발생한 결손금: 종합소득 과세표준을 계산할 때 공제
⑦ 논·밭을 작물생산에 이용하게 하는 임대소득: 비과세

17 부동산임대업의 범위 등 관련 기출문제분석과 출제예상지문

01 주택의 임대로 인하여 얻은 과세대상 소득은 사업소득으로서 해당 거주자의 종합소득금액에 합산된다. ( ) (2017년 제28회, 2014년 제25회, 2009년 제20회)

02 「공익사업을 위한 토지 등의 취득 및 보상에 관한 법률」에 따른 공익사업과 관련하여 지역권을 대여함으로써 발생하는 소득은 부동산업에서 발생하는 소득으로 한다. ( ) (2020년 제31회)

03 「공익사업을 위한 토지 등의 취득 및 보상에 관한 법률」 제4조에 따른 공익사업과 관련하여 지상권의 대여로 인한 소득은 부동산임대업에서 발생한 소득에서 제외한다. ( ) (2017년 제28회)

04 자기소유의 부동산을 타인의 담보로 사용하게 하고 그 사용대가로 받는 것은 사업소득이다. ( ) (2012년 제23회)

05 미등기부동산을 임대하고 그 대가로 받는 것은 사업소득이 아니다. ( ) (2012년 제23회)

06 주택을 임대하여 얻은 소득은 거주자가 사업자등록을 한 경우에 한하여 소득세 납세의무가 있다. ( ) (2014년 제25회)

07 사업자가 부동산을 임대하고 임대료 외에 전기료·수도료 등 공공요금의 명목으로 지급받은 금액이 공공요금의 납부액을 초과할 때 그 초과하는 금액은 사업소득 총수입금액에 산입한다. ( ) (2013년 제24회)

08 임대보증금의 간주임대료를 계산하는 과정에서 금융수익을 차감할 때 그 금융수익은 수입이자와 할인료, 수입배당금, 유가증권처분이익으로 한다. ( ) (2017년 제28회)

09 주거용 건물 임대업에서 발생한 결손금은 종합소득과세표준을 계산할 때 공제한다. ( ) (2017년 제28회)

10 주거용 건물 임대업에서 발생한 결손금은 종합소득 과세표준을 계산할 때 공제하지 아니한다. ( ) (2020년 제31회)

11 거주자의 국내에 소재하는 논·밭을 작물 생산에 이용하게 함으로써 발생하는 사업소득은 소득세를 과세하지 아니한다. ( ) (2020년 제31회)

17 부동산임대업의 범위 등 관련 기출문제분석과 출제예상지문

12 주택임대사업자인 거주자 甲의 국내주택 임대현황(A, B, C 각 주택의 임대기간 2024.1.1.~ 2024.12.31.)을 참고하여 계산한 주택임대에 따른 2024년 귀속 사업소득의 총수입금액은? (단, 법령에 따른 적격증명서류를 수취·보관하고 있고, 기획재정부령으로 정하는 이자율은 연 4%로 가정하며 주어진 조건 이외에는 고려하지 않음) (2023년 제34회)

구 분 (주거전용면적)	보증금	월 세[1]	기준시가
A주택(85m^2)	3억원	5십만원	5억원
B주택(40m^2)	1억원	-	2억원
C주택(109m^2)	5억원	1백만원	7억원

1) 월세는 매월 수령하기로 약정한 금액임

① 0원 ② 16,800,000원 ③ 18,000,000원
④ 32,400,000원 ⑤ 54,000,000원

13 다음은 거주자 甲이 소유하고 있는 상가건물 임대에 관한 자료이다. 부동산임대업의 사업소득을 장부에 기장하여 신고하는 경우 2024년도 부동산임대업의 총수입금액은?(단, 법령에 따른 적격증명서류를 수취·보관하고 있으며, 주어진 조건 이외에는 고려하지 않음) (2022년 제33회)

- 임대기간: 2024. 1. 1 ~ 2025. 12. 31.
- 임대계약 내용
  - 월임대료 1,000,000원
  - 임대보증금 500,000,000원
- 임대부동산(취득일자: 2023. 1. 23.)
  - 건물 취득가액: 200,000,000원
  - 토지 취득가액: 300,000,000원
- 기획재정부령으로 정하는 이자율: 연 6%
- 임대보증금 운용수익
  - 수입이자: 1,000,000원
  - 유가증권처분이익: 2,000,000원

① 18,000,000원 ② 29,000,000원 ③ 30,000,000원
④ 39,000,000원 ⑤ 40,000,000원

간주임대료의 계산

① **주택과 주택부수토지**를 임대하는 경우(주택부수토지만 임대하는 경우는 제외) 총수입금액에 산입할 금액 = [해당 과세기간의 보증금등 − 3억원(보증금등을 받은 주택이 2주택 이상인 경우에는 보증금등의 적수가 가장 큰 주택의 보증금등부터 순서대로 뺌)]의 적수 × 60/100 × 1/365(윤년의 경우에는 366) × 정기예금이자율 − 해당 과세기간의 해당 임대사업부분에서 발생한 수입이자와 할인료 및 배당금의 합계액

② ① 외의 경우 총수입금액에 산입할 금액 = (해당 과세기간의 보증금등의 적수 − 임대용부동산의 건설비 상당액의 적수) × 1/365(윤년의 경우에는 366) × 정기예금이자율 − 해당 과세기간의 해당 임대사업부분에서 발생한 수입이자와 할인료 및 배당금의 합계액

18 주거용 건물 임대업 : 과세여부 판단

(1) 월세
① 1주택 소유
  ㉠ 원칙 : 비과세
  ㉡ 예외 : 과세
    ⓐ 고가주택 : 과세기간 종료일 또는 양도일 현재 기준시가 12억원 초과
    ⓑ 국외주택
② 2주택 이상 소유 : 과세

(2) 보증금 등에 대한 간주임대료
① 1주택 소유 : 비과세(= 총수입금액에 산입하지 아니함)
② 2주택 소유 : 비과세(= 총수입금액에 산입하지 아니함)
③ 3주택 이상 소유 : [40제곱미터 이하 + 기준시가 2억원 이하]는 제외
  ㉠ 보증금 등의 합계액 3억원 이하 : 비과세(= 총수입금액에 산입하지 아니함)
  ㉡ 보증금 등의 합계액 3억원 초과 : 과세(= 총수입금액에 산입함)

19 부동산임대업 주택 수의 계산

구 분	주택 수의 계산
다가구주택	① 1개의 주택 ② 구분등기 : 각각을 1개의 주택

공동소유주택	① 원칙 : 지분이 가장 큰 사람(2인 이상이면 귀속자로 정한 사람)
	② 예외 : 지분이 가장 큰 사람이 아니어도 포함
	  ㉠ 수입금액이 연간 6백만원 이상
	  ㉡ 기준시가 12억원을 초과 + 100분의 30을 초과하는 지분

전대하거나 전전세	임차인 또는 전세받은 자
본인과 배우자	① 합산 ② 공동소유주택 : 지분이 더 큰 사람

18 주거용 건물 임대업 : 과세여부 판단 관련 기출문제분석과 출제예상지문

01 주택임대소득이 과세되는 고가주택은 과세기간 종료일 현재 기준시가 12억원을 초과하는 주택을 말한다. (   ) (2013년 제24회, 2011년 제22회)

02 임대한 과세기간 종료일 현재 기준시가가 14억원인 1주택(주택부수토지 포함)을 임대하고 지급받은 소득은 사업소득으로 과세된다. (   ) (2010년 제21회)

03 거주자의 국외에 소재하는 주택의 임대소득은 주택 수에 관계없이 과세하지 아니한다. (   )
(2020년 제31회, 2011년 제22회)

04 주택 2채를 소유한 거주자가 1채는 월세계약으로 나머지 1채는 전세계약의 형태로 임대한 경우, 월세계약에 의하여 받은 임대료에 대해서만 소득세가 과세된다. (   ) (2014년 제25회)

18 주거용 건물 임대업 : 과세여부 판단 관련 기출문제분석과 출제예상지문

05 주택 1채만을 소유한 거주자가 과세기간 종료일 현재 기준시가 14억원인 해당 주택을 전세금을 받고 임대하여 얻은 소득에 대해서는 소득세가 과세되지 아니한다. (   ) (2014년 제25회)

06 2주택과 2개의 상업용 건물을 소유하는 자가 보증금을 받은 경우 2개의 상업용 건물에 대하여만 법령으로 정하는 바에 따라 계산한 간주임대료를 사업소득 총수입금액에 산입한다. (   ) (2013년 제24회)

07 3주택을 소유하는 자가 받은 보증금의 합계액이 2억원인 경우 법령으로 정하는 바에 따라 계산한 간주임대료를 사업소득 총수입금액에 산입한다. (   ) (2013년 제24회)

08 국내 소재 주거의 용도로만 쓰이는 면적이 85제곱미터인 3주택을 소유한 자가 받은 보증금의 합계액이 4억원인 경우, 그 보증금에 대하여 법령에서 정한 산식으로 계산한 금액을 총수입금액에 산입한다. (   ) (2011년 제22회)

19 부동산임대업 주택 수의 계산 관련 기출문제분석과 출제예상지문

01 거주자의 보유주택 수를 계산함에 있어서 다가구주택은 1개의 주택으로 보되, 구분등기된 경우에는 각각을 1개의 주택으로 계산한다. (   ) (2014년 제25회)

02 甲과 사촌 동생 乙이 고가주택이 아닌 수입금액이 연간 5백만원인 공동소유 1주택(甲지분율 40%, 乙지분율 60%)을 임대하는 경우 주택임대소득의 비과세 여부를 판정할 때 甲과 乙이 각각 1주택을 소유한 것으로 보아 주택 수를 계산한다. (   ) (2010년 제21회)

03 본인(A주택)과 배우자(B주택)가 각각 국내 소재 주택을 소유한 경우, 이를 합산하지 아니하고 각 거주자별 소유 주택을 기준으로 주택임대소득 비과세대상인 1주택 여부를 판단한다. (   ) (2011년 제22회)

04 주택임대료로 인하여 발생하는 소득에 대한 총수입금액의 수입할 시기는 계약에 의하여 지급일이 정하여진 경우, 그 정하여진 날로 한다. (   ) (2009년 제20회)

05 거주자의 부동산임대업에서 발생하는 사업소득의 납세지는 부동산 소재지로 한다. (   ) (2020년 제31회)

06 자기의 토지 위에 상가를 신축하여 판매할 목적으로 건축 중인 「건축법」에 의한 건물과 토지를 제3자에 양도한 경우 부동산매매업에 해당한다. (   ) (2004년 제15회)

07 주택신축판매사업자로서 1동의 주택을 1년에 1회 신축하여 판매하는 경우 부동산매매업에 해당한다. (   ) (2004년 제15회)

08 소득세법상 부동산임대업에서 발생한 소득에 관한 설명으로 틀린 것은? (2022년 제33회)
① 해당 과세기간의 주거용 건물 임대업을 제외한 부동산임대업에서 발생한 결손금은 그 과세기간의 종합소득과세표준을 계산할 때 공제하지 아니한다.
② 사업소득에 부동산임대업에서 발생한 소득이 포함되어 있는 사업자는 그 소득별로 구분하여 회계처리하여야 한다.
③ 3주택(주택 수에 포함되지 않는 주택 제외) 이상을 소유한 거주자가 주택과 주택부수토지를 임대(주택부수토지만 임대하는 경우 제외)한 경우에는 법령으로 정하는 바에 따라 계산한 금액(간주임대료)을 총수입금액에 산입한다.
④ 간주임대료 계산시 3주택 이상 여부 판정에 있어 주택 수에 포함되지 않는 주택이란 주거의 용도로만 쓰이는 면적이 1호 또는 1세대당 $40m^2$ 이하인 주택으로서 해당 과세기간의 기준시가가 2억원 이하인 주택을 말한다.
⑤ 해당 과세기간에 분리과세 주택임대소득이 있는 거주자(종합소득과세표준이 없거나 결손금이 있는 거주자 포함)는 그 종합소득 과세표준을 그 과세기간의 다음 연도 5월 1일부터 5월 31일까지 신고하여야 한다.

합격까지 박문각 공인중개사

PART
02

2024년 제35회 부동산세법
최신 출제 경향으로 변형한
20년간 중요 기출문제분석

01 | 조세총론

01 조세의 납부방법으로 물납과 분할납부가 둘 다 가능한 것을 모두 고른 것은?(단, 물납과 분할납부의 법정 요건은 전부 충족한 것으로 가정함)   2014년 제25회

> ㉠ 부동산임대업에서 발생한 사업소득에 대한 종합소득세
> ㉡ 종합부동산세
> ㉢ 취득세
> ㉣ 재산세 도시지역분
> ㉤ 소방분 지역자원시설세

① ㉡   ② ㉣   ③ ㉡, ㉢
④ ㉡, ㉣   ⑤ ㉣, ㉤

02 지방세기본법 및 지방세법상 용어의 정의에 관한 설명으로 틀린 것은?   2020년 제31회

① "보통징수"란 지방세를 징수할 때 편의상 징수할 여건이 좋은 자로 하여금 징수하게 하고 그 징수한 세금을 납부하게 하는 것을 말한다.
② 취득세에서 사용하는 용어 중 "부동산"이란 토지 및 건축물을 말한다.
③ "세무공무원"이란 지방자치단체의 장 또는 지방세의 부과·징수 등에 관한 사무를 위임받은 공무원을 말한다.
④ "납세자"란 납세의무자(연대납세의무자와 제2차 납세의무자 및 보증인 포함)와 특별징수의무자를 말한다.
⑤ "지방자치단체의 징수금"이란 지방세 및 체납처분비를 말한다.

03 「지방세기본법」상 특별시세 세목이 아닌 것은?   2015년 제26회

① 주민세   ② 취득세   ③ 지방소비세
④ 지방교육세   ⑤ 등록면허세

04 국내 소재 부동산의 보유단계에서 부담할 수 있는 세목은 모두 몇 개인가?   2019년 제30회

> • 농어촌특별세   • 지방교육세
> • 개인지방소득세   • 소방분 지역자원시설세

① 0개   ② 1개   ③ 2개
④ 3개   ⑤ 4개

05 2024년 10월 중 부동산을 취득하는 경우, 취득단계에서 부담할 수 있는 세금을 모두 고른 것은? 2014년 제25회

> ㉠ 재산세 ㉡ 농어촌특별세 ㉢ 종합부동산세
> ㉣ 지방교육세 ㉤ 인지세

① ㉠, ㉡, ㉢ ② ㉠, ㉡, ㉤ ③ ㉠, ㉢, ㉣
④ ㉡, ㉣, ㉤ ⑤ ㉢, ㉣, ㉤

06 부동산의 보유단계에서 과세되는 국세로서 옳은 것은? 2006년 제17회
① 재산세 ② 종합부동산세 ③ 등록면허세
④ 양도소득세 ⑤ 취득세

07 납세의무의 성립시기로 옳은 것으로만 묶인 것은? 2009년 제20회

> ㉠ 소득세 - 소득을 지급하는 때
> ㉡ 농어촌특별세 - 과세기간이 끝나는 때
> ㉢ 재산세 - 과세기준일
> ㉣ 지방교육세 - 그 과세표준이 되는 세목의 납세의무가 성립하는 때
> ㉤ 수시부과에 의하여 징수하는 재산세 - 수시부과할 사유가 발생하는 때

① ㉠, ㉡ ② ㉠, ㉡, ㉣ ③ ㉡, ㉣, ㉤
④ ㉢, ㉣, ㉤ ⑤ ㉠, ㉡, ㉢, ㉤

08 국세 및 지방세의 납세의무 성립시기에 관한 내용으로 옳은 것은?(단, 특별징수 및 수시부과와 무관함) 2018년 제29회
① 사업소분 주민세: 매년 7월 1일
② 거주자의 양도소득에 대한 지방소득세: 매년 3월 31일
③ 재산세에 부가되는 지방교육세: 매년 8월 1일
④ 중간예납 하는 소득세: 매년 12월 31일
⑤ 자동차 소유에 대한 자동차세: 납기가 있는 달의 10일

09 납세의무의 성립시기와 납세의무의 확정에 관한 설명으로 옳은 것은? 2004년 제15회
① 종합부동산세는 과세기준일에 납세의무가 성립하고, 원칙적으로 납세의무자가 과세표준과 세액을 관할세무서장에게 신고하는 때에 확정된다.
② 소득세는 소득이 발생하는 때에 납세의무가 성립하고, 원칙적으로 납세의무자가 과세표준과 세액을 관할세무서장에게 신고하는 때에 확정된다.
③ 인지세는 과세문서를 작성한 때에 납세의무가 성립하고, 납세의무가 성립하는 때에 특별한 절차 없이 그 세액이 확정된다.
④ 등록에 대한 등록면허세는 재산권과 그 밖의 권리를 등기하거나 등록하는 때에 납세의무가 성립하고, 납세의무자의 신고가 있더라도 지방자치단체가 과세표준과 세액을 결정하는 때에 확정된다.
⑤ 재산세는 재산을 취득하는 때에 납세의무가 성립하고, 원칙적으로 납세의무자가 과세표준과 세액을 지방자치단체에 신고하는 때에 확정된다.

10 원칙적으로 과세관청의 결정에 의하여 납세의무가 확정되는 지방세를 모두 고른 것은?

2013년 제24회

> ㉠ 취득세 ㉡ 종합부동산세
> ㉢ 재산세 ㉣ 양도소득세

① ㉠   ② ㉡   ③ ㉢
④ ㉡, ㉢   ⑤ ㉢, ㉣

11 「지방세기본법」상 지방자치단체의 징수금을 납부할 의무가 소멸되는 것은 모두 몇 개인가?

2017년 제28회

> ㉠ 납부·충당되었을 때
> ㉡ 지방세징수권의 소멸시효가 완성되었을 때
> ㉢ 법인이 합병한 때
> ㉣ 지방세부과의 제척기간이 만료되었을 때
> ㉤ 납세의무자의 사망으로 상속이 개시된 때

① 1개   ② 2개   ③ 3개
④ 4개   ⑤ 5개

12 국세기본법령상 국세의 부과제척기간에 관한 설명으로 옳은 것은?

2023년 제34회

① 납세자가 「조세범 처벌법」에 따른 사기나 그 밖의 부정한 행위로 종합소득세를 포탈하는 경우(역외거래 제외) 그 국세를 부과할 수 있는 날부터 15년을 부과제척기간으로 한다.
② 지방국세청장은 「행정소송법」에 따른 소송에 대한 판결이 확정된 경우 그 판결이 확정된 날부터 2년이 지나기 전까지 경정이나 그 밖에 필요한 처분을 할 수 있다.
③ 세무서장은 「감사원법」에 따른 심사청구에 대한 결정에 의하여 명의대여 사실이 확인되는 경우에는 당초의 부과처분을 취소하고 그 결정이 확정된 날부터 1년 이내에 실제로 사업을 경영한 자에게 경정이나 그 밖에 필요한 처분을 할 수 있다.
④ 종합부동산세의 경우 부과제척기간의 기산일은 과세표준과 세액에 대한 신고기한의 다음 날이다.
⑤ 납세자가 법정신고기한까지 과세표준신고서를 제출하지 아니한 경우(역외거래 제외)에는 해당 국세를 부과할 수 있는 날부터 10년을 부과제척기간으로 한다.

13 「국세기본법」상 사기나 그 밖의 부정한 행위로 주택의 양도소득세를 포탈하는 경우 국세부과의 제척기간은 이를 부과할 수 있는 날부터 몇 년간인가?(다만, 역외거래는 아니며, 결정·판결, 상호합의, 경정청구 등의 예외는 고려하지 않음)

2010년 제21회

① 3년   ② 5년   ③ 7년
④ 10년   ⑤ 15년

14 「지방세기본법」상 가산세에 관한 내용으로 옳은 것은?   2016년 제27회

① 무신고가산세(사기나 그 밖의 부정한 행위로 인하지 않은 경우): 무신고납부세액의 100분의 20에 상당하는 금액
② 무신고가산세(사기나 그 밖의 부정한 행위로 인한 경우): 무신고납부세액의 100분의 50에 상당하는 금액
③ 과소신고가산세(사기나 그 밖의 부정한 행위로 인하지 않은 경우): 과소신고납부세액 등의 100분의 20에 상당하는 금액
④ 과소신고가산세(사기나 그 밖의 부정한 행위로 인한 경우): 부정과소신고납부세액 등의 100분의 50에 상당하는 금액
⑤ 납부지연가산세: 납부하지 아니한 세액의 100분의 20에 상당하는 금액

15 체납된 조세의 법정기일 전에 채권담보를 위해 甲이 저당권 설정등기한 사실이 부동산등기부 등본에 증명되는 甲 소유 토지 A의 공매대금에 대하여 그 조세와 피담보채권이 경합되는 경우, 피담보채권보다 우선 징수하는 조세가 아닌 것은?(단, 토지 A에 다음의 조세가 부과됨)   2011년 제22회

① 취득세   ② 종합부동산세   ③ 소방분 지역자원시설세
④ 재산세   ⑤ 재산세에 부가되는 지방교육세

16 법정기일 전에 저당권의 설정을 등기한 사실이 등기사항증명서(부동산등기부 등본)에 따라 증명되는 재산을 매각하여 그 매각금액에서 국세 또는 지방세를 징수하는 경우, 그 재산에 대하여 부과되는 다음의 국세 또는 지방세 중 저당권에 따라 담보된 채권에 우선하여 징수하는 것은 모두 몇 개인가?   2019년 제30회

- 종합부동산세
- 등록면허세
- 소방분에 대한 지역자원시설세
- 취득세에 부가되는 지방교육세
- 부동산임대에 따른 종합소득세

① 1개   ② 2개   ③ 3개   ④ 4개   ⑤ 5개

17 「국세기본법」 및 「지방세기본법」상 조세채권과 일반채권의 관계에 관한 설명으로 틀린 것은?   2018년 제29회 수정

① 납세담보물 매각시 압류에 관계되는 조세채권은 담보 있는 조세채권보다 우선한다.
② 재산세 납세고지서의 발송일 전에 저당권 설정 등기 사실이 증명되는 재산을 매각하여 그 매각금액에서 재산세를 징수하는 경우, 재산세는 저당권에 따라 담보된 채권에 우선한다.
③ 취득세 신고서를 납세지 관할 지방자치단체장에게 제출한 날 전에 저당권 설정 등기 사실이 증명되는 재산을 매각하여 그 매각금액에서 취득세를 징수하는 경우, 저당권에 따라 담보된 채권은 취득세에 우선한다.
④ 강제집행으로 부동산을 매각할 때 그 매각금액 중에 국세를 징수하는 경우, 강제집행 비용은 국세에 우선한다.
⑤ 종합부동산세 납부고지서의 발송일 전에 「주택임대차보호법」 제2조에 따른 주거용 건물 전세권 설정 등기 사실이 증명되는 재산을 매각하여 그 매각금액에서 종합부동산세를 징수하는 경우, 주거용 건물 전세권에 따라 담보된 채권은 해당 재산에 대하여 부과된 종합부동산세의 징수액에 한정하여 종합부동산세에 우선한다.

18 「지방세기본법」상 부과 및 징수, 불복에 관한 설명으로 옳은 것은?   2015년 제26회

① 납세자가 법정신고기한까지 과세표준신고서를 제출하지 아니한 경우에 지방세 부과 제척기간은 5년이다.
② 지방세에 관한 불복시 불복청구인은 이의신청을 거치지 않고 심판청구를 제기할 수 없다.
③ 취득세는 원칙적으로 보통징수 방법에 의한다.
④ 납세의무자가 납부기한까지 지방세를 납부하지 않은 경우 납부하지 아니한 세액의 100분의 20을 가산세로 부과한다.
⑤ 지방자치단체 징수금의 징수순위는 체납처분비, 지방세(가산세는 제외), 가산세의 순서로 한다.

19 「지방세기본법」상 이의신청 또는 심판청구에 관한 설명으로 틀린 것은?   2012년 제23회

① 이의신청은 처분이 있은 것을 안날(처분의 통지를 받았을 때에는 그 통지를 받은 날)로부터 90일 이내에 하여야 한다.
② 이의신청을 거친 후에 심판청구를 할 때에는 이의 신청에 대한 결정통지를 받은 날부터 90일 이내에 심판청구를 하여야 한다.
③ 이의신청에 따른 결정기간 내에 이의신청에 대한 결정통지를 받지 못한 경우에는 결정통지를 받기 전이라도 그 결정기간이 지난날부터 심판청구를 할 수 있다.
④ 이의신청, 심판청구는 그 처분의 집행에 효력을 미치지 아니한다. 다만, 압류한 재산에 대하여는 이의신청, 심판청구의 결정처분이 있는 날부터 60일까지 공매처분을 보류할 수 있다.
⑤ 이의신청인이 재해 등을 입어 이의신청 기간 내에 이의신청을 할 수 없을 때에는 그 사유가 소멸한 날부터 14일 이내에 이의신청을 할 수 있다.

20 「지방세기본법」상 이의신청 또는 심판청구에 관한 설명으로 틀린 것은?(단, 감사원법에 따른 심사청구는 고려하지 아니함)   2019년 제30회

① 「지방세기본법」에 따른 과태료의 부과처분을 받은 자는 이의신청 또는 심판청구를 할 수 없다.
② 심판청구는 그 처분의 집행에 효력이 미치지 아니하지만 압류한 재산에 대하여는 심판청구의 결정이 있는 날부터 30일까지 그 공매처분을 보류할 수 있다.
③ 지방세에 관한 불복시 불복청구인은 심판청구를 거치지 아니하고 행정소송을 제기할 수 있다.
④ 이의신청인은 신청금액이 1천만원 미만인 경우에는 그의 배우자, 4촌 이내의 혈족 또는 그의 배우자의 4촌 이내 혈족을 대리인으로 선임할 수 있다.
⑤ 심판청구가 이유 없다고 인정될 때에는 청구를 기각하는 결정을 한다.

21 지방세기본법상 이의신청과 심판청구에 관한 설명으로 옳은 것을 모두 고른 것은?   2022년 제33회

> ㉠ 통고처분은 이의신청 또는 심판청구의 대상이 되는 처분에 포함된다.
> ㉡ 이의신청인은 신청 또는 청구 금액이 8백만원인 경우에는 그의 배우자를 대리인으로 선임할 수 있다.
> ㉢ 보정기간은 결정기간에 포함하지 아니한다.
> ㉣ 이의신청을 거치지 아니하고 바로 심판청구를 할 수는 없다.

① ㉠   ② ㉡   ③ ㉠, ㉣   ④ ㉡, ㉢   ⑤ ㉢, ㉣

22 「지방세기본법」상 공시송달할 수 있는 경우가 아닌 것은? 2013년 제24회

① 송달을 받아야 할 자의 주소 또는 영업소가 국외에 있고 그 송달이 곤란한 경우
② 송달을 받아야 할 자의 주소 또는 영업소가 분명하지 아니한 경우
③ 서류를 우편으로 송달하였으나 받을 사람이 없는 것으로 확인되어 반송됨으로써 납부기한 내에 송달하기 곤란하다고 인정되는 경우
④ 서류를 송달할 장소에서 송달을 받을 자가 정당한 사유 없이 그 수령을 거부한 경우
⑤ 세무공무원이 2회 이상 납세자를 방문(처음 방문한 날과 마지막 방문한 날 사이의 기간이 3일 이상이어야 함)하여 서류를 교부하려고 하였으나 받을 사람이 없는 것으로 확인되어 납부기한 내에 송달하기 곤란하다고 인정되는 경우

23 지방세기본법상 서류의 송달에 관한 설명으로 틀린 것은? 2022년 제33회

① 연대납세의무자에게 납세의 고지에 관한 서류를 송달할 때에는 연대납세의무자 모두에게 각각 송달하여야 한다.
② 기한을 정하여 납세고지서를 송달하였더라도 서류가 도달한 날부터 10일이 되는 날에 납부기한이 되는 경우 지방자치단체의 징수금의 납부기한은 해당 서류가 도달한 날부터 14일이 지난 날로 한다.
③ 납세관리인이 있을 때에는 납세의 고지와 독촉에 관한 서류는 그 납세관리인의 주소 또는 영업소에 송달한다.
④ 교부에 의한 서류송달의 경우에 송달할 장소에서 서류를 송달받아야 할 자를 만나지 못하였을 때에는 그의 사용인으로서 사리를 분별할 수 있는 사람에게 서류를 송달할 수 있다.
⑤ 서류송달을 받아야 할 자의 주소 또는 영업소가 분명하지 아니한 경우에는 서류의 주요 내용을 공고한 날부터 14일이 지나면 서류의 송달이 된 것으로 본다.

02 | 취득세

01 「지방세법」상 취득세가 과세될 수 있는 것으로만 묶인 것은? 2009년 제20회

> ㉠ 보유 토지의 지목이 전에서 대지로 변경되어 가액이 증가한 경우
> ㉡ 건축물의 이전으로 인한 취득으로서 이전한 건축물의 가액이 종전 건축물의 가액을 초과하지 않는 경우
> ㉢ 토지를 사실상 취득하였지만 등기하지 않은 경우
> ㉣ 공유수면을 매립하거나 간척하여 토지를 조성한 경우

① ㉠, ㉡
② ㉠, ㉡, ㉢
③ ㉠, ㉢, ㉣
④ ㉡, ㉢, ㉣
⑤ ㉠, ㉡, ㉢, ㉣

02 「지방세법」상 과점주주의 간주취득세가 과세되는 경우가 아닌 것은 모두 몇 개인가?(단, 과점주주는 「지방세기본법」 제46조 제2호에 따른 과점주주 중 대통령령으로 정하는 과점주주이며, 「지방세특례제한법」은 고려하지 않음) 2018년 제29회

> ㉠ 법인 설립시에 발행하는 주식을 취득함으로써 과점주주가 된 경우
> ㉡ 과점주주가 아닌 주주가 다른 주주로부터 주식을 취득함으로써 최초로 과점주주가 된 경우
> ㉢ 이미 과점주주가 된 주주가 해당 법인의 주식을 취득하여 해당 법인의 주식의 총액에 대한 과점주주가 가진 주식의 비율이 증가된 경우
> ㉣ 과점주주 집단 내부에서 주식이 이전되었으나 과점주주 집단이 소유한 총주식의 비율에 변동이 없는 경우

① 0개
② 1개
③ 2개
④ 3개
⑤ 4개

03 거주자 甲의 A비상장법인에 대한 주식보유 현황은 아래와 같다. 2024년 9월 15일 주식 취득시 「지방세법」상 A법인 보유 부동산 등에 대한 甲의 취득세 과세표준을 계산하는 경우, 취득으로 간주되는 지분비율은?(다만, A법인 보유 자산 중 취득세가 비과세·감면되는 부분은 없으며, 甲과 특수관계에 있는 다른 주주는 없다) 2009년 제20회

구 분	발행주식수	보유주식수
2020년 1월 1일 설립시	10,000주	5,000주
2022년 4월 29일 주식 취득 후	10,000주	6,000주
2023년 7월 18일 주식 양도 후	10,000주	3,000주
2024년 9월 15일 주식 취득시	10,000주	7,000주

① 10%
② 20%
③ 40%
④ 60%
⑤ 70%

04 아래의 자료를 기초로 제조업을 영위하고 있는 비상장 A법인의 주주인 甲이 법령이 정하는 과점주주가 됨으로써 과세되는 취득세(비과세 또는 감면은 고려하지 않음)의 과세표준은 얼마인가?   2007년 제18회

<A법인의 증자 전 자산가액 및 주식발행 현황>
㉠ 증자 전 자산가액(「지방세법」상 취득세 과세표준임)
  • 건물: 4억원
  • 토지: 5억원
  • 차량: 1억원
㉡ 주식발행 현황
  • 2021년 3월 10일 설립시 발행주식 총수 50,000주
  • 2024년 10월 27일 증자 후 발행주식 총수 100,000주

<甲의 A법인 주식취득 현황>
㉠ 2021년 3월 10일 A법인 설립시 20,000주 취득
㉡ 2024년 10월 27일 증자로 40,000주 추가 취득

① 2억원　② 4억원　③ 5억원　④ 6억원　⑤ 10억원

05 지방세법령상 취득세에 관한 설명으로 틀린 것은?   2023년 제34회
① 건축물 중 조작 설비에 속하는 부분으로서 그 주체구조부와 하나가 되어 건축물로서의 효용가치를 이루고 있는 것에 대하여는 주체구조부 취득자 외의 자가 가설한 경우에도 주체구조부의 취득자가 함께 취득한 것으로 본다.
② 「도시개발법」에 따른 환지방식에 의한 도시개발사업의 시행으로 토지의 지목이 사실상 변경됨으로써 그 가액이 증가한 경우에는 그 환지계획에 따라 공급되는 환지는 사업시행자가, 체비지 또는 보류지는 조합원이 각각 취득한 것으로 본다.
③ 경매를 통하여 배우자의 부동산을 취득하는 경우에는 유상으로 취득한 것으로 본다.
④ 형제자매인 증여자의 채무를 인수하는 부동산의 부담부증여의 경우에는 그 채무액에 상당하는 부분은 부동산을 유상으로 취득하는 것으로 본다.
⑤ 부동산의 승계취득은 「민법」 등 관계 법령에 따른 등기를 하지 아니한 경우라도 사실상 취득하면 취득한 것으로 보고 그 부동산의 양수인을 취득자로 한다.

06 국세 및 지방세의 연대납세의무에 관한 설명으로 옳은 것은?   2023년 제34회
① 공동주택의 공유물에 관계되는 지방자치단체의 징수금은 공유자가 연대하여 납부할 의무를 진다.
② 공동으로 소유한 자산에 대한 양도소득금액을 계산하는 경우에는 해당 자산을 공동으로 소유하는 공유자가 그 양도소득세를 연대하여 납부할 의무를 진다.
③ 공동사업에 관한 소득금액을 계산하는 경우(주된 공동사업자에게 합산과세되는 경우 제외)에는 해당 공동사업자가 그 종합소득세를 연대하여 납부할 의무를 진다.
④ 상속으로 인하여 단독주택을 상속인이 공동으로 취득하는 경우에는 상속인 각자가 상속받는 취득물건을 취득한 것으로 보고, 공동상속인이 그 취득세를 연대하여 납부할 의무를 진다.
⑤ 어느 연대납세의무자에 대하여 소멸시효가 완성된 때에도 다른 연대납세의무자의 납세의무에는 영향을 미치지 아니한다.

07 「지방세법」상 취득세의 납세의무자 등에 관한 설명으로 옳은 것은?   2015년 제26회

① 취득세는 부동산, 부동산에 준하는 자산, 어업권을 제외한 각종 권리 등을 취득한 자에게 부과한다.
② 건축물 중 조작설비로서 그 주체구조부와 하나가 되어 건축물로서의 효용가치를 이루고 있는 것에 대하여는 주체구조부 취득자 외의 자가 가설한 경우에도 주체구조부의 취득자가 함께 취득한 것으로 본다.
③ 법인 설립시 발행하는 주식을 취득함으로써 지방세기본법에 따른 과점주주가 되었을 때에는 그 과점주주가 해당 법인의 부동산 등을 취득한 것으로 본다.
④ 토지의 지목을 사실상 변경함으로써 그 가액이 증가한 경우에 취득으로 보지 아니한다.
⑤ 배우자 또는 직계존비속이 아닌 증여자의 채무를 인수하는 부담부증여의 경우에 그 채무액에 상당하는 부분은 부동산 등을 유상 취득한 것으로 보지 아니한다.

08 「지방세법」상 취득세의 납세의무에 관한 설명으로 틀린 것은?   2016년 제27회

① 부동산의 취득은 「민법」 등 관계 법령에 따른 등기를 하지 아니한 경우라도 사실상 취득하면 취득한 것으로 본다.
② 「주택법」에 따른 주택조합이 해당 조합원용으로 취득하는 조합주택용 부동산(조합원에게 귀속되지 아니하는 부동산은 제외)은 그 조합원이 취득한 것으로 본다.
③ 직계비속이 직계존속의 부동산을 매매로 취득하는 때에 해당 직계비속의 다른 재산으로 그 대가를 지급한 사실이 입증되는 경우 유상으로 취득한 것으로 본다.
④ 직계비속이 권리의 이전에 등기가 필요한 직계존속의 부동산을 서로 교환한 경우 무상으로 취득한 것으로 본다.
⑤ 직계비속이 공매를 통하여 직계존속의 부동산을 취득하는 경우 유상으로 취득한 것으로 본다.

09 「지방세법」상 부동산의 유상취득으로 보지 않는 것은?   2014년 제25회

① 공매를 통하여 배우자의 부동산을 취득한 경우
② 파산선고로 인하여 처분되는 직계비속의 부동산을 취득한 경우
③ 배우자의 부동산을 취득한 경우로서 그 취득대가를 지급한 사실을 증명한 경우
④ 권리의 이전이나 행사에 등기가 필요한 부동산을 직계존속과 서로 교환한 경우
⑤ 배우자 또는 직계존비속이 아닌 증여자의 채무를 인수하는 부담부증여로 취득한 경우로서 그 채무액에 상당하는 부분을 제외한 나머지 부분의 경우

10 「지방세법」상 신탁(「신탁법」에 따른 신탁으로서 신탁등기가 병행되는 것임)으로 인한 신탁재산의 취득으로서 취득세를 부과하는 경우는 모두 몇 개인가?   2018년 제29회

> ㉠ 위탁자로부터 수탁자에게 신탁재산을 이전하는 경우
> ㉡ 신탁의 종료로 인하여 수탁자로부터 위탁자에게 신탁재산을 이전하는 경우
> ㉢ 수탁자가 변경되어 신수탁자에게 신탁재산을 이전하는 경우
> ㉣ 「주택법」에 따른 주택조합이 비조합원용 부동산을 취득하는 경우

① 0개   ② 1개   ③ 2개   ④ 3개   ⑤ 4개

11 지방세법상 취득세가 부과되지 않는 것은? 2019년 제30회

① 「주택법」에 따른 공동주택의 개수(「건축법」에 따른 대수선 제외)로 인한 취득 중 개수로 인한 취득 당시 주택의 시가표준액이 9억원 이하인 경우
② 형제간에 부동산을 상호교환한 경우
③ 직계존속으로부터 거주하는 주택을 증여받은 경우
④ 파산선고로 인하여 처분되는 부동산을 취득한 경우
⑤ 「주택법」에 따른 주택조합이 해당 조합원용으로 조합주택용 부동산을 취득한 경우

12 「지방세법」상 취득세에 관한 설명으로 옳은 것은? 2012년 제23회 수정

① 「민법」 등 관계법령에 따른 등기를 하지 아니한 부동산의 취득은 사실상 취득하더라도 취득한 것으로 볼 수 없다.
② 법인 설립시에 발행하는 주식 또는 지분을 취득함으로써 과점주주가 된 경우에는 그 과점주주가 해당 법인의 부동산 등을 취득한 것으로 본다.
③ 국가등에 귀속등의 반대급부로 국가등이 소유하고 있는 부동산 및 사회기반시설을 무상으로 양여받거나 기부채납 대상물의 무상사용권을 제공받는 경우에 대해서는 취득세를 부과한다.
④ 법령이 정하는 고급오락장에 해당하는 임시건축물의 취득에 대하여는 존속기간에 상관없이 취득세를 부과하지 아니한다.
⑤ 「건축법」상 대수선으로 인해 공동주택을 취득한 경우에는 취득세를 비과세한다.

13 지방세기본법령 및 지방세법령상 취득세 납세의무의 성립에 관한 설명으로 틀린 것은? 2023년 제34회

① 상속으로 인한 취득의 경우에는 상속개시일이 납세의무의 성립시기이다.
② 부동산의 증여계약으로 인한 취득에 있어서 소유권이전등기를 하지 않고 계약일이 속하는 달의 말일부터 3개월 이내에 공증받은 공정증서로 계약이 해제된 사실이 입증되는 경우에는 취득한 것으로 보지 않는다.
③ 유상승계취득의 경우 신고인이 제출한 자료로 사실상의 잔금지급일을 확인할 수 있는 때에는 사실상의 잔금지급일이 납세의무의 성립시기이다.
④ 「민법」에 따른 이혼시 재산분할로 인한 부동산 취득의 경우에는 취득물건의 등기일이 납세의무의 성립시기이다.
⑤ 「도시 및 주거환경정비법」에 따른 재건축조합이 재건축사업을 하면서 조합원으로부터 취득하는 토지 중 조합원에게 귀속되지 아니하는 토지를 취득하는 경우에는 같은 법에 따른 준공인가 고시일의 다음 날이 납세의무의 성립시기이다.

14 「지방세법」상 취득의 시기에 관한 설명으로 틀린 것은?   2019년 제30회

① 상속으로 인한 취득의 경우: 상속개시일
② 신고인이 제출한 자료로 사실상의 잔금지급일을 확인할 수 있는 유상승계취득의 경우: 그 사실상의 잔금지급일과 등기일 또는 등록일 중 빠른 날
③ 건축물(주택 아님)을 건축하여 취득하는 경우로서 사용승인서를 내주기 전에 임시사용승인을 받은 경우: 그 임시사용승인일과 사실상의 사용일 중 빠른 날
④ 「민법」 제839조의2에 따른 재산분할로 인한 취득의 경우: 취득물건의 등기일 또는 등록일
⑤ 관계 법령에 따라 매립으로 토지를 원시취득하는 경우: 취득물건의 등기일

15 「지방세법」상 취득의 시기 등에 관한 설명으로 틀린 것은?   2017년 제28회

① 연부로 취득하는 것(취득가액의 총액이 50만원 이하인 것은 제외)은 그 사실상의 연부금 지급일을 취득일로 본다. 단, 취득일 전에 등기 또는 등록한 경우에는 그 등기일 또는 등록일에 취득한 것으로 본다.
② 관계법령에 따라 매립·간척 등으로 토지를 원시취득하는 경우로서 공사준공인가일 전에 사실상 사용하는 경우에는 그 사실상 사용일을 취득일로 본다.
③ 「주택법」에 따른 주택조합이 주택건설사업을 하면서 조합원으로부터 취득하는 토지 중 조합원에게 귀속되지 아니하는 토지를 취득하는 경우에는 「주택법」에 따른 사용검사를 받은 날에 그 토지를 취득한 것으로 본다.
④ 「도시 및 주거환경정비법」에 따른 재건축조합이 재건축사업을 하면서 조합원으로부터 취득하는 토지 중 조합원에게 귀속되지 아니하는 토지를 취득하는 경우에는 「도시 및 주거환경정비법」에 따른 소유권이전 고시일에 그 토지를 취득한 것으로 본다.
⑤ 토지의 지목변경에 따른 취득은 토지의 지목이 사실상 변경된 날과 공부상 변경된 날 중 빠른 날을 취득일로 본다. 다만, 토지의 지목변경일 이전에 사용하는 부분에 대해서는 그 사실상의 사용일을 취득일로 본다.

16 「지방세법」상 취득세에 관한 설명으로 옳은 것은?   2013년 제24회 수정

① 토지의 지목변경에 따른 취득은 지목변경일 이전에 그 사용 여부와 관계없이 사실상 변경된 날과 공부상 변경된 날 중 빠른 날을 취득일로 본다.
② 부동산을 연부로 취득하는 것은 등기일에 관계없이 그 사실상의 최종연부금 지급일을 취득일로 본다.
③ 「민법」 제245조 및 제247조에 따른 점유로 인한 취득의 경우에는 점유를 개시한 날을 취득일로 본다.
④ 甲소유의 미등기건물에 대하여 乙이 채권확보를 위하여 법원의 판결에 의한 소유권보존등기를 甲의 명의로 등기할 경우의 취득세 납세의무는 甲에게 있다.
⑤ 채권자대위자는 납세의무자를 대위하여 부동산의 취득에 대한 취득세를 신고납부할 수 없다.

17 지방세법상 취득세 납세의무에 관한 설명으로 옳은 것은? 2021년 제32회

① 토지의 지목을 사실상 변경함으로써 그 가액이 증가한 경우에는 취득으로 보지 아니한다.
② 상속회복청구의 소에 의한 법원의 확정판결에 의하여 특정 상속인이 당초 상속분을 초과하여 취득하게 되는 재산가액은 상속분이 감소한 상속인으로부터 증여받아 취득한 것으로 본다.
③ 권리의 이전이나 행사에 등기 또는 등록이 필요한 부동산을 직계존속과 서로 교환한 경우에는 무상으로 취득한 것으로 본다.
④ 증여로 인한 승계취득의 경우 해당 취득물건을 등기·등록하더라도 취득일이 속하는 달의 말일부터 3개월 이내에 공증받은 공정증서에 의하여 계약이 해제된 사실이 입증되는 경우에는 취득한 것으로 보지 아니한다.
⑤ 증여자가 배우자 또는 직계존비속이 아닌 경우 증여자의 채무를 인수하는 부담부 증여의 경우에는 그 채무액에 상당하는 부분은 부동산등을 유상으로 취득하는 것으로 본다.

18 「지방세법」상 취득세에 관한 설명으로 틀린 것은? 2017년 제28회 수정

① 토지의 지목을 사실상 변경함으로써 그 가액이 증가한 경우에는 취득으로 본다. 이 경우 「도시개발법」에 따른 도시개발사업(환지방식만 해당)의 시행으로 토지의 지목이 사실상 변경된 때에는 그 환지계획에 따라 공급되는 환지는 조합원이, 체비지 또는 보류지는 사업시행자가 각각 취득한 것으로 본다.
② 상속(피상속인이 상속인에게 한 유증 및 포괄유증과 신탁재산의 상속 포함)으로 인하여 취득하는 경우에는 상속인 각자가 상속받는 취득물건(지분을 취득하는 경우에는 그 지분에 해당하는 취득물건을 말함)을 취득한 것으로 본다.
③ 부동산등을 유상거래로 승계취득하는 경우 취득당시가액은 취득시기 이전에 해당 물건을 취득하기 위하여 납세의무자 등이 거래 상대방이나 제3자에게 지급하였거나 지급하여야 할 일체의 비용으로써 사실상의 취득가격으로 한다. 다만, 지방자치단체의 장은 특수관계인 간의 거래로 그 취득에 대한 조세부담을 부당하게 감소시키는 행위 또는 계산을 한 것으로 인정되는 경우에는 시가인정액을 취득당시가액으로 결정할 수 있다.
④ 무상승계취득한 취득물건을 취득일에 등기·등록한 후 화해조서·인낙조서에 의하여 취득일이 속하는 달의 말일부터 3개월 이내에 계약이 해제된 사실을 입증하는 경우에는 취득한 것으로 보지 아니한다.
⑤ 「주택법」 제2조 제3호에 따른 공동주택의 개수(「건축법」 제2조 제1항 제9호에 따른 대수선은 제외함)로 인한 취득 중 개수로 인한 취득 당시 「지방세법」 제4조에 따른 주택의 시가표준액이 9억원 이하인 주택과 관련된 개수로 인한 취득에 대해서는 취득세를 부과하지 아니한다.

19 「지방세법」 사실상취득가격을 취득세의 과세표준으로 하는 경우 사실상취득가격에 포함되지 않는 것은?(단, 특수관계인과의 거래가 아니며 비용 등은 취득시기 이전에 지급되었음) 2016년 제27회

① 「전기사업법」에 따라 전기를 사용하는 자가 분담하는 비용
② 법인이 취득하는 경우 건설자금에 충당한 차입금의 이자
③ 법인이 연부로 취득하는 경우 연부 계약에 따른 이자상당액
④ 취득에 필요한 용역을 제공받은 대가로 지급하는 용역비
⑤ 취득대금 외에 당사자의 약정에 따른 취득자 조건 부담액

20 「지방세법」상 부동산의 취득세 과세표준을 사실상취득가격으로 하는 경우 이에 포함될 수 있는 항목을 모두 고른 것은?(다만, 아래 항목은 개인이 국가로부터 시가로 유상취득하기 위하여 취득시기 이전에 지급하였거나 지급하여야 할 것으로 가정한다) 2010년 제21회

㉠ 취득대금을 일시급으로 지불하여 일정액을 할인받은 경우 그 할인금액
㉡ 부동산의 건설자금에 충당한 차입금의 이자
㉢ 연부 계약에 따른 이자상당액 및 연체료
㉣ 취득대금 외에 당사자 약정에 의한 취득자 채무인수액

① ㉣   ② ㉠, ㉢   ③ ㉡, ㉢
④ ㉡, ㉣   ⑤ ㉢, ㉣

21 개인 甲은 특수관계 없는 乙로부터 다음과 같은 내용으로 유상거래로 주택을 승계취득하였다. 취득세 과세표준 금액으로 옳은 것은? 2018년 제29회

• 계약내용
 - 총매매대금 500,000,000원
   2024년 7월 5일 계약금 50,000,000원
   2024년 8월 2일 중도금 150,000,000원
   2024년 9월 7일 잔금 300,000,000원
• 甲이 주택 취득과 관련하여 취득시기 이전에 지출한 비용
 - 총매매대금 외에 당사자 약정에 의하여 乙의 은행채무를 甲이 대신 변제한 금액 10,000,000원
 - 법령에 따라 매입한 국민주택채권을 해당 주택의 취득 이전에 금융회사에 양도함으로써 발생하는 매각차손 1,000,000원

① 500,000,000원   ② 501,000,000원   ③ 509,000,000원
④ 510,000,000원   ⑤ 511,000,000원

22 법인인 A회사는 다음과 같은 내용으로 특수관계 없는 법인인 B회사로부터 유상거래로 건물을 승계취득하였다. 이 때 법인인 A회사의 취득세 과세표준은 얼마가 되어야 하는가? 2003년 제14회

(1) 계약내용(계약대상은 건물만 해당)
 ① 계약총액 110,000,000원(부가가치세 10,000,000원 포함)
 ② 2024년 5월 1일 계약금 20,000,000원 지급
 ③ 2024년 5월 31일 잔금 90,000,000원 지급
(2) A회사가 건물취득과 관련하여 취득시기 이전에 지출한 비용
 ① 해당 건물의 취득과 관련하여 건설자금에 충당한 금액의 이자 5,000,000원
 ② 공인중개사에게 지급한 중개보수 1,000,000원(부가가치세 제외)

① 80,000,000원   ② 105,000,000원   ③ 106,000,000원
④ 110,000,000원   ⑤ 116,000,000원

23 「지방세법」상 농지를 상호 교환하여 소유권이전등기를 할 때 적용하는 취득세 표준세율은? (단, 법령이 정하는 비영리사업자가 아님) 2013년 제24회

① 1천분의 23　　② 1천분의 25　　③ 1천분의 28
④ 1천분의 30　　⑤ 1천분의 35

24 「지방세법」상 공유농지를 분할로 취득하는 경우 자기소유지분에 대한 취득세 과세표준의 표준세율은? 2016년 제27회

① 1천분의 23　　② 1천분의 28　　③ 1천분의 30
④ 1천분의 35　　⑤ 1천분의 40

25 「지방세법」상 부동산 취득시 취득세 과세표준에 적용되는 표준세율로 옳은 것을 모두 고른 것은? 2015년 제26회

> ㄱ. 상속으로 인한 농지취득: 1천분의 23
> ㄴ. 합유물 및 총유물의 분할로 인한 취득: 1천의 23
> ㄷ. 원시취득: 1천분의 28
> ㄹ. 법령으로 정한 비영리사업자의 상속 외의 무상취득: 1천분의 28

① ㄱ, ㄴ　　② ㄴ, ㄷ　　③ ㄱ, ㄷ
④ ㄴ, ㄷ, ㄹ　　⑤ ㄱ, ㄴ, ㄷ, ㄹ

26 「지방세법」상 취득세의 표준세율이 가장 높은 것은?(단, 「지방세특례제한법」은 고려하지 않음) 2019년 제30회

① 상속으로 건물(주택 아님)을 취득한 경우
② 「사회복지사업법」에 따라 설립된 사회복지법인이 독지가의 기부에 의하여 건물을 취득한 경우
③ 영리법인이 공유수면을 매립하여 농지를 취득한 경우
④ 주택을 소유하지 아니한 1세대가 유상거래를 원인으로 「지방세법」제10조에 따른 취득 당시의 가액이 8억원인 주택(「주택법」에 의한 주택으로서 등기부에 주택으로 기재된 주거용 건축물과 그 부속토지)을 취득한 경우
⑤ 유상거래를 원인으로 농지를 취득한 경우

27 「지방세법」상 취득세 표준세율과 중과기준세율의 100분의 400을 합한 세율이 적용되는 취득세 과세대상은 다음 중 모두 몇 개인가?(다만, 「지방세법」상 중과세율의 적용요건을 모두 충족하는 것으로 가정한다) 2010년 제21회

> ㄱ. 골프장
> ㄴ. 고급주택
> ㄷ. 고급오락장
> ㄹ. 과밀억제권역에서 법인 본점으로 사용하는 사업용 부동산

① 0개　　② 1개　　③ 2개　　④ 3개　　⑤ 4개

28 「지방세법」상 취득세에 관한 설명으로 옳은 것은? _{2014년 제25회 수정}

① 상속에 따른 무상취득의 경우 과세표준은 시가인정액으로 한다.
② 같은 취득물건에 대하여 둘 이상의 세율이 해당되는 경우에는 그 중 낮은 세율을 적용한다.
③ 「신탁법」 제10조에 따라 신탁재산의 위탁자 지위의 이전이 있는 경우에는 새로운 위탁자가 해당 신탁재산을 취득한 것으로 본다. 다만, 위탁자 지위의 이전에도 불구하고 신탁재산에 대한 실질적인 소유권 변동이 있다고 보기 어려운 경우로서 대통령령으로 정하는 경우에는 그러하지 아니하다.
④ 「여신전문금융업법」 제2조제12호에 따른 할부금융업에 직접 사용할 목적으로 부동산을 취득하는 경우에도 대도시 법인 중과세를 적용한다.
⑤ 주택을 소유하지 않은 1세대가 유상거래를 원인으로 취득당시가액이 6억원 이하인 주택을 취득하는 경우에는 1천분의 20의 세율을 적용한다.

29 「지방세법」상 취득세의 과세표준 및 세율에 관한 설명으로 틀린 것은? _{2015년 제26회}

① 취득세의 과세표준은 취득 당시의 가액으로 한다. 다만, 연부로 취득하는 경우 취득세의 과세표준은 연부금액(매회 사실상 지급되는 금액을 말하며, 취득금액에 포함되는 계약보증금을 포함)으로 한다.
② 건축(신축과 재축은 제외)으로 인하여 건축물 면적이 증가할 때에는 그 증가된 부분에 대하여 원시취득으로 보아 해당 세율을 적용한다.
③ 환매등기를 병행하는 부동산의 매매로서 환매기간 내에 매도자가 환매한 경우의 그 매도자와 매수자의 취득에 대한 취득세는 표준세율에 중과기준세율(1천분의 20)을 합한 세율로 산출한 금액으로 한다.
④ 토지를 취득한 자가 그 취득한 날부터 1년 이내에 그에 인접한 토지를 취득한 경우에는 그 전후의 취득에 관한 토지의 취득을 1건의 토지 취득으로 보아 면세점을 적용한다.
⑤ 지방자치단체장은 조례로 정하는 바에 따라 취득세 표준세율의 100분의 50 범위에서 가감할 수 있다.

30 「지방세법」상 취득세 표준세율에서 중과기준세율을 뺀 세율로 산출한 금액을 그 세액으로 하는 것으로만 모두 묶은 것은?(단, 취득물건은 「지방세법」 제11조 제1항 제8호에 따른 주택 외의 부동산이며 취득세 중과대상이 아님) _{2017년 제28회}

> ㉠ 환매등기를 병행하는 부동산의 매매로서 환매기간 내에 매도자가 환매한 경우의 그 매도자와 매수자의 취득
> ㉡ 존속기간이 1년을 초과하는 임시건축물의 취득
> ㉢ 「민법」 제839조의2에 따라 이혼시 재산분할로 인한 취득
> ㉣ 등기부등본상 본인 지분을 초과하지 않는 공유물의 분할로 인한 취득

① ㉠, ㉡ ② ㉡, ㉣ ③ ㉢, ㉣
④ ㉠, ㉡, ㉢ ⑤ ㉠, ㉢, ㉣

31 「지방세법」상 취득세 표준세율에서 중과기준세율을 뺀 세율로 산출한 금액을 취득세액으로 하되, 유상거래로 주택을 취득하는 경우에는 표준세율에 100분의 50을 곱한 세율을 적용하여 산출한 금액을 취득세액으로 하는 경우가 아닌 것은?(단, 취득물건은 취득세 중과대상이 아님)

2011년 제22회

① 상속으로 인한 취득 중 법령으로 정하는 1가구 1주택 및 그 부속토지의 취득
② 공유물의 분할로 인한 취득(등기부등본상 본인지분을 초과하지 아니함)
③ 건축물의 이전으로 인한 취득(이전한 건축물의 가액이 종전 건축물의 가액을 초과하지 아니함)
④ 「민법」에 따른 이혼시 재산분할로 인한 취득
⑤ 개수로 인한 취득(개수로 인하여 건축물 면적이 증가하지 아니함)

32 「지방세법」상 취득세액을 계산할 때 중과기준세율만을 적용하는 경우를 모두 고른 것은?(단, 취득세 중과물건이 아님)

2013년 제24회

㉠ 개수로 인하여 건축물 면적이 증가하는 경우 그 증가된 부분
㉡ 토지의 지목을 사실상 변경함으로써 그 가액이 증가한 경우
㉢ 법인 설립 후 유상 증자시에 주식을 취득하여 최초로 과점주주가 된 경우
㉣ 상속으로 농지를 취득한 경우

① ㉠, ㉡ ② ㉠, ㉣ ③ ㉡, ㉢
④ ㉠, ㉢, ㉣ ⑤ ㉡, ㉢, ㉣

33 취득세와 관련하여 시행되고 있는 제도는 모두 몇 개인가?

2011년 제22회

㉠ 특별징수   ㉡ 분할납부   ㉢ 물납
㉣ 면세점   ㉤ 기한후신고

① 1개 ② 2개 ③ 3개 ④ 4개 ⑤ 5개

34 지방세법상 취득세의 부과·징수에 관한 설명으로 옳은 것은?

2022년 제33회

① 취득세의 징수는 보통징수의 방법으로 한다.
② 상속으로 취득세 과세물건을 취득한 자는 상속개시일부터 60일 이내에 산출한 세액을 신고하고 납부하여야 한다.
③ 신고·납부기한 이내에 재산권과 그 밖의 권리의 취득·이전에 관한 사항을 공부에 등기하거나 등록(등재 포함)하려는 경우에는 등기 또는 등록 신청서를 등기·등록관서에 접수하는 날까지 취득세를 신고·납부하여야 한다.
④ 취득세 과세물건을 취득한 후에 그 과세물건이 중과세율의 적용대상이 되었을 때에는 중과세율을 적용하여 산출한 세액에서 이미 납부한 세액(가산세 포함)을 공제한 금액을 세액으로 하여 신고·납부하여야 한다.
⑤ 법인의 취득당시가액을 증명할 수 있는 장부가 없는 경우 지방자치단체의 장은 그 산출된 세액의 100분의 20을 징수하여야 할 세액에 가산한다.

35 지방세법상 취득세에 관한 설명으로 옳은 것은?   2022년 제33회

① 건축물 중 부대설비에 속하는 부분으로서 그 주체구조부와 하나가 되어 건축물로서의 효용가치를 이루고 있는 것에 대하여는 주체구조부 취득자 외의 자가 가설한 경우에도 주체구조부의 취득자가 함께 취득한 것으로 본다.
② 세대별 소유주택 수에 따른 중과세율을 적용함에 있어 주택으로 재산세를 과세하는 오피스텔은 해당 오피스텔을 소유한 자의 주택 수에 가산하지 아니한다.
③ 납세의무자가 토지의 지목을 사실상 변경한 후 산출세액에 대한 신고를 하지 아니하고 그 토지를 매각하는 경우에는 산출세액에 100분의 80을 가산한 금액을 세액으로 하여 징수한다.
④ 공사현장사무소 등 임시건축물의 취득에 대하여는 그 존속기간에 관계없이 취득세를 부과하지 아니한다.
⑤ 토지를 취득한 자가 취득한 날로부터 1년 이내에 그에 인접한 토지를 취득한 경우 그 취득가액이 100만원일 때에는 취득세를 부과하지 아니한다.

36 지방세법상 취득세에 관한 설명으로 틀린 것은?   2021년 제32회

① 「도시 및 주거환경정비법」에 따른 재건축조합이 재건축사업을 하면서 조합원으로부터 취득하는 토지 중 조합원에게 귀속되지 아니하는 토지를 취득하는 경우에는 같은 법에 따른 소유권이전 고시일의 다음 날에 그 토지를 취득한 것으로 본다.
② 취득세 과세물건을 취득한 후에 그 과세물건이 중과세율의 적용대상이 되었을 때에는 취득한 날부터 60일 이내에 중과세율을 적용하여 산출한 세액에서 이미 납부한 세액(가산세 포함)을 공제한 금액을 신고하고 납부하여야 한다.
③ 대한민국 정부기관의 취득에 대하여 과세하는 외국정부의 취득에 대해서는 취득세를 부과한다.
④ 상속으로 인한 취득의 경우에는 상속개시일에 취득한 것으로 본다.
⑤ 부동산의 취득은 「민법」등 관계 법령에 따른 등기·등록 등을 하지 아니한 경우라도 사실상 취득하면 취득한 것으로 본다.

37 지방세법상 취득세에 관한 설명으로 옳은 것은?   2020년 제31회 수정

① 국가 및 외국정부의 취득에 대해서는 취득세를 부과한다.
② 토지의 지목변경에 따른 취득은 토지의 지목이 사실상 변경된 날을 취득일로 본다.
③ 국가가 취득세 과세물건을 매각하면 매각일부터 60일 이내에 지방자치단체의 장에게 신고하여야 한다.
④ 무상취득(상속은 제외) 또는 증여자의 채무를 인수하는 부담부증여로 과세물건을 취득한 자는 취득일부터 3개월 이내에 그 과세표준에 세율을 적용하여 산출한 세액을 신고하고 납부하여야 한다.
⑤ 토지를 취득한 자가 그 취득한 날부터 1년 이내에 그에 인접한 토지를 취득한 경우 그 전후의 취득에 관한 토지의 취득을 1건의 토지 취득으로 보아 취득세에 대한 면세점을 적용한다.

38 「지방세법」상 취득세의 부과·징수에 관한 설명으로 틀린 것은? 2014년 제25회 수정

① 납세의무자가 취득세 과세물건을 사실상 취득한 후 취득세 신고를 하지 아니하고 매각하는 경우에는 산출세액에 100분의 50을 가산한 금액을 세액으로 하여 보통징수의 방법으로 징수한다.

② 재산권을 공부에 등기하려는 경우에는 등기 신청서를 등기관서에 접수하는 날까지 취득세를 신고·납부하여야 한다.

③ 등기·등록관서의 장은 취득세가 납부되지 아니하였거나 납부부족액을 발견하였을 때에는 다음 달 10일까지 납세지를 관할하는 시장·군수·구청장에게 통보하여야 한다.

④ 취득세 납세의무자가 신고 또는 납부의무를 다하지 아니하면 산출세액 또는 그 부족세액에 「지방세기본법」의 규정에 따라 산출한 가산세를 합한 금액을 세액으로 하여 보통징수의 방법으로 징수한다.

⑤ 납세의무자가 신고기한까지 취득세를 시가인정액으로 신고한 후 지방자치단체의 장이 세액을 경정하기 전에 그 시가인정액을 수정신고한 경우에는 무신고가산세 및 과소신고가산세·초과환급신고가산세를 부과하지 아니한다.

03 | 등록에 대한 등록면허세

01 「지방세법」상 등록면허세가 과세되는 등록 또는 등기가 아닌 것은?   2018년 제29회

① 광업권의 취득에 따른 등록
② 외국인 소유의 선박을 직접 사용하기 위하여 연부취득 조건으로 수입하는 선박의 등록
③ 취득세 부과제척기간이 경과한 주택의 등기
④ 취득가액이 50만원 이하인 차량의 등록
⑤ 계약상의 잔금지급일을 2024년 7월 20일로 하는 부동산(취득가액 1억원)의 소유권이전등기

02 「지방세법」상 등록면허세에 관한 설명으로 틀린 것은?   2012년 제23회

① 등록면허세의 납세의무자가 신고의무를 다하지 아니하고 등록을 하기 전까지의 등록면허세를 납부한 경우 무신고가산세 및 과소신고가산세를 징수한다.
② 등록을 하는 자는 등록면허세를 납부할 의무를 진다. 여기서 "등록"이란 재산권과 그 밖의 권리의 설정·변경 또는 소멸에 관한 사항을 공부에 등기하거나 등록하는 것을 말한다.
③ 근저당권 설정등기의 경우 등록면허세의 납세의무자는 근저당권자이다.
④ 근저당권 말소등기의 경우 등록면허세의 납세의무자는 근저당권 설정자 또는 말소대상 부동산의 현재 소유자이다.
⑤ 부동산등기에 대한 등록면허세의 납세지는 부동산 소재지를 원칙으로 한다.

03 지방세법령상 등록에 대한 등록면허세가 비과세되는 경우로 틀린 것은?   2023년 제34회

① 지방자치단체조합이 자기를 위하여 받는 등록
② 무덤과 이에 접속된 부속시설물의 부지로 사용되는 토지로서 지적공부상 지목이 묘지인 토지에 관한 등기
③ 회사의 정리 또는 특별청산에 관하여 법원의 촉탁으로 인한 등기(법인의 자본금 또는 출자금의 납입, 증자 및 출자전환에 따른 등기 제외)
④ 대한민국 정부기관의 등록에 대하여 과세하는 외국정부의 등록
⑤ 등기 담당 공무원의 착오로 인한 주소 등의 단순한 표시변경 등기

04 지방세법상 등록면허세에 관한 설명으로 옳은 것은?   2020년 제31회

① 지방자치단체의 장은 등록면허세의 세율을 표준세율의 100분의 60의 범위에서 가감할 수 있다.
② 취득당시가액을 등록면허세의 과세표준으로 하는 경우, 등록 당시에 감가상각의 사유로 가액이 달라진 때에도 그 가액에 대한 증명여부에 관계없이 변경 전 가액을 과세표준으로 한다.
③ 부동산 등록에 대한 신고가 없는 경우 시가표준액의 100분의 110을 과세표준으로 한다.
④ 지목이 묘지인 토지의 등록에 대하여 등록면허세를 부과한다.
⑤ 부동산 등기에 대한 등록면허세의 납세지는 부동산 소재지로 하며, 납세지가 분명하지 아니한 경우에는 등록관청 소재지로 한다.

05 甲이 乙소유 부동산에 관해 전세권설정등기를 하는 경우 「지방세법」상 등록에 대한 등록면허세에 관한 설명으로 틀린 것은? 2018년 제29회

① 등록면허세의 납세의무자는 전세권자인 甲이다.
② 부동산소재지와 乙의 주소지가 다른 경우 등록면허세의 납세지는 乙의 주소지로 한다.
③ 전세권설정등기에 대한 등록면허세의 표준세율은 전세금액의 1천분의 2이다.
④ 전세권설정등기에 대한 등록면허세의 산출세액이 건당 6천원보다 적을 때에는 등록면허세의 세액은 6천원으로 한다.
⑤ 만약 丙이 甲으로부터 전세권을 이전받아 등기하는 경우라면 등록면허세의 납세의무자는 丙이다.

06 거주자인 개인 乙은 甲이 소유한 부동산(시가 6억원)에 전세기간 2년, 전세보증금 3억원으로 하는 전세계약을 체결하고, 전세권 설정등기를 하였다. 지방세법상 등록면허세에 관한 설명으로 옳은 것은? 2021년 제32회

① 과세표준은 6억원이다.
② 표준세율은 전세보증금의 1천분의 8이다.
③ 납부세액은 6천원이다.
④ 납세의무자는 乙이다.
⑤ 납세지는 甲의 주소지이다.

07 지방세법상 부동산 등기에 대한 등록면허세의 표준세율로서 틀린 것은?(단, 부동산 등기에 대한 표준세율을 적용하여 산출한 세액이 그 밖의 등기 또는 등록세율보다 크다고 가정하며, 중과세 및 비과세와 지방세특례제한법은 고려하지 않음) 2020년 제31회

① 소유권 보존: 부동산가액의 1천분의 8
② 가처분: 부동산가액의 1천분의 2
③ 지역권 설정: 요역지가액의 1천분의 2
④ 전세권 이전: 전세금액의 1천분의 2
⑤ 상속으로 인한 소유권 이전: 부동산가액의 1천분의 8

08 「지방세법」상 부동산등기에 대한 등록면허세의 표준세율로 틀린 것은?(단, 표준세율을 적용하여 산출한 세액이 부동산등기에 대한 그 밖의 등기 또는 등록세율보다 크다고 가정함) 2017년 제28회

① 전세권 설정등기: 전세금액의 1천분의 2
② 상속으로 인한 소유권이전등기: 부동산가액의 1천분의 8
③ 지역권 설정 및 이전등기: 요역지 가액의 1천분의 2
④ 임차권 설정 및 이전등기: 임차보증금의 1천분의 2
⑤ 저당권 설정 및 이전등기: 채권금액의 1천분의 2

09 「지방세법」상 등록에 대한 등록면허세의 표준세율에 관한 설명으로 틀린 것은? 2004년 제15회

① 상속으로 인한 소유권 이전 등기의 경우에는 부동산 가액의 1천분의 8이다.
② 소유권의 보존 등기는 부동산 가액의 1천분의 8이다.
③ 저당권(지상권·전세권을 목적으로 등기하는 경우를 포함)의 설정 등기는 채권금액의 1천분의 2이다.
④ 임차권의 말소등기는 월 임대차금액의 1천분의 2이다.
⑤ 지방자치단체의 장은 조례로 정하는 바에 따라 등록면허세의 세율을 부동산 등기에 따른 표준세율의 100분의 50의 범위에서 가감할 수 있다.

10 「지방세법」상 등록면허세에 관한 설명으로 틀린 것은? 2013년 제24회

① 무덤과 이에 접속된 부속시설물의 부지로 사용되는 토지로서 지적공부상 지목이 묘지인 토지에 관한 등기에 대하여는 등록면허세를 부과하지 아니한다.
② 취득당시가액을 등록면허세의 과세표준으로 하는 경우, 등록 당시에 자산재평가의 사유로 그 가액이 달라진 때에도 자산재평가 전의 가액을 과세표준으로 한다.
③ 등록면허세 신고서상 금액과 공부상 금액이 다를 경우 공부상 금액을 과세표준으로 한다.
④ 부동산 등기에 대한 등록면허세의 납세지는 부동산 소재지이나 그 납세지가 분명하지 아니한 경우에는 등록관청 소재지로 한다.
⑤ 지방세의 체납으로 인하여 압류의 등기를 한 재산에 대하여 압류해제의 등기를 할 경우 등록면허세가 비과세된다.

11 「지방세법」상 등록면허세에 관한 설명으로 틀린 것은? 2017년 제28회

① 같은 등록에 관계되는 재산이 둘 이상의 지방자치단체에 걸쳐 있어 등록면허세를 지방자치단체별로 부과할 수 없을 때에는 등록관청 소재지를 납세지로 한다.
② 「여신전문금융업법」제2조 제12호에 따른 할부금융업을 영위하기 위하여 대도시에서 법인을 설립함에 따른 등기를 할 때에는 그 세율을 해당 표준세율의 100분의 300으로 한다. 단, 그 등기일부터 2년 이내에 업종변경이나 업종추가는 없다.
③ 무덤과 이에 접속된 부속시설물의 부지로 사용되는 토지로서 지적공부상 지목이 묘지인 토지에 관한 등기에 대하여는 등록면허세를 부과하지 아니한다.
④ 재산권 기타 권리의 설정·변경 또는 소멸에 관한 사항을 공부에 등기 또는 등록을 받는 등기·등록부상에 기재된 명의자는 등록면허세를 납부할 의무를 진다.
⑤ 지방자치단체의 장은 조례로 정하는 바에 따라 등록면허세의 세율을 부동산등기에 대한 표준세율의 100분의 50의 범위에서 가감할 수 있다.

12 「지방세법」상 등록면허세에 관한 설명으로 틀린 것은?   2019년 제30회

① 부동산 등기에 대한 등록면허세의 납세지는 부동산 소재지이다.
② 등록을 하려는 자가 법정신고기한까지 등록면허세 산출세액을 신고하지 않은 경우로서 등록 전까지 그 산출세액을 납부한 때에도 「지방세기본법」에 따른 무신고가산세가 부과된다.
③ 등기 담당 공무원의 착오로 인한 지번의 오기에 대한 경정 등기에 대해서는 등록면허세를 부과하지 아니한다.
④ 채권금액으로 과세액을 정하는 경우에 일정한 채권금액이 없을 때에는 채권의 목적이 된 것의 가액 또는 처분의 제한의 목적이 된 금액을 그 채권금액으로 본다.
⑤ 「한국은행법」 및 「한국수출입은행법」에 따른 은행업을 영위하기 위하여 대도시에서 법인을 설립함에 따른 등기를 한 법인이 그 등기일부터 2년 이내에 업종 변경이나 업종 추가가 없는 때에는 등록면허세의 세율을 중과하지 아니한다.

13 지방세법상 등록에 대한 등록면허세에 관한 설명으로 틀린 것은?   2022년 제33회

① 채권금액으로 과세액을 정하는 경우에 일정한 채권금액이 없을 때에는 채권의 목적이 된 것의 가액 또는 처분의 제한의 목적이 된 금액을 그 채권금액으로 본다.
② 같은 채권의 담보를 위하여 설정하는 둘 이상의 저당권을 등록하는 경우에는 이를 하나의 등록으로 보아 그 등록에 관계되는 재산을 처음 등록하는 등록관청 소재지를 납세지로 한다.
③ 부동산 등기에 대한 등록면허세의 납세지가 분명하지 아니한 경우에는 등록관청 소재지를 납세지로 한다.
④ 지상권 등기의 경우에는 특별징수의무자가 징수할 세액을 납부기한까지 부족하게 납부하면 특별징수의무자에게 과소납부분 세액의 100분의 1을 가산세로 부과한다.
⑤ 지방자치단체의 장은 채권자대위자의 부동산의 등기에 대한 등록면허세 신고납부가 있는 경우 납세의무자에게 그 사실을 즉시 통보하여야 한다.

14 지방세법령상 등록에 대한 등록면허세에 관한 설명으로 틀린 것은?(단, 지방세관계법령상 감면 및 특례는 고려하지 않음)   2023년 제34회

① 같은 등록에 관계되는 재산이 둘 이상의 지방자치단체에 걸쳐 있어 등록면허세를 지방자치단체별로 부과할 수 없을 때에는 등록관청 소재지를 납세지로 한다.
② 지방자치단체의 장은 조례로 정하는 바에 따라 등록면허세의 세율을 부동산 등기에 따른 표준세율의 100분의 50의 범위에서 가감할 수 있다.
③ 주택의 토지와 건축물을 한꺼번에 평가하여 토지나 건축물에 대한 과세표준이 구분되지 아니하는 경우에는 한꺼번에 평가한 개별주택가격을 토지나 건축물의 가액비율로 나눈 금액을 각각 토지와 건축물의 과세표준으로 한다.
④ 부동산의 등록에 대한 등록면허세의 과세표준은 등록자가 신고한 당시의 가액으로 하고, 신고가 없거나 신고가액이 시가표준액보다 많은 경우에는 시가표준액으로 한다.
⑤ 채권자대위자는 납세의무자를 대위하여 부동산의 등기에 대한 등록면허세를 신고납부할 수 있다.

15 지방세법상 취득세 또는 등록면허세의 신고·납부에 관한 설명으로 옳은 것은?(단, 비과세 및 지방세특례제한법은 고려하지 않음) 2020년 제31회

① 상속으로 취득세 과세물건을 취득한 자는 상속개시일로부터 6개월 이내에 과세표준과 세액을 신고하고 납부하여야 한다.
② 취득세 과세물건을 취득한 후 중과세 대상이 되었을 때에는 표준세율을 적용하여 산출한 세액에서 이미 납부한 세액(가산세 포함)을 공제한 금액을 세액으로 하여 신고하고 납부하여야 한다.
③ 지목변경으로 인한 취득세 납세의무자가 신고를 하지 아니하고 매각하는 경우 산출세액에 100분의 80을 가산한 금액을 세액으로 하여 징수한다.
④ 등록을 하려는 자가 등록면허세 신고의무를 다하지 않고 산출세액을 등록 전까지 납부한 경우 지방세기본법에 따른 무신고가산세를 부과한다.
⑤ 등기·등록관서의 장은 등기 또는 등록 후에 등록면허세가 납부되지 아니하였거나 납부 부족액을 발견한 경우에는 다음 달 10일까지 납세지를 관할하는 시장·군수·구청장에게 통보하여야 한다.

16 「지방세법」상 취득세 및 등록면허세에 관한 설명으로 옳은 것은? 2016년 제27회 수정

① 취득세 과세물건을 취득한 후 중과세 세율 적용대상이 되었을 경우 60일 이내에 산출세액에서 이미 납부한 세액(가산세 포함)을 공제하여 신고하고 납부하여야 한다.
② 취득세 과세물건 취득한 자가 재산권의 취득에 관한 사항을 등기하는 경우 등기한 후 30일 이내에 신고하고 납부하여야 한다.
③ 법인이 아닌 자가 건축물을 건축하여 취득하는 경우로서 사실상취득가격을 확인할 수 없는 경우의 취득세 취득당시가액은 시가인정액으로 한다.
④ 부동산가압류에 대한 등록면허세의 세율은 부동산가액의 1천분의 2로 한다.
⑤ 등록하려는 자가 신고의무를 다하지 아니하고 등록면허세 산출세액을 등록하기 전까지(신고기한이 있는 경우 신고기한까지) 납부하였을 때에는 신고를 하고 납부한 것으로 본다.

17 「지방세법」상 등록면허세에 관한 설명으로 옳은 것은? 2015년 제26회

① 부동산 등기에 대한 등록면허세 납세지는 부동산 소유자의 주소지이다.
② 등록을 하려는 자가 신고의무를 다하지 않은 경우 등록면허세 산출세액을 등록하기 전까지 납부하였을 대에는 신고하고 납부한 것으로 보지만 무신고 가산세가 부과된다.
③ 상속으로 인한 소유권 이전 등기의 세율은 부동산 가액의 1천분의 15로 한다.
④ 등록을 하려는 자는 과세표준에 세율을 적용하여 산출한 세액을 등록을 하기 전까지 납세지를 관할하는 지방자치단체의 장에게 신고하고 납부하여야 한다.
⑤ 대도시 밖에 있는 법인의 본점이나 주사무소를 대도시로 전입함에 따른 등기는 법인등기에 대한 세율의 100분의 200을 적용한다.

04 | 재산세

01 「지방세법」상 재산세의 과세기준일 현재 납세의무자에 관한 설명으로 틀린 것은?

2017년 제28회 수정

① 공유재산인 경우 그 지분에 해당하는 부분(지분의 표시가 없는 경우에는 지분이 균등한 것으로 봄)에 대해서는 그 지분권자를 납세의무자로 본다.
② 「채무자 회생 및 파산에 관한 법률」에 따른 파산선고 이후 파산종결의 결정까지 파산재단에 속하는 재산의 경우 공부상 소유자는 재산세를 납부할 의무가 있다.
③ 지방자치단체와 재산세 과세대상 재산을 연부로 매매계약을 체결하고 그 재산의 사용권을 무상으로 받은 경우에는 그 매수계약자를 납세의무자로 본다.
④ 공부상에 개인 등의 명의로 등재되어 있는 사실상의 종중재산으로서 종중소유임을 신고하지 아니하였을 때에는 공부상 소유자를 납세의무자로 본다.
⑤ 상속이 개시된 재산으로서 상속등기가 이행되지 아니하고 사실상의 소유자를 신고하지 아니하였을 때에는 공동상속인 각자가 받았거나 받을 재산에 따라 납부할 의무를 진다.

02 「지방세법」상 2024년 재산세 과세기준일 현재 납세의무자가 아닌 것을 모두 고른 것은?

2015년 제26회

> ㄱ. 5월 31일에 재산세 과세대상 재산의 매매잔금을 수령하고 소유권이전등기를 한 매도인
> ㄴ. 공유물 분할등기가 이루어지지 아니한 공유토지의 지분권자
> ㄷ. 「신탁법」 제2조에 따른 수탁자의 명의로 등기 또는 등록된 신탁재산의 위탁자
> ㄹ. 재개발사업의 시행에 따른 환지계획에서 일정한 토지를 환지로 정하지 아니하고 체비지로 정한 경우 종전 토지소유자

① ㄱ, ㄷ
② ㄱ, ㄹ
③ ㄱ, ㄴ, ㄹ
④ ㄱ, ㄷ, ㄹ
⑤ ㄴ, ㄷ, ㄹ

03 「지방세법」상 재산세의 납세의무자에 관한 설명으로 틀린 것은?

2014년 제25회

① 상속이 개시된 재산으로서 상속등기가 이행되지 아니하고 사실상의 소유자를 신고하지 아니하였을 경우 : 「민법」상 상속지분이 가장 높은 상속자(상속지분이 가장 높은 상속자가 두 명 이상인 경우에는 그 중 연장자)
② 「신탁법」 제2조에 따른 수탁자의 명의로 등기 또는 등록된 신탁재산 : 수탁자
③ 국가가 선수금을 받아 조성하는 매매용 토지로서 사실상 조성이 완료된 토지의 사용권을 무상으로 받은 경우 : 그 사용권을 무상으로 받은 자
④ 「도시개발법」에 따라 시행하는 환지방식에 의한 도시개발사업 및 「도시 및 주거환경정비법」에 따른 재개발사업의 시행에 따른 환지계획에서 일정한 토지를 환지로 정하지 아니하고 체비지로 정한 경우 : 사업시행자
⑤ 공부상의 소유자가 매매 등의 사유로 소유권이 변동되었는데도 신고하지 아니하여 사실상의 소유자를 알 수 없었을 때 : 공부상 소유자

04 「지방세법」상 재산세 납세의무에 관한 설명으로 옳은 것은? 2013년 제24회

① 재산세 과세기준일 현재 소유권의 귀속이 분명하지 아니하여 사실상의 소유자를 확인할 수 없는 경우 그 사용자가 재산세를 납부할 의무가 있다.
② 주택의 건물과 부속토지의 소유자가 다를 경우 그 주택에 대한 산출세액을 건축물과 그 부속토지의 면적 비율로 안분계산한 부분에 대하여 그 소유자를 납세의무자로 본다.
③ 국가와 재산세 과세대상 재산을 연부로 매수계약을 체결하고 그 재산의 사용권을 무상으로 받은 경우 매도계약자가 재산세를 납부할 의무가 있다.
④ 공부상에 개인 등의 명의로 등재되어 있는 사실상의 종중 재산으로서 종중소유임을 신고하지 아니한 경우 종중을 납세의무자로 본다.
⑤ 공유재산인 경우 그 지분에 해당하는 부분에 대하여 그 지분권자를 납세의무자로 보되, 지분의 표시가 없는 경우 공유자 중 최연장자를 납세의무자로 본다.

05 지방세법상 재산세 과세대상의 구분에 있어 주거용과 주거 외의 용도를 겸하는 건물 등에 관한 설명으로 옳은 것을 모두 고른 것은? 2022년 제33회

> ㉠ 1동(棟)의 건물이 주거와 주거 외의 용도로 사용되고 있는 경우에는 주거용으로 사용되는 부분만을 주택으로 본다.
> ㉡ 1구(構)의 건물이 주거와 주거 외의 용도로 사용되고 있는 경우 주거용으로 사용되는 면적이 전체의 100분의 60인 경우에는 주택으로 본다.
> ㉢ 주택의 부속토지의 경계가 명백하지 아니한 경우에는 그 주택의 바닥면적의 10배에 해당하는 토지를 주택의 부속토지로 한다.

① ㉠ ② ㉢ ③ ㉠, ㉡
④ ㉡, ㉢ ⑤ ㉠, ㉡, ㉢

06 지방세법상 재산세 과세대상의 구분 등에 관한 설명으로 옳은 것은?(단, 비과세는 고려하지 않음) 2020년 제31회 수정

① 관계 법령에 따라 허가 등을 받아야 함에도 불구하고 허가 등을 받지 않고 재산세의 과세대상 물건을 이용하는 경우로서 사실상 현황에 따라 재산세를 부과하면 오히려 재산세 부담이 낮아지는 경우 또는 재산세 과세기준일 현재의 사용이 일시적으로 공부상 등재현황과 달리 사용하는 것으로 인정되는 경우에는 공부상 등재현황에 따라 재산세를 부과한다.
② 토지와 주택에 대한 재산세 과세대상은 종합합산과세대상, 별도합산과세대상 및 분리과세대상으로 구분한다.
③ 건축물에서 허가 등이나 사용승인(임시사용승인을 포함)을 받지 아니하고 주거용으로 사용하는 면적이 전체 건축물 면적(허가 등이나 사용승인을 받은 면적을 포함)의 100분의 50 이상인 경우에는 그 건축물 전체를 주택으로 보지 아니하고, 그 부속토지는 별도합산과세대상에 해당하는 토지로 본다.
④ 주택 부속토지의 경계가 명백하지 아니한 경우 그 주택의 바닥면적의 20배에 해당하는 토지를 주택의 부속토지로 한다.
⑤ 재산세 과세대상인 건축물의 범위에는 주택을 포함한다.

07 「지방세법」상 재산세 종합합산과세대상 토지는?   2018년 제29회

① 「문화재보호법」 제2조 제2항에 따른 지정문화재 안의 임야
② 국가가 국방상의 목적 외에는 그 사용 및 처분 등을 제한하는 공장 구내의 토지
③ 「건축법」 등 관계 법령에 따라 허가 등을 받아야 할 건축물로서 허가 등을 받지 아니한 공장용 건축물의 부속토지
④ 「자연공원법」에 따라 지정된 공원자연환경지구의 임야
⑤ 1989년 12월 31일 이전부터 소유하는 「개발제한구역의 지정 및 관리에 관한 특별조치법」에 따른 개발제한구역의 임야

08 「지방세법」상 토지에 대한 재산세를 부과함에 있어서 과세대상의 구분(종합합산과세대상, 별도합산과세대상, 분리과세대상)이 같은 것으로만 묶인 것은?   2014년 제25회

> ㉠ 1990년 5월 31일 이전부터 종중이 소유하고 있는 임야
> ㉡ 「체육시설의 설치·이용에 관한 법률 시행령」에 따른 골프장용 토지 중 원형이 보전되는 임야
> ㉢ 과세기준일 현재 계속 염전으로 실제 사용하고 있는 토지
> ㉣ 「도로교통법」에 따라 등록된 자동차운전학원의 자동차운전학원용 토지로서 같은 법에서 정하는 시설을 갖춘 구역 안의 토지

① ㉠, ㉡ ② ㉡, ㉢ ③ ㉡, ㉣
④ ㉠, ㉡, ㉢ ⑤ ㉠, ㉢, ㉣

09 「지방세법」상 재산세의 과세대상 토지를 분류한 것이다. 틀린 것은?   2004년 제15회

① 1990년 5월 31일 이전부터 종중이 소유하고 있는 임야: 분리과세대상
② 「여객자동차 운수사업법」에 따라 면허 또는 인가를 받은 자가 계속하여 사용하는 여객자동차터미널용 토지: 분리과세대상
③ 읍·면지역에 소재하는 공장용 건축물의 부속토지로서 법령 소정의 공장입지 기준면적 범위 안의 토지: 별도합산과세대상
④ 「건축법」 등 관계 법령에 따라 허가 등을 받아야 할 건축물로서 허가 등을 받지 아니한 건축물의 부속토지: 종합합산과세대상
⑤ 건축물(공장용 제외)의 시가표준액이 해당 부속토지의 시가표준액의 100분의 2에 미달하는 건축물의 부속토지 중 그 건축물의 바닥면적을 제외한 부속토지: 종합합산과세대상

10 지방세법상 재산세 비과세 대상에 해당하는 것은?(단, 주어진 조건 외에는 고려하지 않음)   2019년 제30회

① 지방자치단체가 1년 이상 공용으로 사용하는 재산으로서 유료로 사용하는 재산
② 「한국농어촌공사 및 농지관리기금법」에 따라 설립된 한국농어촌공사가 같은 법에 따라 농가에 공급하기 위하여 소유하는 농지
③ 「공간정보의 구축 및 관리 등에 관한 법률」에 따른 제방으로서 특정인이 전용하는 제방
④ 「군사기지 및 군사시설 보호법」에 따른 군사기지 및 군사시설 보호구역 중 통제보호구역에 있는 전·답
⑤ 「산림자원의 조성 및 관리에 관한 법률」에 따라 지정된 채종림·시험림

11
「지방세법」상 재산세의 비과세 대상이 아닌 것은?(단, 아래의 답항별로 주어진 자료 외의 비과세요건은 충족된 것으로 가정함) 2017년 제28회

① 임시로 사용하기 위하여 건축된 건축물로서 재산세 과세기준일 현재 1년 미만의 것
② 재산세를 부과하는 해당 연도에 철거하기로 계획이 확정되어 재산세 과세기준일 현재 행정관청으로부터 철거명령을 받은 주택과 그 부속토지인 대지
③ 농업용 구거와 자연유수의 배수처리에 제공하는 구거
④ 「군사기지 및 군사시설 보호법」에 따른 군사기지 및 군사시설 보호구역 중 통제보호구역에 있는 토지(전·답·과수원 및 대지는 제외)
⑤ 「도로법」에 따른 도로(같은 법 제2조 제2호에 따른 도로의 부속물 중 도로관리시설, 휴게시설, 주유소, 충전소, 교통·관광안내소 및 도로에 연접하여 설치한 연구시설은 제외)와 그 밖에 일반인의 자유로운 통행을 위하여 제공할 목적으로 개설한 사설도로(「건축법 시행령」 제80조의2에 따른 대지 안의 공지는 제외)

12
지방세법상 시가표준액에 관한 설명으로 옳은 것을 모두 고른 것은? 2021년 제32회

> ㄱ. 토지의 시가표준액은 세목별 납세의무의 성립시기 당시 「부동산 가격공시에 관한 법률」에 따른 개별공시지가가 공시된 경우 개별공시지가로 한다.
> ㄴ. 건축물의 시가표준액은 소득세법령에 따라 매년 1회 국세청장이 산정·고시하는 건물신축가격기준액에 행정안전부장관이 정한 기준을 적용하여 국토교통부장관이 결정한 가액으로 한다.
> ㄷ. 공동주택의 시가표준액은 공동주택가격이 공시되지 아니한 경우에는 지역별·단지별·면적별·층별 특성 및 거래가격을 고려하여 행정안전부장관이 정하는 기준에 따라 국토교통부장관이 산정한 가액으로 한다.

① ㄱ
② ㄱ, ㄴ
③ ㄱ, ㄷ
④ ㄴ, ㄷ
⑤ ㄱ, ㄴ, ㄷ

13
지방세법상 재산세의 과세표준과 세율에 관한 설명으로 옳은 것을 모두 고른 것은?(단, 법령에 따른 재산세의 경감은 고려하지 않음) 2020년 제31회, 2010년 제21회

> ㉠ 지방자치단체의 장은 조례로 정하는 바에 따라 표준세율의 100분의 50의 범위에서 가감할 수 있으며, 가감한 세율은 해당 연도부터 3년간 적용한다.
> ㉡ 법령이 정한 고급오락장용 토지의 표준세율은 1천분의 40이다.
> ㉢ 주택(제110조의2에 따라 1세대 1주택으로 인정되는 주택은 아님)의 과세표준은 법령에 따른 시가표준액에 100분의 60의 공정시장가액비율을 곱하여 산정한 가액으로 한다.
> ㉣ 재산세의 과세표준을 시가표준액에 공정시장가액비율을 곱하여 산정할 수 있는 대상은 토지와 주택에 한한다.

① ㉠
② ㉢
③ ㉡, ㉢
④ ㉡, ㉢, ㉣
⑤ ㉠, ㉡, ㉢, ㉣

14 「지방세법」상 재산세의 과세표준과 세율에 관한 설명으로 틀린 것은?

2015년 제26회 수정, 2012년 제23회

① 주택에 대한 과세표준은 주택 시가표준액에 100분의 60의 공정시장가액비율을 곱하여 산정한다.
② 주택이 아닌 건축물에 대한 과세표준은 건축물 시가표준액에 100분의 70의 공정시장가액비율을 곱하여 산정한다.
③ 토지의 재산세 과세표준은 개별공시지가로 한다.
④ 주택을 2명 이상이 공동으로 소유하거나 토지와 건물의 소유자가 다를 경우 해당 주택에 대한 세율을 적용할 때 해당 주택의 토지와 건물의 가액을 합산한 과세표준에 주택의 세율을 적용한다.
⑤ 주택에 대한 재산세는 주택별로 표준세율을 적용한다.

15 지방세법령상 재산세의 표준세율에 관한 설명으로 틀린 것은?(단, 지방세관계법령상 감면 및 특례는 고려하지 않음)

2023년 제34회

① 법령에서 정하는 고급선박 및 고급오락장용 건축물의 경우 고급선박의 표준세율이 고급오락장용 건축물의 표준세율보다 높다.
② 특별시 지역에서 「국토의 계획 및 이용에 관한 법률」과 그 밖의 관계 법령에 따라 지정된 주거지역 및 해당 지방자치단체의 조례로 정하는 지역의 대통령령으로 정하는 공장용 건축물의 표준세율은 과세표준의 1천분의 5이다.
③ 주택(법령으로 정하는 1세대 1주택 아님)의 경우 표준세율은 최저 1천분의 1에서 최고 1천분의 4까지 4단계 초과누진세율로 적용한다.
④ 항공기의 표준세율은 1천분의 3으로 법령에서 정하는 고급선박을 제외한 그 밖의 선박의 표준세율과 동일하다.
⑤ 지방자치단체의 장은 특별한 재정수요나 재해 등의 발생으로 재산세의 세율 조정이 불가피하다고 인정되는 경우 조례로 정하는 바에 따라 표준세율의 100분의 50의 범위에서 가감할 수 있다. 다만, 가감한 세율은 해당 연도를 포함하여 3년간 적용한다.

16 「지방세법」상 재산세 과세대상에 대한 표준세율 적용에 관한 설명으로 틀린 것은?

2016년 제27회

① 납세의무자가 해당 지방자치단체 관할구역에 소유하고 있는 종합합산과세대상 토지의 가액을 모두 합한 금액을 과세표준으로 하여 종합합산과세대상의 세율을 적용한다.
② 납세의무자가 해당 지방자치단체 관할구역에 소유하고 있는 별도합산과세대상 토지의 가액을 모두 합한 금액을 과세표준으로 하여 별도합산과세대상의 세율을 적용한다.
③ 분리과세대상이 되는 해당 토지의 가액을 과세표준으로 하여 분리과세대상의 세율을 적용한다.
④ 납세의무자가 해당 지방자치단체 관할구역에 2개 이상의 주택을 소유하고 있는 경우 그 주택의 가액을 모두 합한 금액을 과세표준으로 하여 주택의 세율을 적용한다.
⑤ 주택에 대한 토지와 건물의 소유자가 다른 경우 해당 주택의 토지와 건물의 가액을 합산한 과세표준에 주택의 세율을 적용한다.

17 「지방세법」상 재산세의 납세의무자, 비과세, 세율 적용에 관한 설명으로 옳은 것을 모두 고른 것은?
2011년 제22회 수정

> ㉠ 지방세법 또는 관계 법령에 따라 재산세를 경감할 때에는 과세표준에서 경감대상 토지의 과세표준액에 경감비율(비과세 또는 면제의 경우에는 이를 100분의 100으로 봄)을 곱한 금액을 공제하여 세율을 적용한다.
> ㉡ 국가가 선수금을 받아 조성하는 매매용 토지로서 사실상 조성이 완료된 토지의 사용권을 무상으로 받은 자는 재산세를 납부할 의무가 있다.
> ㉢ 임시로 사용하기 위하여 건축된 건축물로서 재산세 과세기준일 현재 1년 미만의 법령에 따른 고급오락장용 건축물은 재산세를 부과하지 아니한다.

① ㉠ ② ㉠, ㉡ ③ ㉠, ㉢ ④ ㉡, ㉢ ⑤ ㉠, ㉡, ㉢

18 「지방세법」상 재산세 표준세율이 초과누진세율로 되어있는 재산세 과세대상을 모두 고른 것은?
2019년 제30회

> ㉠ 별도합산과세대상 토지
> ㉡ 분리과세대상 토지
> ㉢ 광역시(군 지역은 제외) 지역에서 「국토의 계획 및 이용에 관한 법률」과 그 밖의 관계 법령에 따라 지정된 주거지역의 대통령령으로 정하는 공장용 건축물
> ㉣ 주택

① ㉠, ㉡ ② ㉠, ㉢ ③ ㉠, ㉣ ④ ㉡, ㉢ ⑤ ㉢, ㉣

19 「지방세법」상 재산세 과세대상 토지(비과세 또는 면제대상이 아님) 중 과세표준이 증가함에 따라 재산세 부담이 누진적으로 증가할 수 있는 것은?
2007년 제18회

① 과세기준일 현재 군지역에서 실제 영농에 사용되고 있는 개인이 소유하는 과수원
② 「건축법」 등 관계법령의 규정에 따라 허가를 받아야 할 건축물로서 허가를 받지 아니한 건축물의 부속토지
③ 1990년 5월 31일 이전부터 종중이 소유하고 있는 임야
④ 회원제 골프장용 토지로서 「체육시설의 설치·이용에 관한 법률」에 따른 등록대상이 되는 토지
⑤ 고급오락장으로 사용되는 건축물의 부속토지

20 지방세법상 다음에 적용되는 재산세의 표준세율이 가장 높은 것은?(단, 재산세 도시지역분은 제외하고, 지방세관계법에 의한 특례는 고려하지 않음)
2021년 제32회 수정

① 과세표준이 5천만원인 종합합산과세대상 토지
② 과세표준이 2억원인 별도합산과세대상 토지
③ 과세표준이 1억원인 광역시의 군지역에서 「농지법」에 따른 농업법인이 소유하는 농지로서 과세기준일 현재 실제 영농에 사용되고 있는 농지
④ 과세표준이 5억원인 「수도권정비계획법」에 따른 과밀억제권역 외의 읍·면 지역의 공장용 건축물
⑤ 과세표준이 6천만원인 주택(1세대 1주택에 해당되지 않음)

21 「지방세법」상 분리과세대상 토지 중 재산세 표준세율이 다른 하나는?   2009년 제20회

① 과세기준일 현재 특별시지역의 도시지역 안의 녹지지역에서 실제 영농에 사용되고 있는 개인이 소유하는 전(田)
② 1990년 5월 31일 이전부터 사회복지사업자가 복지시설이 소비목적으로 사용할 수 있도록 하기 위하여 소유하는 농지
③ 산림의 보호육성을 위하여 필요한 임야로서「자연공원법」에 따라 지정된 공원자연환경지구의 임야
④ 1990년 5월 31일 이전부터 종중이 소유하고 있는 임야
⑤ 과세기준일 현재 계속 염전으로 실제 사용하고 있는 토지

22 지방세법상 재산세에 관한 설명으로 틀린 것은?(단, 주어진 조건 외에는 고려하지 않음)   2022년 제33회

① 재산세 과세기준일 현재 공부상에 개인 등의 명의로 등재되어 있는 사실상의 종중재산으로서 종중소유임을 신고하지 아니하였을 때에는 공부상 소유자는 재산세를 납부할 의무가 있다.
② 지방자치단체가 1년 이상 공용으로 사용하는 재산에 대하여는 소유권의 유상이전을 약정한 경우로서 그 재산을 취득하기 전에 미리 사용하는 경우 재산세를 부과하지 아니한다.
③ 재산세 과세기준일 현재 소유권의 귀속이 분명하지 아니하여 사실상의 소유자를 확인할 수 없는 경우에는 그 사용자가 재산세를 납부할 의무가 있다.
④ 재산세의 납기는 토지의 경우 매년 9월 16일부터 9월 30일까지이며, 건축물의 경우 매년 7월 16일부터 7월 31일까지이다.
⑤ 재산세의 납기에도 불구하고 지방자치단체의 장은 과세대상 누락, 위법 또는 착오 등으로 인하여 이미 부과한 세액을 변경하거나 수시부과하여야 할 사유가 발생하면 수시로 부과·징수할 수 있다.

23 지방세법령상 재산세의 부과·징수에 관한 설명으로 틀린 것은?   2023년 제34회

① 주택에 대한 재산세의 경우 해당 연도에 부과·징수할 세액의 2분의 1은 매년 7월 16일부터 7월 31일까지, 나머지 2분의 1은 9월 16일부터 9월 30일까지를 납기로 한다. 다만, 해당 연도에 부과할 세액이 20만원 이하인 경우에는 조례로 정하는 바에 따라 납기를 9월 16일부터 9월 30일까지로 하여 한꺼번에 부과·징수할 수 있다.
② 재산세는 관할 지방자치단체의 장이 세액을 산정하여 보통징수의 방법으로 부과·징수한다.
③ 재산세를 징수하려면 토지, 건축물, 주택, 선박 및 항공기로 구분한 납세고지서에 과세표준과 세액을 적어 늦어도 납기개시 5일 전까지 발급하여야 한다.
④ 재산세의 과세기준일은 매년 6월 1일로 한다.
⑤ 고지서 1장당 재산세로 징수할 세액이 2천원 미만인 경우에는 해당 재산세를 징수하지 아니한다.

24 개인인 甲은 개별공시지가가 6억원인 종합합산과세대상 토지를 소유하고 있다. 동 토지에 2023년 재산세 상당액이 500,000원이고 2024년 재산세의 산출세액이 1,240,000원이라고 가정한다. 이 경우 甲이 2024년도에 납부하여야 할 재산세는?   2006년 제17회 수정

① 525,000원   ② 550,000원   ③ 650,000원
④ 750,000원   ⑤ 1,240,000원

25 지방세법상 재산세에 관한 설명으로 틀린 것은?(단, 주어진 조건 외에는 고려하지 않음)

2021년 제32회 수정

① 토지에 대한 재산세의 과세표준은 시가표준액에 공정시장가액비율(100분의 70)을 곱하여 산정한 가액으로 한다.
② 지방자치단체가 1년 이상 공용으로 사용하는 재산으로서 유료로 사용하는 경우에는 재산세를 부과한다.
③ 재산세 물납신청을 받은 시장·군수·구청장이 물납을 허가하는 경우 물납을 허가하는 부동산의 가액은 물납 허가일 현재의 시가로 한다.
④ 주택의 토지와 건물 소유자가 다를 경우 해당 주택에 대한 세율을 적용할 때 해당 주택의 토지와 건물의 가액을 합산한 과세표준에 주택의 세율을 적용한다.
⑤ 주택의 과세표준이 과세표준상한액보다 큰 경우 해당 주택의 과세표준은 과세표준상한액으로 한다.

26 거주자 甲은 2024년 2월 20일 거주자 乙로부터 국내소재 상업용 건축물(오피스텔 아님)을 취득하고, 2024년 10월 현재 소유하고 있다. 이 경우 2024년도분 甲의 재산세에 관한 설명으로 틀린 것은?(단, 사기나 그 밖의 부정한 행위 및 수시부과사유는 없음)

2012년 제23회

① 甲의 재산세 납세의무는 2024년 6월 1일에 성립한다.
② 甲의 재산세 납세의무는 과세표준과 세액을 지방자치단체에 신고하여 확정된다.
③ 甲의 건축물분에 대한 재산세 납기는 2024년 7월16일부터 7월 31일까지이다.
④ 甲의 재산세 납세의무는 2029년 5월 31일까지 지방자치단체가 부과하지 아니하면 소멸한다.
⑤ 甲의 재산세 납부세액이 1천만원을 초과하는 경우에는 물납신청이 가능하다.

27 「지방세법」상 재산세에 관한 설명으로 옳은 것은?

2019년 제30회 수정

① 건축물에 대한 재산세의 납기는 매년 9월 16일에서 9월 30일이다.
② 재산세의 과세대상 물건이 토지대장, 건축물대장 등 공부상 등재되지 아니하였거나 공부상 등재현황과 사실상의 현황이 다른 경우에는 사실상의 현황에 따라 재산세를 부과한다. 다만, 재산세의 과세대상 물건을 공부상 등재현황과 달리 이용함으로써 재산세 부담이 낮아지는 경우 등 대통령령으로 정하는 경우에는 공부상 등재현황에 따라 재산세를 부과한다.
③ 주택에 대한 재산세는 납세의무자별로 해당 지방자치단체의 관할구역에 있는 주택의 과세표준을 합산하여 주택의 세율을 적용한다.
④ 지방자치단체의 장은 재산세의 납부세액(재산세 도시지역분 제외)이 1천만원을 초과하는 경우에는 납세의무자의 신청을 받아 해당 지방자치단체의 관할구역에 있는 부동산에 대하여만 대통령령으로 정하는 바에 따라 물납을 허가할 수 있다.
⑤ 주택에 대한 재산세의 과세표준은 시가표준액의 100분의 70으로 한다.

28 「지방세법」상 재산세에 관한 설명으로 옳은 것은? 2016년 제27회

① 과세기준일은 매년 7월 1일이다.
② 주택의 정기분 납부세액이 50만원인 경우 세액의 2분의 1은 7월 16일부터 7월 31일까지, 나머지 2분의 1은 10월 16일부터 10월 31일까지를 납기로 한다.
③ 토지의 정기분 납부세액이 9만원인 경우 조례에 따라 납기를 7월 16일부터 7월 31일까지로 하여 한꺼번에 부과·징수할 수 있다.
④ 과세기준일 현재 공부상의 소유자가 매매로 소유권이 변동되었는데도 신고하지 아니하여 사실상의 소유자를 알 수 없는 경우 그 공부상의 소유자가 아닌 사용자에게 재산세 납부의무가 있다.
⑤ 지방자치단체의 장은 재산세의 납부세액이 250만원을 초과하는 경우 법령에 따라 납부할 세액의 일부를 납부기한이 지난 날부터 3개월 이내에 분할납부하게 할 수 있다.

29 「지방세법」상 재산세 부과·징수에 관한 설명으로 틀린 것은? 2015년 제26회

① 해당 연도에 주택에 부과할 세액이 100만원인 경우 납기를 7월 16일부터 7월 31일까지로 하여 한꺼번에 부과·징수한다.
② 재산세를 징수하려면 토지, 건축물, 주택, 선박 및 항공기로 각각 구분된 납세고지서에 과세표준과 세액을 적어 늦어도 납기개시 5일 전까지 발급하여야 한다.
③ 토지에 대한 재산세는 납세의무자별로 한 장의 납세고지서로 발급하여야 한다.
④ 재산세는 관할 지방자치단체의 장이 세액을 산정하여 보통징수의 방법으로 부과·징수한다.
⑤ 고지서 1장당 징수할 세액이 2천원 미만인 경우에는 해당 재산세를 징수하지 아니한다.

30 「지방세법」상 2024년도 귀속 재산의 부과·징수에 관한 설명으로 틀린 것은?(단, 세액변경이나 수시부과사유는 없음) 2018년 제29회

① 토지분 재산세 납기는 매년 9월 16일부터 9월 30일까지이다.
② 선박분 재산세 납기는 매년 7월 16일부터 7월 31일까지이다.
③ 재산세를 징수하려면 재산세 납세고지서를 납기개시 5일 전까지 발급하여야 한다.
④ 주택분 재산세로서 해당 연도에 부과할 세액이 20만원 이하인 경우 9월 30일 납기로 한꺼번에 부과·징수한다.
⑤ 재산세를 물납하려는 자는 납부기한 10일 전까지 납세지를 관할하는 시장·군수·구청장에게 물납을 신청하여야 한다.

31 「지방세법」상 재산세의 부과·징수에 관한 설명을 틀린 것을 모두 고른 것은? 2011년 제22회

㉠ 해당 연도에 부과할 토지분 재산세액이 20만원 이하인 경우, 조례로 정하는 바에 따라 납기를 7월 16일부터 7월 31일까지로 하여 한꺼번에 부과·징수할 수 있다.
㉡ 지방자치단체의 장은 과세대상의 누락 등으로 이미 부과한 재산세액을 변경하여야 할 사유가 발생하더라도 수시로 부과·징수할 수 없다.
㉢ 재산세 물납을 허가하는 부동산의 가액은 매년 12월 31일 현재의 시가로 평가한다.

① ㉠ ② ㉡ ③ ㉠, ㉢ ④ ㉡, ㉢ ⑤ ㉠, ㉡, ㉢

32 「지방세법」상 재산세의 물납에 관한 설명으로 틀린 것은?   2017년 제28회

① 「지방세법」상 물납의 신청 및 허가 요건을 충족하고 재산세(재산세 도시지역분 포함)의 납부세액이 1천만원을 초과하는 경우 물납이 가능하다.
② 서울특별시 강남구와 경기도 성남시에 부동산을 소유하고 있는 자의 성남시 소재 부동산에 대하여 부과된 재산세의 물납은 성남시 내에 소재하는 부동산만 가능하다.
③ 물납허가를 받는 부동산을 행정안전부령으로 정하는 바에 따라 물납하였을 때에는 납부기한 내에 납부한 것으로 본다.
④ 물납하려는 자는 행정안전부령으로 정하는 서류를 갖추어 그 납부기한 10일 전까지 납세지를 관할하는 시장·군수·구청장에게 신청하여야 한다.
⑤ 물납 신청 후 불허가 통지를 받은 경우에 해당 시·군·구의 다른 부동산으로의 변경신청은 허용되지 않으며 금전으로만 납부하여야 한다.

33 「지방세법」상 재산세의 납부에 관한 설명으로 틀린 것은?   2013년 제24회

① 건축물에 대한 재산세 납기는 매년 7월 16일부터 7월 31일까지이다.
② 주택에 대한 재산세(해당 연도에 부과할 세액이 20만원을 초과함)의 납기는 해당 연도에 부과·징수할 세액의 2분의 1은 9월 16일부터 9월 30일까지이다.
③ 지방자치단체의 장은 재산세 납부세액이 1천만원을 초과하는 경우 납세의무자의 신청을 받아 관할구역에 관계없이 해당 납세의무자의 부동산에 대하여 법령으로 정하는 바에 따라 물납을 허가할 수 있다.
④ 재산세 납부세액이 1천만원을 초과하여 재산세를 물납하려는 자는 법령으로 정하는 서류를 갖추어 그 납부기한 10일 전까지 납세지를 관할하는 시장·군수·구청장에게 신청하여야 한다.
⑤ 재산세 납부세액이 250만원을 초과하여 재산세를 분할납부하려는 자는 재산세 납부기한까지 법령으로 정하는 신청서를 시장·군수·구청장에게 제출하여야 한다.

34 「지방세법」상 재산세의 부과·징수에 관한 설명으로 옳은 것은 모두 몇 개인가?(단, 비과세는 고려하지 않음)   2020년 제31회

㉠ 재산세의 과세기준일은 매년 6월 1일로 한다.
㉡ 토지의 재산세 납기는 매년 7월 16일부터 7월 31일까지이다.
㉢ 지방자치단체의 장은 재산세의 납부할 세액이 500만원 이하인 경우 250만원을 초과하는 금액은 납부기한이 지난 날부터 3개월 이내 분할납부하게 할 수 있다.
㉣ 재산세는 관할지방자치단체의 장이 세액을 산정하여 특별징수의 방법으로 부과·징수한다.

① 0개   ② 1개   ③ 2개   ④ 3개   ⑤ 4개

05 | 종합부동산세

01 종합부동산세의 과세기준일 현재 과세대상자산이 아닌 것을 모두 고른 것은?(단, 주어진 조건 외에는 고려하지 않음)

2015년 제26회

> ㄱ. 여객자동차운송사업 면허를 받은 자가 그 면허에 따라 사용하는 차고용 토지 (자동차운송사업의 최저보유차고면적기준의 1.5배에 해당하는 면적 이내의 토지)의 공시가격이 100억원인 경우
> ㄴ. 국내에 있는 부부공동명의 (지분비율이 동일함)로 된 1세대 1주택의 공시가격이 10억원인 경우
> ㄷ. 공장용 건축물
> ㄹ. 회원제 골프장용 토지(회원제 골프장업의 등록시 구분등록의 대상이 되는 토지)의 공시가격이 100억원인 경우

① ㄱ, ㄴ ② ㄷ, ㄹ ③ ㄱ, ㄴ, ㄷ
④ ㄱ, ㄷ, ㄹ ⑤ ㄴ, ㄷ, ㄹ

02 「종합부동산세법」상 종합부동산세의 과세대상인 것은?

2012년 제23회 수정

① 고급오락장용 건축물의 토지
② 관계법령에 따른 사회복지사업자가 복지시설이 소비목적으로 사용할 수 있도록 하기 위하여 1990년 5월 1일부터 소유하는 농지
③ 상업용 건축물(오피스텔 제외)
④ 공장용 건축물
⑤ 「건축법」 등 관계법령에 따라 허가 등을 받아야 할 건축물로서 허가 등을 받지 아니한 건축물의 부속토지

03 「종합부동산세법」상 종합부동산세의 과세대상이 아닌 것을 모두 고른 것은?(단, 재산세의 감면규정 또는 분리과세규정에 따라 종합부동산세를 경감하는 것이 종합부동산세를 부과하는 취지에 비추어 적합한 것으로 가정함)

2013년 제24회

> ㄱ. 종중이 1990년 1월부터 소유하는 농지
> ㄴ. 1990년 1월부터 소유하는 「수도법」에 따른 상수원보호구역의 임야
> ㄷ. 「지방세특례제한법」에 따라 재산세가 비과세되는 토지
> ㄹ. 취득세 중과대상인 고급오락장용 건축물

① ㄱ, ㄴ ② ㄴ, ㄷ ③ ㄷ, ㄹ
④ ㄱ, ㄴ, ㄹ ⑤ ㄱ, ㄴ, ㄷ, ㄹ

04 거주자인 개인 甲은 국내에 주택 2채(다가구주택 아님) 및 상가건물 1채를 각각 보유하고 있다. 甲의 2024년 귀속 재산세 및 종합부동산세에 관한 설명으로 틀린 것은?(단, 甲의 주택은 종합부동산세법상 합산배제주택에 해당하지 아니하며, 지방세관계법상 재산세 특례 및 감면은 없음) 2021년 제32회

① 甲의 주택에 대한 재산세는 주택별로 표준세율을 적용한다.
② 甲의 상가건물에 대한 재산세는 시가표준액에 법령이 정하는 공정시장가액비율을 곱하여 산정한 가액을 과세표준으로 하여 비례세율로 과세한다.
③ 甲의 주택분 종합부동산세액의 결정세액은 주택분 종합부동산세액에서 '(주택의 공시가격 합산액 − 9억원) × 종합부동산세 공정시장가액비율 × 재산세 표준세율'의 산식에 따라 산정한 재산세액을 공제하여 계산한다.
④ 甲의 상가건물에 대해서는 종합부동산세를 과세하지 아니한다.
⑤ 甲의 주택에 대한 종합부동산세는 甲이 보유한 주택의 공시가격을 합산한 금액에서 9억원을 공제한 금액에 공정시장가액비율(100분의 60)을 곱한 금액(영보다 작은 경우는 영)을 과세표준으로 하여 누진세율로 과세한다.

05 종합부동산세법상 1세대 1주택자에 관한 설명으로 옳은 것은? 2021년 제32회

① 과세기준일 현재 세대원 중 1인과 그 배우자만이 공동으로 1주택을 소유하고 해당 세대원 및 다른 세대원이 다른 주택을 소유하지 아니한 경우 신청하지 않더라도 공동명의 1주택자를 해당 1주택에 대한 납세의무자로 한다.
② 합산배제 신고한 「문화재보호법」에 따른 등록문화재에 해당하는 주택은 1세대가 소유한 주택 수에서 제외한다.
③ 1세대가 일반 주택과 합산배제 신고한 임대주택을 각각 1채씩 소유한 경우 해당 일반주택에 그 주택소유자가 실제 거주하지 않더라도 1세대 1주택자에 해당한다.
④ 1세대 1주택자는 주택의 공시가격을 합산한 금액에서 9억원을 공제한 금액에 공정시장가액비율을 곱한 금액을 과세표준으로 한다.
⑤ 1세대 1주택자에 대하여는 주택분 종합부동산세 산출세액에서 소유자의 연령과 주택 보유기간에 따른 공제액을 공제율 합계 100분의 70의 범위에서 중복하여 공제한다.

06 「종합부동산세법」상 종합부동산세에 관한 설명으로 틀린 것은? 2017년 제28회

① 종합부동산세는 부과·징수가 원칙이며 납세의무자의 선택에 의하여 신고납부도 가능하다.
② 관할세무서장이 종합부동산세를 징수하고자 하는 때에는 납세고지서에 주택 및 토지로 구분한 과세표준과 세액을 기재하여 납부기간 개시 5일 전까지 발부하여야 한다.
③ 주택에 대한 세부담 상한의 기준이 되는 직전 연도에 해당 주택에 부과된 주택에 대한 총세액상당액은 납세의무자가 해당 연도의 과세표준합산주택을 직전 연도 과세기준일에 실제로 소유하였는지의 여부를 불문하고 직전 연도 과세기준일 현재 소유한 것으로 보아 계산한다.
④ 주택분 종합부동산세액에서 공제되는 재산세액은 재산세 표준세율의 100분의 50의 범위에서 가감된 세율이 적용된 경우에는 그 세율이 적용되기 전의 세액으로 하고, 재산세 세부담 상한을 적용받은 경우에는 그 상한을 적용받기 전의 세액으로 한다.
⑤ 과세기준일 현재 토지분 재산세의 납세의무자로서 국내에 소재하는 별도합산과세대상 토지의 공시가격을 합한 금액이 80억원을 초과하는 자는 토지에 대한 종합부동산세의 납세의무자이다.

07 종합부동산세법령상 주택의 과세표준 계산과 관련한 내용으로 틀린 것은?(단, 2024년 납세의무 성립분임)
2023년 제34회

① 대통령령으로 정하는 1세대 1주택자(공동명의 1주택자 제외)의 경우 주택에 대한 종합부동산세의 과세표준은 납세의무자별로 주택의 공시가격을 합산한 금액에서 12억원을 공제한 금액에 100분의 60을 곱한 금액으로 한다. 다만, 그 금액이 영보다 작은 경우에는 영으로 본다.

② 대통령령으로 정하는 다가구 임대주택으로서 임대기간, 주택의 수, 가격, 규모 등을 고려하여 대통령령으로 정하는 주택은 과세표준 합산의 대상이 되는 주택의 범위에 포함되지 아니하는 것으로 본다.

③ 1주택(주택의 부속토지만을 소유한 경우는 제외)과 다른 주택의 부속토지(주택의 건물과 부속토지의 소유자가 다른 경우의 그 부속토지)를 함께 소유하고 있는 경우는 1세대 1주택자로 본다.

④ 혼인으로 인한 1세대 2주택의 경우 납세의무자가 해당 연도 9월 16일부터 9월 30일까지 관할세무서장에게 합산배제를 신청하면 1세대 1주택자로 본다.

⑤ 2주택을 소유하여 1천분의 27의 세율이 적용되는 법인의 경우 주택에 대한 종합부동산세의 과세표준은 납세의무자별로 주택의 공시가격을 합산한 금액에서 0원을 공제한 금액에 100분의 60을 곱한 금액으로 한다. 다만, 그 금액이 영보다 작은 경우에는 영으로 본다.

08 2024년도 3주택 이상을 소유한 거주자인 납세의무자에 대한 주택(합산배제대상 주택 제외)분 종합부동산세 세액계산 흐름도를 나타낸 것이다. A~E에 들어갈 내용으로 옳게 묶인 것은?
2008년 제19회 수정

구 분	내 용
과세표준	[주택의 공시가격의 합(合) − 공제액(A)] × 공정시장가액비율(B)
종합부동산세액	과세표준 × 7단계 초과누진세율(최고 C)
산출세액	종합부동산세 − 공제할 (D)액 − 세부담상한 초과세액(해당 연도 총세액상당액 − 전년도 총세액 상당액 × E) (단, 세부담상한 초과세액 > 0)

	A	B	C	D	E
①	9억원	100분의 100	1천분의 50	재산세	150%
②	6억원	100분의 60	1천분의 27	재산세	300%
③	6억원	100분의 80	1천분의 27	재산세	300%
④	9억원	100분의 60	1천분의 50	재산세	150%
⑤	9억원	100분의 80	1천분의 50	재산세	150%

09 개인인 거주자 甲은 A주택을 3년간 소유하며 직접 거주하고 있다. 甲이 A주택에 대하여 납부하게 되는 2024년 귀속 재산세와 종합부동산세에 관한 설명으로 틀린 것은?(단, 甲은 종합부동산세법상 납세의무자로서 만 61세이며 1세대 1주택자라 가정함)
2018년 제29회 수정

① 재산세 및 종합부동산세의 과세기준일은 매년 6월 1일이다.

② 甲의 고령자 세액공제액은 종합부동산세법에 따라 산출된 세액에 100분의 20을 곱한 금액으로 한다.

③ 재산세 납부세액이 600만원인 경우, 300만원은 납부기한이 지난 날부터 3개월 이내에 분납할 수 있다.

④ 지방자치단체의 장은 법정 요건을 모두 충족하는 납세의무자가 1세대 1주택(시가표준액이 9억원을 초과하는 주택은 제외)의 재산세액의 납부유예를 그 납부기한 만료 3일 전까지 신청하는 경우 이를 허가할 수 있다.

⑤ 만약, 「신탁법」 제2조에 따른 수탁자의 명의로 등기 또는 등록된 신탁주택의 경우에는 위탁자가 종합부동산세를 납부할 의무가 있다. 이 경우 위탁자가 신탁주택을 소유한 것으로 본다.

10 종합부동산세법령상 종합부동산세의 부과·징수에 관한 내용으로 틀린 것은? 2023년 제34회

① 관할세무서장은 납부하여야 할 종합부동산세의 세액을 결정하여 해당 연도 12월 1일부터 12월 15일까지 부과·징수한다.
② 종합부동산세를 신고납부방식으로 납부하고자 하는 납세의무자는 종합부동산세의 과세표준과 세액을 관할세무서장이 결정하기 전인 해당 연도 11월 16일부터 11월 30일까지 관할세무서장에게 신고하여야 한다.
③ 관할세무서장은 종합부동산세로 납부하여야 할 세액에 250만원을 초과하는 경우에는 대통령령으로 정하는 바에 따라 그 세액의 일부를 납부기한이 지난 날부터 6개월 이내에 분납하게 할 수 있다.
④ 관할세무서장은 납세의무자가 과세기준일 현재 1세대 1주택자가 아닌 경우 주택분 종합부동산세액의 납부유예를 허가할 수 없다.
⑤ 관할세무서장은 주택분 종합부동산세액의 납부가 유예된 납세의무자가 해당 주택을 타인에게 양도하거나 증여하는 경우에는 그 납부유예 허가를 취소하여야 한다.

11 종합부동산세법상 주택에 대한 과세 및 납세지에 관한 설명으로 옳은 것은? 2022년 제33회

① 납세의무자가 법인이며 3주택 이상을 소유한 경우 소유한 주택 수에 따라 과세표준에 1.2%~6%의 세율을 적용하여 계산한 금액을 주택분 종합부동산세액으로 한다.
② 납세의무자가 법인으로 보지 않는 단체인 경우 주택에 대한 종합부동산세 납세지는 해당 주택의 소재지로 한다.
③ 과세표준 합산의 대상에 포함되지 않는 주택을 보유한 납세의무자는 해당 연도 10월 16일부터 10월 31일까지 관할 세무서장에게 해당 주택의 보유현황을 신고하여야 한다.
④ 종합부동산세 과세대상 1세대 1주택자로서 과세기준일 현재 해당 주택을 12년 보유한 자의 보유기간별 세액공제에 적용되는 공제율은 100분의 50이다.
⑤ 과세기준일 현재 주택분 재산세의 납세의무자는 종합부동산세를 납부할 의무가 있다.

12 종합부동산세법상 토지 및 주택에 대한 과세와 부과·징수에 관한 설명으로 옳은 것은?
2022년 제33회

① 종합합산과세대상인 토지에 대한 종합부동산세의 세액은 과세표준에 1%~5%의 세율을 적용하여 계산한 금액으로 한다.
② 종합부동산세로 납부해야 할 세액이 200만원인 경우 관할세무서장은 그 세액의 일부를 납부기한이 지난 날부터 6개월 이내에 분납하게 할 수 있다.
③ 관할세무서장이 종합부동산세를 징수하려면 납부기간 개시 5일 전까지 주택분과 토지분을 합산한 과세표준과세액을 납부고지서에 기재하여 발급하여야 한다.
④ 종합부동산세를 신고납부방식으로 납부하고자 하는 납세의무자는 종합부동산세의 과세표준과 세액을 해당 연도 12월 1일부터 12월 15일까지 관할세무서장에게 신고하여야 한다.
⑤ 별도합산과세대상인 토지에 대한 종합부동산세의 세액은 과세표준에 0.5%~0.8%의 세율을 적용하여 계산한 금액으로 한다.

13 2024년 귀속 토지분 종합부동산세에 관한 설명으로 옳은 것은?(단, 감면과 비과세와 지방세특례제한법 또는 조세특례제한법은 고려하지 않음) 　　　　　　2021년 제32회

① 재산세 과세대상 중 분리과세대상 토지는 종합부동산세 과세대상이다.
② 종합부동산세의 분납은 허용되지 않는다.
③ 종합부동산세의 물납은 허용되지 않는다.
④ 납세자에게 부정행위가 없으며 특례제척기간에 해당하지 않는 경우 원칙적으로 납세의무 성립일부터 3년이 지나면 종합부동산세를 부과할 수 없다.
⑤ 별도합산과세대상인 토지의 재산세로 부과된 세액이 세부담 상한을 적용받는 경우 그 상한을 적용받기 전의 세액을 별도합산과세대상 토지분 종합부동산세액에서 공제한다.

14 2024년 귀속 종합부동산세에 관한 설명으로 틀린 것은? 　　　　　　2018년 제29회

① 과세대상 토지가 매매로 유상이전 되는 경우로서 매매계약서 작성일이 2024년 6월 1일이고, 잔금지급 및 소유권이전등기일이 2024년 6월 29일인 경우, 종합부동산세의 납세의무자는 매도인이다.
② 납세의무자가 국내에 주소를 두고 있는 개인의 경우 납세지는 주소지이다.
③ 납세자에게 부정행위가 없으며 특례제척기간에 해당하지 않는 경우, 원칙적으로 납세의무 성립일부터 5년이 지나면 종합부동산세를 부과할 수 없다.
④ 납세의무자는 선택에 따라 신고·납부할 수 있으나, 신고를 함에 있어 납부세액을 과소하게 신고한 경우라도 과소신고가산세가 적용되지 않는다.
⑤ 종합부동산세는 물납이 허용되지 않는다.

15 2024년 귀속 종합부동산세에 관한 설명으로 틀린 것은? 　　　　　　2019년 제30회

① 과세기준일 현재 토지분 재산세 납세의무자로서 「자연공원법」에 따라 지정된 공원자연환경지구의 임야를 소유하는 자는 토지에 대한 종합부동산세를 납부할 의무가 있다.
② 주택분 종합부동산세 납세의무자가 1세대 1주택자에 해당하는 경우의 주택분 종합부동산세액 계산시 연령에 따른 세액공제와 보유기간에 따른 세액공제는 공제율 합계 100분의 80의 범위에서 중복하여 적용할 수 있다.
③ 「문화재보호법」에 따른 등록문화재에 해당하는 주택은 과세표준 합산의 대상이 되는 주택의 범위에 포함되지 않는 것으로 본다.
④ 관할세무서장은 종합부동산세로 납부하여야 할 세액이 400만원인 경우 최대 150만원의 세액을 납부기한이 경과한 날부터 6개월 이내에 분납하게 할 수 있다.
⑤ 주택분 종합부동산세액을 계산할 때 1주택을 여러 사람이 공동으로 매수하여 소유한 경우 공동 소유자 각자가 그 주택을 소유한 것으로 본다.

06 | 소득세

01 「소득세법」상 양도소득세의 납세의무에 관한 설명으로 틀린 것은? 　　2009년 제20회

① 거주자는 국내에 있는 토지의 양도로 발생하는 소득에 대하여 양도소득세 납세의무가 있다.
② 거주자가 양도일까지 계속하여 국내에 5년 이상 주소 또는 거소를 둔 경우 국외에 있는 토지의 양도로 인하여 발생하는 소득에 대하여 양도소득세 납세의무가 있다.
③ 비거주자는 국내에 있는 토지의 양도로 인하여 발생하는 소득에 대하여 양도소득세 납세의무가 있다.
④ 비거주자는 국외에 있는 건물의 양도로 인하여 발생하는 소득에 대하여 양도소득세 납세의무가 있다.
⑤ 출국일 현재 국내에 1주택을 보유한 1세대가 「해외이주법」에 따른 해외이주로 세대전원이 출국한 경우 출국일로부터 2년 이내에 동 주택의 양도로 인하여 발생하는 소득에 대하여는 양도소득세가 비과세된다.

02 소득세법령상 거주자의 양도소득세 과세대상은 모두 몇 개인가?(단, 국내소재 자산을 양도한 경우임)　　2023년 제34회

- 전세권
- 등기되지 않은 부동산임차권
- 사업에 사용하는 토지 및 건물과 함께 양도하는 영업권
- 토지 및 건물과 함께 양도하는 「개발제한구역의 지정 및 관리에 관한 특별조치법」에 따른 이축권(해당 이축권의 가액을 대통령령으로 정하는 방법에 따라 별도로 평가하여 신고함)

① 0개　　② 1개　　③ 2개
④ 3개　　⑤ 4개

03 「소득세법」상 양도소득의 과세대상자산을 모두 고른 것은?(단, 거주자가 국내 자산을 양도한 것으로 한정함)　　2014년 제25회

㉠ 지역권
㉡ 등기된 부동산임차권
㉢ 건물이 완성되는 때에 그 건물과 이에 딸린 토지를 취득할 수 있는 권리
㉣ 영업권(사업에 사용하는 건물과 분리되어 양도되는 것)
㉤ 전세권

① ㉠, ㉡, ㉣　　② ㉡, ㉢, ㉤　　③ ㉢, ㉣, ㉤
④ ㉠, ㉡, ㉢, ㉣　　⑤ ㉠, ㉡, ㉢, ㉤

04 「소득세법」상 거주자의 양도소득세 과세대상이 아닌 것은?(단, 국내 자산으로 가정함)
2015년 제26회

① 지상권의 양도
② 전세권의 양도
③ 골프회원권의 양도
④ 등기되지 않은 부동산임차권의 양도
⑤ 사업에 사용하는 건물과 함께 양도하는 영업권

05 「소득세법」상 거주자의 양도소득세 과세대상에 관한 설명으로 틀린 것은?(단, 양도자산은 국내자산임)
2017년 제28회

① 무상이전에 따라 자산의 소유권이 변경된 경우에는 과세대상이 되지 아니한다.
② 부동산에 관한 권리 중 지상권의 양도는 과세대상이다.
③ 사업에 사용하는 건물과 함께 양도하는 영업권은 과세대상이다.
④ 법인의 주식을 소유하는 것만으로 시설물을 배타적으로 이용하게 되는 경우 그 주식의 양도는 과세대상이다.
⑤ 등기되지 않은 부동산임차권의 양도는 과세대상이다.

06 「소득세법」상 양도에 해당하는 것으로 옳은 것은?
2015년 제26회 수정

① 법원의 확정판결에 의하여 신탁해지를 원인으로 소유권 이전등기를 하는 경우
② 법원의 확정판결에 의한 이혼위자료로 배우자에게 토지의 소유권을 이전하는 경우
③ 공동소유의 토지를 공유자지분 변경없이 2개 이상의 공유토지로 분할하였다가 공동지분의 변경없이 그 공유토지를 소유지분별로 단순히 재분할 하는 경우
④ 위탁자와 수탁자 간 신임관계에 기하여 위탁자의 자산에 신탁이 설정되고 그 신탁재산의 소유권이 수탁자에게 이전된 경우로서 위탁자가 신탁 설정을 해지하거나 신탁의 수익자를 변경할 수 있는 등 신탁재산을 실질적으로 지배하고 소유하는 것으로 볼 수 있는 경우
⑤ 토지의 경계를 변경하기 위하여 「공간정보의 구축 및 관리 등에 관한 법률」 제79조에 따른 토지의 분할 등 대통령령으로 정하는 방법과 절차로 하는 토지 교환의 경우

07 「소득세법」상 양도에 해당하는 것은?(단, 거주자의 국내자산으로 가정함)
2017년 제28회

① 「도시개발법」이나 그 밖의 법률에 따른 환지처분으로 지목이 변경되는 경우
② 부담부증여시 그 증여가액 중 채무액에 해당하는 부분을 제외한 부분
③ 「소득세법 시행령」 제151조 제1항에 따른 양도담보계약을 체결한 후 채무불이행으로 인하여 당해 자산을 변제에 충당한 때
④ 매매원인 무효의 소에 의하여 그 매매사실이 원인무효로 판시되어 소유권이 환원되는 경우
⑤ 본인 소유 자산을 경매로 인하여 본인이 재취득한 경우

08 「소득세법」상 거주자의 양도소득세 과세대상이 아닌 것은? 2013년 제24회 수정

① 해당 이축권의 가액을 대통령령으로 정하는 방법에 따라 별도로 평가하여 신고하는 경우
② 손해배상에 있어서 당사자간의 합의에 의하거나 법원의 확정판결에 의하여 일정액의 위자료를 지급하기로 하고, 동 위자료 지급에 갈음하여 당사자 일방이 소유하고 있던 부동산으로 대물변제한 경우
③ 등기된 부동산임차권의 양도
④ 지상권의 양도
⑤ 개인의 토지를 법인에 현물출자

09 「소득세법」상 양도소득세 과세대상이 아닌 것은? 2012년 제23회

㉠ 「도시개발법」에 따라 토지의 일부가 보류지로 충당되는 경우
㉡ 지방자치단체가 발행하는 토지상환채권을 양도하는 경우
㉢ 이혼으로 인하여 혼인 중에 형성된 부부공동재산을 「민법」 제839조의 2에 따라 재산분할 하는 경우
㉣ 개인이 토지를 법인에 현물출자하는 경우
㉤ 주거용 건물건설업자가 당초부터 판매할 목적으로 신축한 다가구주택을 양도하는 경우

① ㉠, ㉡, ㉢
② ㉠, ㉢, ㉤
③ ㉡, ㉢, ㉣
④ ㉡, ㉣, ㉤
⑤ ㉢, ㉣, ㉤

10 소득세법 시행령 제155조 '1세대 1주택의 특례'에 관한 조문의 내용이다. ( )에 들어갈 숫자로 옳은 것은? 2022년 제33회

• 영농의 목적으로 취득한 귀농주택으로서 수도권 밖의 지역 중 면지역에 소재하는 주택과 일반주택을 국내에 각각 1개씩 소유하고 있는 1세대가 귀농주택을 취득한 날부터 (㉠)년 이내에 일반주택을 양도하는 경우에는 국내에 1개의 주택을 소유하고 있는 것으로 보아 제154조 제1항을 적용한다.
• 취학 등 부득이한 사유로 취득한 수도권 밖에 소재하는 주택과 일반주택을 국내에 각각 1개씩 소유하고 있는 1세대가 부득이한 사유가 해소된 날부터 (㉡)년 이내에 일반주택을 양도하는 경우에는 국내에 1개의 주택을 소유하고 있는 것으로 보아 제154조 제1항을 적용한다.
• 1주택을 보유하는 자가 1주택을 보유하는 자와 혼인함으로써 1세대가 2주택을 보유하게 되는 경우 혼인한 날부터 (㉢)년 이내에 먼저 양도하는 주택은 이를 1세대 1주택으로 보아 제154조 제1항을 적용한다.

① ㉠: 2, ㉡: 2, ㉢: 5
② ㉠: 2, ㉡: 3, ㉢: 10
③ ㉠: 3, ㉡: 2, ㉢: 5
④ ㉠: 5, ㉡: 3, ㉢: 5
⑤ ㉠: 5, ㉡: 3, ㉢: 10

11 다음은 「소득세법」 시행령 제155조 '1세대 1주택의 특례'에 관한 조문의 내용이다. 괄호 안에 들어갈 법령상의 숫자를 순서대로 옳게 나열한 것은?   2018년 제29회

> - 1주택을 보유하는 자가 1주택을 보유하는 자와 혼인함으로써 1세대가 2주택을 보유하게 되는 경우 혼인한 날부터 ( )년 이내에 먼저 양도하는 주택은 이를 1세대 1주택으로 보아 제154조 제1항을 적용한다.
> - 1주택을 보유하고 1세대를 구성하는 자가 1주택을 보유하고 있는 ( )세 이상의 직계존속[배우자의 직계존속을 포함하며, 직계존속 중 어느 한 사람이 ( )세 미만인 경우를 포함] 또는 「국민건강보험법 시행령」에 따른 요양급여를 받는 60세 미만의 직계존속(배우자의 직계존속을 포함)으로서 기획재정부령으로 정하는 사람을 동거봉양하기 위하여 세대를 합침으로써 1세대가 2주택을 보유하게 되는 경우 합친 날부터 ( )년 이내에 먼저 양도하는 주택은 이를 1세대 1주택으로 보아 제154조 제1항을 적용한다.

① 3, 55, 55, 5   ② 3, 60, 60, 5   ③ 3, 60, 55, 10
④ 5, 55, 55, 10   ⑤ 5, 60, 60, 10

12 1세대 1주택 요건을 충족하는 거주자 甲이 다음과 같은 단층 겸용주택(주택은 국내 상시주거용이며, 도시지역 내의 수도권 밖에 존재)을 7억원에 양도하였을 경우 양도소득세가 과세되는 건물면적과 토지면적으로 옳은 것은?(단, 주어진 조건 외에는 고려하지 않음)   2015년 제26회

> - 건물: 주택 80m², 상가 120m²
> - 토지: 건물 부수토지 800m²

① 건물 120m², 토지 320m²   ② 건물 120m², 토지 400m²
③ 건물 120m², 토지 480m²   ④ 건물 200m², 토지 400m²
⑤ 건물 200m², 토지 480m²

13 「소득세법」상 1세대 1주택(고가주택 제외) 비과세규정에 관한 설명으로 틀린 것은?(단, 거주자의 국내 주택이며, 취득당시 조정대상지역은 아니라고 가정함)   2013년 제24회

① 1세대 1주택 비과세규정을 적용하는 경우 부부가 각각 세대를 달리 구성하는 경우에도 동일한 세대로 본다.
② 「해외이주법」에 따른 해외이주로 세대전원이 출국하는 경우 출국일 현재 1주택을 보유하고 있고 출국일로부터 2년 이내에 당해 주택을 양도하는 경우 보유기간 요건을 충족하지 않더라도 비과세한다.
③ 1주택을 보유하는 자가 1주택을 보유하는 자와 혼인함으로써 1세대가 2주택을 보유하게 되는 경우 혼인한 날부터 5년 이내에 먼저 양도하는 주택(보유기간 4년)은 비과세한다.
④ 「건축법 시행령」 별표 1 제1호 다목에 해당하는 다가구주택은 해당 다가구주택을 구획된 부분별로 분양하지 아니하고 하나의 매매단위로 하여 양도하는 경우 그 구획된 부분을 각각 하나의 주택으로 본다.
⑤ 양도일 현재 「민간임대주택에 관한 특별법」에 따른 민간건설임대주택 1주택만을 보유하는 1세대는 해당 건설임대주택의 임차일부터 해당 주택의 양도일까지의 기간 중 세대전원이 거주한 기간이 5년 이상인 경우 보유기간 요건을 충족하지 않더라도 비과세한다.

14 「소득세법」상 비과세 양도소득에 관한 설명으로 틀린 것은? 2008년 제19회, 2004년 제15회 수정

① 파산선고에 의한 처분으로 발생하는 소득에 대해서는 양도소득세를 과세하지 아니한다.
② 비거주자에 대하여는 주거생활 안정 목적에서 운영되는 1세대 1주택의 비과세규정은 적용되지 아니한다.
③ 「민간임대주택에 관한 특별법」에 따른 민간건설임대주택을 취득하여 양도하는 1세대 1주택의 경우로서 해당 건설임대주택의 임차일부터 해당 주택의 양도일까지의 기간 중 세대전원이 거주한 기간이 3년 이상인 경우에는 그 보유기간 및 거주기간의 제한을 받지 아니한다.
④ 「지적재조사에 관한 특별법」 제18조에 따른 경계의 확정으로 지적공부상의 면적이 감소되어 같은 법 제20조에 따라 지급받는 조정금에 대해서는 양도소득세를 과세하지 아니한다.
⑤ 사업인정 고시일 전에 취득한 1세대가 보유한 1주택의 전부 또는 일부가 관련 법률에 의하여 수용되는 경우에는 그 보유기간 및 거주기간의 제한을 받지 아니한다.

15 「소득세법」상 1세대 1주택(고가주택에 해당하지 않고 등기된 주택임)을 양도한 경우로서 양도소득세 비과세 대상이 아닌 것은?(단, 취득 당시에 조정대상지역은 아닌 것으로 가정함)
2007년 제18회

① 서울특별시에 소재하는 주택을 2년 동안 보유하고, 보유기간 중 1년 동안 거주한 후 양도한 경우
② 부산광역시에 소재하는 주택을 1년 6개월 동안 보유하고 양도한 경우로서, 양도일부터 6개월 전에 세대전원이 「해외이주법」에 따른 해외이주로 출국한 경우
③ 대전광역시에 소재하는 주택을 1년 6개월 동안 보유하고 6개월 동안 거주하던 중 양도한 경우로서, 기획재정부령이 정하는 근무상의 형편으로 다른 시로 이사한 경우
④ 광주광역시에 소재하는 주택을 1년 동안 보유하고 양도한 경우로서, 양도일부터 6개월 전에 2년 동안 해외거주를 필요로 하는 근무상의 형편으로 세대전원이 출국한 경우
⑤ 민간건설임대주택 또는 공공건설임대주택을 취득하여 양도하는 경우로서 해당 건설임대주택을 1년 전에 취득하여 양도한 경우로서, 해당 건설임대주택의 임차일부터 해당 주택의 양도일까지의 기간 중 세대전원이 거주한 기간이 7년인 경우

16 소득세법령상 거주자의 양도소득세 비과세에 관한 설명으로 틀린 것은?(단, 국내소재 자산을 양도한 경우임)
2023년 제34회

① 파산선고에 의한 처분으로 발생하는 소득은 비과세된다.
② 「지적재조사에 관한 특별법」에 따른 경계의 확정으로 지적공부상의 면적이 감소되어 같은 법에 따라 지급받는 조정금은 비과세된다.
③ 건설사업자가 「도시개발법」에 따라 공사용역 대가로 취득한 체비지를 토지구획환지처분공고 전에 양도하는 토지는 양도소득세 비과세가 배제되는 미등기양도자산에 해당하지 않는다.
④ 「도시개발법」에 따른 도시개발사업이 종료되지 아니하여 토지 취득등기를 하지 아니하고 양도하는 토지는 양도소득세 비과세가 배제되는 미등기양도자산에 해당하지 않는다.
⑤ 국가가 소유하는 토지와 분합하는 농지로서 분합하는 쌍방 토지가액의 차액이 가액이 큰 편의 4분의 1을 초과하는 경우 분합으로 발생하는 소득은 비과세된다.

17 「소득세법」상 거주자의 양도소득세 비과세에 관한 설명으로 옳은 것은? 2016년 제27회

① 국내에 1주택만을 보유하고 있는 1세대가 해외이주로 세대전원이 출국하는 경우 출국일부터 3년이 되는 날 해당 주택을 양도하면 비과세된다.
② 법원의 결정에 의하여 양도 당시 취득에 관한 등기가 불가능한 미등기주택은 양도소득세 비과세가 배제되는 미등기양도자산에 해당하지 않는다.
③ 직장의 변경으로 세대전원이 다른 시로 주거를 이전하는 경우 6개월간 거주한 1주택을 양도하면 비과세 된다.
④ 양도 당시 실지거래가액이 15억원인 1세대 1주택의 양도로 발생하는 양도차익 전부가 비과세된다.
⑤ 농지를 교환할 때 쌍방 토지가액의 차액이 가액이 큰 편의 3분의 1인 경우 발생하는 소득은 비과세 된다.

18 법령의 규정에 따라 경작상 필요에 의해 甲 소유의 A농지(가액 10억원)를 乙 소유의 B농지(가액 Y원)와 교환하는 경우 양도소득세가 비과세되는 것은?(단, A농지가액은 B농지가액보다 크며, 교환에 의하여 새로이 취득하는 B농지를 3년 이상 농지소재지에서 거주하면서 경작한다고 가정한다) 2008년 제19회

① 2억원 < (10억원 − Y원) ≦ 2억 5천만원
② 2억 5천만원 < (10억원 − Y원) ≦ 3억
③ 3억원 < (10억원 − Y원) ≦ 3억 5천만원
④ 3억 5천만원 < (10억원 − Y원) ≦ 4억
⑤ 4억원 < (10억원 − Y원) ≦ 4억 5천만원

19 「소득세법」상 농지에 관한 설명으로 틀린 것은? 2019년 제30회

① 농지란 논밭이나 과수원으로서 지적공부의 지목과 관계없이 실제로 경작에 사용되는 토지를 말하며, 농지의 경영에 직접 필요한 농막, 퇴비사, 양수장, 지소(池沼), 농도(農道) 및 수로(水路) 등에 사용되는 토지를 포함한다.
② 「국토의 계획 및 이용에 관한 법률」에 따른 주거지역·상업지역·공업지역 외에 있는 농지(환지예정지 아님)를 경작상 필요에 의하여 교환함으로써 발생한 소득은 쌍방 토지가액의 차액이 가액이 큰 편의 4분의 1 이하이고 새로이 취득한 농지를 3년 이상 농지소재지에 거주하면서 경작하는 경우 비과세한다.
③ 농지로부터 직선거리 30킬로미터 이내에 있는 지역에 사실상 거주하는 자가 그 소유농지에서 농작업의 2분의 1 이상을 자기의 노동력에 의하여 경작하는 경우 비사업용 토지에서 제외한다(단, 농지는 도시지역 외에 있으며, 소유기간 중 재촌과 자경에 변동이 없고 농업에서 발생한 소득 이외에 다른 소득은 없음).
④ 「국토의 계획 및 이용에 관한 법률」에 따른 개발제한구역에 있는 농지는 비사업용 토지에 해당한다(단, 소유기간 중 개발제한구역 지정·변경은 없음).
⑤ 비사업용 토지에 해당하는지 여부를 판단함에 있어 농지의 판정은 소득세법령상 규정이 있는 경우를 제외하고 사실상의 현황에 의하며 사실상의 현황이 분명하지 아니한 경우에는 공부상의 등재현황에 의한다.

20

소득세법상 미등기양도자산(미등기양도제외자산 아님)인 상가건물의 양도에 관한 내용으로 옳은 것을 모두 고른 것은?   2021년 제32회

> ㄱ. 양도소득세율은 양도소득 과세표준의 100분의 70
> ㄴ. 장기보유특별공제 적용 배제
> ㄷ. 필요경비개산공제 적용 배제
> ㄹ. 양도소득기본공제 적용 배제

① ㄱ, ㄴ, ㄷ   ② ㄱ, ㄴ, ㄹ   ③ ㄱ, ㄷ, ㄹ
④ ㄴ, ㄷ, ㄹ   ⑤ ㄱ, ㄴ, ㄷ, ㄹ

21

소득세법상 미등기양도제외자산을 모두 고른 것은?   2021년 제32회

> ㄱ. 양도소득세 비과세요건을 충족한 1세대 1주택으로서 「건축법」에 따른 건축허가를 받지 아니하여 등기가 불가능한 자산
> ㄴ. 법원의 결정에 의하여 양도 당시 그 자산의 취득에 관한 등기가 불가능한 자산
> ㄷ. 「도시개발법」에 따른 도시개발사업이 종료되지 아니하여 토지 취득등기를 하지 아니하고 양도하는 토지

① ㄱ   ② ㄴ   ③ ㄱ, ㄴ
④ ㄴ, ㄷ   ⑤ ㄱ, ㄴ, ㄷ

22

「소득세법」상 양도소득세 비과세대상인 1세대 1주택을 거주자 甲이 특수관계 없는 乙에게 다음과 같이 양도한 경우, 양도소득세의 비과세에 관한 규정을 적용할 때 비과세 받을 세액에서 뺄 금액은 얼마인가?   2011년 제22회

> ㉠ 매매(양도)계약 체결일 : 2024년 7월 10일
> ㉡ 매매(양도)계약서상의 거래가액 : 3억 5천만원
> ㉢ 양도시 시가 및 실지거래가액 : 3억원
> ㉣ 甲의 주택에 양도소득세 비과세에 관한 규정을 적용하지 않을 경우 양도소득 산출세액 : 3천만원

① 0원   ② 1천만원   ③ 2천만원
④ 3천만원   ⑤ 5천만원

23

소득세법령상 양도소득세의 양도 또는 취득시기에 관한 내용으로 틀린 것은?   2023년 제34회

① 대금을 청산한 날이 분명하지 아니한 경우에는 등기부·등록부 또는 명부 등에 기재된 등기·등록접수일 또는 명의개서일
② 상속에 의하여 취득한 자산에 대하여는 그 상속이 개시된 날
③ 대금을 청산하기 전에 소유권이전등기를 한 경우에는 등기부에 기재된 등기접수일
④ 자기가 건설한 건축물로서 건축허가를 받지 아니하고 건축하는 건축물에 있어서는 그 사실상의 사용일
⑤ 완성되지 아니한 자산을 양도한 경우로서 해당 자산의 대금을 청산한 날까지 그 목적물이 완성되지 아니한 경우에는 해당 자산의 대금을 청산한 날

24 소득세법상 양도소득세 과세대상 자산의 양도 또는 취득의 시기로 틀린 것은? 2021년 제32회

① 「도시개발법」에 따라 교부받은 토지의 면적이 환지처분에 의한 권리면적보다 증가 또는 감소된 경우: 환지처분의 공고가 있은 날
② 기획재정부령이 정하는 장기할부조건의 경우: 소유권이전등기(등록 및 명의개서를 포함) 접수일·인도일 또는 사용수익일 중 빠른 날
③ 건축허가를 받지 않고 자기가 건설한 건축물의 경우: 그 사실상의 사용일
④ 「민법」제245조 제1항의 규정에 의하여 부동산의 소유권을 취득하는 경우: 당해 부동산의 점유를 개시한 날
⑤ 대금을 청산한 날이 분명하지 아니한 경우: 등기부·등록부 또는 명부 등에 기재된 등기·등록접수일 또는 명의개서일

25 「소득세법」 시행령 제162조에서 규정하는 양도 또는 취득의 시기에 관한 내용으로 틀린 것은? 2018년 제29회

① 제1항 제4호: 자기가 건설한 건축물에 있어서 건축허가를 받지 아니하고 건축하는 건축물은 추후 사용승인 또는 임시사용승인을 받는 날
② 제1항 제3호: 기획재정부령이 정하는 장기할부조건의 경우에는 소유권이전등기(등록 및 명의개서를 포함) 접수일·인도일 또는 사용수익일 중 빠른 날
③ 제1항 제2호: 대금을 청산하기 전에 소유권이전등기(등록 및 명의개서를 포함)를 한 경우에는 등기부·등록부 또는 명부 등에 기재된 등기접수일
④ 제1항 제5호: 상속에 의하여 취득한 자산에 대하여는 그 상속이 개시된 날
⑤ 제1항 제9호: 「도시개발법」에 따른 환지처분으로 교부받은 토지의 면적이 환지처분에 의한 권리면적보다 증가한 경우 그 증가된 면적의 토지에 대한 취득시기는 환지처분의 공고가 있은 날의 다음날

26 「소득세법」상 양도차익 계산시 양도 또는 취득의 시기로 틀린 것은? 2014년 제25회, 2004년 제15회

① 부동산의 소유권이 타인에게 이전되었다가 법원의 무효판결에 의하여 해당 자산의 소유권이 환원되는 경우: 해당 자산의 당초 취득일
② 증여에 의하여 취득한 자산: 증여를 받은 날
③ 「공익사업을 위한 토지 등의 취득 및 보상에 관한 법률」에 따라 공익사업을 위하여 수용되는 경우: 사업인정고시일
④ 대금을 청산하기 전에 소유권이전등기(등록 및 명의개서 포함)를 한 경우: 등기부·등록부 또는 명부 등에 기재된 등기접수일
⑤ 상속에 의하여 취득한 자산: 상속이 개시된 날

27 2012년 취득 후 등기한 토지를 2024년 6월 15일에 양도한 경우, 「소득세법」상 토지의 양도차익계산에 관한 설명으로 틀린 것은?(단, 특수관계인과의 거래가 아님) 2015년 제26회

① 취득당시 실지거래가액을 확인할 수 없는 경우에는 매매사례가액, 환산취득가액, 감정가액, 기준시가를 순차로 적용하여 산정한 가액을 취득가액으로 한다.
② 양도와 취득시의 실지거래가액을 확인할 수 있는 경우에는 양도가액과 취득가액을 실지거래가액으로 산정한다.
③ 취득가액을 실지거래가액으로 계산하는 경우 자본적 지출액은 필요경비에 포함된다.
④ 취득가액을 매매사례가액으로 계산하는 경우 취득당시 개별공시지가에 3/100을 곱한 금액이 필요경비에 포함된다.
⑤ 양도가액을 기준시가에 따를 때에는 취득가액도 기준시가에 따른다.

28 「소득세법」상 거주자의 양도소득세가 과세되는 부동산의 양도가액 또는 취득가액을 추계조사하여 양도소득 과세표준 및 세액을 결정 또는 경정하는 경우에 관한 설명으로 틀린 것은?(단, 매매사례가액과 감정가액은 특수관계인과의 거래가액이 아님) 2013년 제24회

① 양도 또는 취득 당시 실지거래가액의 확인을 위하여 필요한 장부·매매계약서·영수증 기타 증빙서류가 없거나 그 중요한 부분이 미비된 경우 추계결정 또는 경정의 사유에 해당한다.
② 매매사례가액, 감정가액, 환산취득가액, 기준시가를 순차로 적용한다.
③ 매매사례가액은 양도일 또는 취득일 전후 각 3개월 이내에 해당 자산과 동일성 또는 유사성이 있는 자산의 매매사례가 있는 경우 그 가액을 말한다.
④ 감정가액은 당해 자산에 대하여 감정평가기준일이 양도일 또는 취득일 전후 각 3월 이내이고 2 이상의 감정평가 법인이 평가한 것으로서 신빙성이 인정되는 경우 그 감정가액의 평균액으로 한다. 다만, 기준시가가 10억원 이하인 자산(주식 등을 제외)의 경우에는 하나의 감정평가업자가 평가한 것으로서 신빙성이 있는 것으로 인정되는 감정가액으로 한다.
⑤ 환산취득가액은 양도가액을 추계할 경우에는 적용되지만 취득가액을 추계할 경우에는 적용되지 않는다.

29 「소득세법」상 국내에 있는 자산의 기준시가 산정에 관한 설명으로 틀린 것은? 2019년 제30회

① 개발사업 등으로 지가가 급등하거나 급등우려가 있는 지역으로서 국세청장이 지정한 지역에 있는 토지의 기준시가는 배율방법에 따라 평가한 가액으로 한다.
② 상업용 건물에 대한 새로운 기준시가가 고시되기 전에 취득 또는 양도하는 경우에는 직전의 기준시가에 의한다.
③ 「민사집행법」에 의한 저당권실행을 위하여 토지가 경매되는 경우의 그 경락가액이 개별공시지가보다 낮은 경우에는 그 차액을 개별공시지가에서 차감하여 양도 당시 기준시가를 계산한다(단, 지가 급등 지역 아님).
④ 부동산을 취득할 수 있는 권리에 대한 기준시가는 양도자산의 종류를 고려하여 취득일 또는 양도일까지 납입한 금액으로 한다.
⑤ 국세청장이 지정하는 지역에 있는 오피스텔의 기준시가는 건물의 종류, 규모, 거래상황, 위치 등을 고려하여 매년 1회 이상 국세청장이 토지와 건물에 대하여 일괄하여 산정·고시하는 가액으로 한다.

30 「소득세법」상 거주자 甲이 2020년 5월 2일 취득하여 2024년 3월 20일 등기한 상태로 양도한 건물에 대한 자료이다. 甲의 양도소득세 부담을 최소화하기 위한 양도차익은?

2014년 제25회

- 취득과 양도당시 실지거래가액은 확인되지 않는다.
- 취득당시 매매사례가액과 감정가액은 없으며, 기준시가는 1억원이다.
- 양도당시 매매사례가액은 3억원이고 감정가액은 없으며, 기준시가는 2억원이다.
- 자본적 지출액(본래의 용도를 변경하기 위한 개조비)은 1억4천만원, 양도비 지출액(공증비용, 인지대, 소개비)은 2천만원이다.

① 1억4천만원 ② 1억4천2백만원 ③ 1억4천3백만원
④ 1억4천7백만원 ⑤ 1억4천9백만원

31 다음은 거주자 甲의 상가건물 양도소득세 관련 자료이다. 이 경우 양도차익은?(단, 양도차익을 최소화하는 방향으로 필요경비를 선택하고, 부가가치세는 고려하지 않음) 2021년 제32회

(1) 취득 및 양도 내역

구 분	실지거래가액	기준시가	거래일자
양도당시	5억원	4억원	2024. 4. 30.
취득당시	확인 불가능	2억원	2023. 3. 17.

(2) 자본적지출액 및 소개비 : 2억 6천만원(세금계산서 수취함)
(3) 주어진 자료 외에는 고려하지 않는다.

① 2억원 ② 2억 4천만원 ③ 2억 4천4백만원
④ 2억 5천만원 ⑤ 2억 6천만원

32 「소득세법」상 거주자가 국내자산을 양도한 경우 양도소득이 필요경비에 관한 설명으로 옳은 것은? 2017년 제28회

① 취득가액을 실지거래가액에 의하는 경우 당초 약정에 의한 지급기일의 지연으로 인하여 추가로 발생하는 이자상당액은 취득원가에 포함하지 아니한다.
② 취득가액을 실지거래가액에 의하는 경우 자본적 지출액도 실지거래가액에 의하므로 「소득세법」 제160조의2 제2항에 따른 증명서류를 수취·보관하지 않은 경우에는 실제 지출사실이 금융거래 증명서류에 의하여 확인되는 경우에도 이를 필요경비로 인정하지 아니한다.
③ 「소득세법」 제97조 제3항에 따른 취득가액을 계산할 때 감가상각비를 공제하는 것은 취득가액을 실지거래가액으로 하는 경우에만 적용하므로 취득가액을 환산취득가액으로 하는 때에는 적용하지 아니한다.
④ 토지를 취득함에 있어서 부수적으로 매입한 채권을 만기 전에 양도함으로써 발생하는 매각차손은 채권의 매매상대방과 관계없이 전액 양도비용으로 인정된다.
⑤ 취득세는 납부영수증이 없으면 필요경비로 인정되지 아니한다.

33 「소득세법」상 사업소득이 있는 거주자가 실지거래가액에 의해 부동산의 양도차익을 계산하는 경우 양도가액에서 공제할 자본적 지출액 또는 양도비에 포함되지 않는 것은?(단, 자본적 지출액과 양도비는 세금계산서 등 증명서류를 수취·보관하거나 실제 지출사실이 금융거래 증명서류에 의하여 확인되는 경우로 가정함) 2016년 제27회

① 자산을 양도하기 위하여 직접 지출한 양도소득세과세표준 신고서 작성비용
② 납부의무자와 양도자가 동일한 경우 「재건축초과이익 환수에 관한 법률」에 따른 재건축부담금
③ 양도자산의 이용편의를 위하여 지출한 비용
④ 양도자산의 취득 후 쟁송이 있는 경우 그 소유권을 확보하기 위하여 직접 소요된 소송비용으로서 그 지출한 연도의 각 사업소득금액 계산시 필요경비에 산입된 금액
⑤ 자산을 양도하기 위하여 직접 지출한 공증비용

34 「소득세법」상 실지거래가액으로 양도소득세의 양도차익을 계산하는 경우 양도가액에서 공제하는 필요경비로 인정되지 않는 것은?(단, 자본적 지출액과 양도비는 세금계산서 등 증명서류를 수취·보관하거나 실제 지출사실이 금융거래 증명서류에 의하여 확인되는 경우로 가정함) 2004년 제15회

① 취득 후 본래의 용도를 유지하기 위해 소요된 수익적 지출액
② 토지를 취득함에 있어서 법령 등의 규정에 따라 매입한 토지개발채권을 만기 전에 은행에 양도함으로써 발생하는 매각차손
③ 양도자산을 취득한 후 쟁송이 있는 경우 그 소유권을 확보하기 위하여 직접 소요된 소송비용·화해비용 등의 금액으로서 그 지출한 연도의 각 소득금액계산에 있어서 필요경비에 산입된 것을 제외한 금액
④ 자산을 양도하기 위하여 직접 지출한 양도소득세과세표준 신고서 작성비용 및 계약서 작성비용, 공증비용, 인지대 및 소개비
⑤ 해당 양도자산의 취득가액과 취득세·등록면허세 등 취득부대비용

35 「소득세법」상 실지거래가액으로 양도소득세의 양도차익의 산정에 있어서 취득가액에 대한 설명 중 틀린 것은? 2004년 제15회

① 취득에 관한 쟁송이 있는 자산에 대하여 그 소유권 확보를 위하여 직접 소요된 소송비용(다만 지출한 연도의 각 소득금액의 계산에 있어서 필요경비에 산입된 것은 제외)도 취득가액에 포함된다.
② 「소득세법」상의 부당행위계산에 의한 시가초과액은 취득가액에 포함되지 않는다.
③ 당사자 약정에 의한 대금지급방법에 따라 취득원가에 이자상당액을 가산하여 거래가액을 확정한 경우에는 해당 이자상당액도 취득원가에 포함된다.
④ 양도자산의 보유기간 중에 그 자산의 감가상각비로서 각 과세기간의 사업소득금액을 계산하는 경우 필요경비에 산입하였거나 산입할 금액은 취득가액에 포함되지 않는다.
⑤ 기업회계기준에 따라 현재가치할인차금을 취득원가에 포함하는 경우에 있어서 양도자산의 보유기간 중에 그 현재가치할인차금의 상각액을 각 연도의 사업소득금액 계산시 필요경비로 산입하였거나 산입할 금액은 취득가액에 포함된다.

36 「소득세법」상 거주자가 국내 소재 주택의 양도가액과 취득가액을 실지거래가액을 기준으로 양도차익을 산정하는 경우, 양도소득의 필요경비에 해당하지 않는 것은?(단, 자본적 지출액과 양도비는 세금계산서 등 증명서류를 수취·보관하거나 실제 지출사실이 금융거래 증명서류에 의하여 확인되는 경우로 가정함) 2011년 제22회

① 주택의 취득대금에 충당하기 위한 대출금의 이자지급액
② 취득시 법령의 규정에 따라 매입한 국민주택채권을 만기 전에 법령이 정하는 금융기관에 양도함으로써 발생하는 매각차손
③ 양도 전 주택의 이용편의를 위한 방 확장 공사비용(이로 인해 주택의 가치가 증가됨)
④ 양도소득세 과세표준 신고서 작성비용
⑤ 공인중개사에게 지출한 중개보수

37 「소득세법」상 국내 소재 건물의 양도에 따른 장기보유특별공제에 관한 설명으로 틀린 것은? 2015년 제26회

① 100분의 70 세율이 적용되는 미등기 건물에 대해서는 장기보유특별공제를 적용하지 아니한다.
② 보유기간이 3년 이상인 등기된 상가건물은 장기보유특별공제가 적용된다.
③ 1세대 1주택 요건을 충족한 고가주택(보유기간 2년 6개월)이 과세되는 경우 장기보유특별공제가 적용된다.
④ 장기보유특별공제액은 건물의 양도차익에 보유기간별 공제율을 곱하여 계산한다.
⑤ 보유기간이 12년인 등기된 상가건물의 보유기간별 공제율은 100분의 24이다.

38 「소득세법」상 거주자의 양도소득세에 관한 설명으로 틀린 것은?(단, 국내소재 부동산의 양도임) 2017년 제28회

① 같은 해에 여러 개의 자산(모두 등기됨)을 양도한 경우 양도소득기본공제는 해당 과세기간에 먼저 양도한 자산의 양도소득금액에서부터 순서대로 공제한다. 단, 감면소득금액은 없다.
② 「소득세법」 제104조 제3항에 따른 미등기양도자산에 대하여는 장기보유특별공제를 적용하지 아니한다.
③ 「소득세법」 제97조의2 제1항에 따라 이월과세를 적용받는 경우 장기보유특별공제의 보유기간은 증여자가 해당 자산을 취득한 날부터 기산한다.
④ A법인과 특수관계에 있는 주주가 시가 3억원(「법인세법」 제52조에 따른 시가임)의 토지를 A법인에게 5억원에 양도한 경우 양도가액은 3억원으로 본다. 단, A법인은 이 거래에 대하여 세법에 따른 처리를 적절하게 하였다.
⑤ 특수관계인 간의 거래가 아닌 경우로서 취득가액인 실지거래가액을 인정 또는 확인할 수 없어 그 가액을 추계결정 또는 경정하는 경우에는 매매사례가액, 감정가액, 기준시가의 순서에 따라 적용한 가액에 의한다.

39 「소득세법」상 장기보유특별공제와 양도소득기본공제에 관한 설명으로 틀린 것은?
2013년 제24회

① 보유기간이 3년 이상인 토지 및 건물에 한정하여 장기보유특별공제가 적용된다.
② 1세대 1주택이라도 장기보유특별공제가 적용될 수 있다.
③ 장기보유특별공제액은 해당 자산의 양도차익에 보유기간별 공제율을 곱하여 계산한다.
④ 등기된 비사업용 토지를 양도한 경우 양도소득기본공제 대상이 된다.
⑤ 장기보유특별공제 계산시 해당 자산의 보유기간은 그 자산의 취득일로부터 양도일까지로 하지만 「소득세법」 제97조의2 제1항에 따라 이월과세가 적용받은 경우에는 증여한 배우자 또는 직계존비속이 해당 자산을 취득한 날부터 기산한다.

40 「소득세법」상 거주자의 양도소득세에 관한 설명으로 틀린 것은?
2010년 제21회 수정

① 법령으로 정하는 근무상 형편으로 취득한 수도권 밖에 소재하는 등기된 주택과 그 밖의 등기된 일반주택을 국내에 각각 1개씩 소유하는 1세대가 일반주택을 양도하는 경우, 법정요건을 충족하면 비과세된다.
② 「지적재조사에 관한 특별법」 제18조에 따른 경계의 확정으로 지적공부상의 면적이 증가되어 같은 법 제20조에 따라 징수한 조정금은 취득가액에서 제외한다.
③ 부동산의 양도에 대한 양도소득세를 양수자가 부담하기로 약정한 경우, 양도시기인 대금청산일 판단시 그 대금에는 양도소득세를 제외한다.
④ 국내 소재 부동산에 대한 양도소득세는 양도인 소유의 다른 부동산으로 물납할 수 있다.
⑤ 양도소득세 과세대상인 국내 소재의 등기된 토지와 건물을 같은 연도 중에 양도시기를 달리하여 양도한 경우에도 양도소득기본공제는 연 250만원을 공제한다.

41 「소득세법」상 미등기양도자산에 관한 설명으로 옳은 것은?
2018년 제29회

① 미등기양도자산도 양도소득에 대한 소득세의 비과세에 관한 규정을 적용할 수 있다.
② 건설업자가 「도시개발법」에 따라 공사용역 대가로 취득한 체비지를 토지구획환지처분 공고 전에 양도하는 토지는 미등기양도자산에 해당하지 않는다.
③ 미등기양도자산의 양도소득금액 계산시 양도소득기본공제를 적용할 수 있다.
④ 미등기양도자산은 양도소득세 산출세액에 100분의 70을 곱한 금액을 양도소득 결정세액에 더한다.
⑤ 미등기양도자산의 양도소득금액 계산시 장기보유특별공제를 적용할 수 있다.

42 거주자 甲의 매매(양도일: 2024. 5. 1.)에 의한 등기된 토지 취득 및 양도에 관한 다음의 자료를 이용하여 양도소득세 과세표준을 계산하면?(단, 법령에 따른 적격증명서류를 수취·보관하고 있으며, 주어진 조건 이외에는 고려하지 않음)
2022년 제33회

항 목	기준시가	실지거래가액
양도가액	40,000,000원	67,000,000원
취득가액	35,000,000원	42,000,000원
추가사항	• 양도비용: 4,000,000원 • 보유기간: 2년	

① 18,500,000원 ② 19,320,000원 ③ 19,740,000원
④ 21,000,000원 ⑤ 22,500,000원

43 2024년 6월에 양도한 거주자의 국내 소재 등기된 토지(보유기간 1년 6개월)의 자료이다. 양도소득 과세표준은 얼마인가?(단, 2024년 중 다른 양도거래는 없음) 2013년 제24회

- 취득시 기준시가는 7천만원
- 취득시 실지거래가액은 9천만원
- 양도시 기준시가는 1억원
- 양도시 실지거래가액은 1억 2천 5백만원
- 자본적 지출액 및 양도비 지출액은 2백만원

① 2천 7백 5십만원 ② 3천만원 ③ 3천 5십만원
④ 3천 3백만원 ⑤ 3천 5백만원

44 소득세법상 거주자의 국내 소재 1세대 1주택인 고가주택과 그 양도소득세에 관한 설명으로 틀린 것은? 2020년 제31회

① 거주자가 2022년 취득 후 계속 거주한 법령에 따른 고가주택을 2024년 5월에 양도하는 경우 장기보유특별공제의 대상이 되지 않는다.
② "고가주택"이란 기준시가 12억원을 초과하는 주택을 말한다.
③ 법령에 따른 고가주택에 해당하는 자산의 장기보유특별공제액은 소득세법 제95조 제2항에 따른 장기보유특별공제액에 "양도가액에서 12억원을 차감한 금액이 양도가액에서 차지하는 비율"을 곱하여 산출한다.
④ 법령에 따른 고가주택에 해당하는 자산의 양도차익은 소득세법 제95조 제1항에 따른 양도차익에 "양도가액에서 12억원을 차감한 금액이 양도가액에서 차지하는 비율"을 곱하여 산출한다.
⑤ 건축법 시행령 [별표1]에 의한 다가구주택을 구획된 부분별로 양도하지 아니하고 하나의 매매단위로 양도하여 단독주택으로 보는 다가구주택의 경우에는 그 전체를 하나의 주택으로 보아 법령에 따른 고가주택 여부를 판단한다.

45 다음은 거주자가 국내소재 1세대 1주택을 양도한 내용이다. 양도차익은 얼마인가? 2017년 제28회

1. 취득 및 양도 내역(등기됨)

구 분	가 액		거래일자
	실지거래가액	기준시가	
양 도	15억원	5억원	2024. 3. 2.
취 득	확인 불가능	3억 5천만원	2020. 2. 4.

2. 자본적 지출 및 양도비용은 1천 7백만원이다.
3. 주어진 자료 외는 고려하지 않는다.

① 87,900,000원 ② 276,900,000원 ③ 296,600,000원
④ 439,500,000원 ⑤ 1,483,000,000원

46 소득세법령상 1세대 1주택자인 거주자 甲이 2024년 양도한 국내소재 A주택(조정대상지역이 아니며 등기됨)에 대한 양도소득과세표준은?(단, 2024년에 A주택 외 양도한 자산은 없으며, 법령에 따른 적격증명서류를 수취·보관하고 있고 주어진 조건 이외에는 고려하지 않음)

2023년 제34회

구 분	기준시가	실지거래가액
양도시	18억원	25억원
취득시	13억5천만원	19억5천만원
추가사항	• 양도비 및 자본적지출액: 5천만원 • 보유기간 및 거주기간: 각각 5년 • 장기보유특별공제율: 보유기간별 공제율과 거주기간별 공제율은 각각 20%	

① 153,500,000원 ② 156,000,000원 ③ 195,500,000원
④ 260,000,000원 ⑤ 500,000,000원

47 거주자 甲이 2024년 중 아래의 국내 소재 상업용 건물을 특수관계인이 아닌 거주자 乙에게 부담부증여하고 乙이 甲의 해당 피담보채무를 인수한 경우, 양도차익 계산시 상업용 건물의 취득가액은 얼마인가?

2012년 제23회

- 취득당시 실지거래가액: 8천만원
- 취득당시 기준시가: 5천만원
- 증여일 현재 「상속세 및 증여세법」에 따른 평가액(감정가액): 5억원
- 상업용 건물에는 금융회사로부터의 차입금 1억원(채권최고액: 1억 2천만원)에 대한 근저당권이 설정되어 있음
- 양도가액은 양도당시 「상속세 및 증여세법」에 따른 평가액(감정가액)을 기준으로 계산함

① 1천만원 ② 1천2백만원 ③ 1천6백만원
④ 1천9백2십만원 ⑤ 8천만원

48 거주자 甲은 국내에 있는 양도소득세 과세대상 X토지를 2015년 시가 1억원에 매수하여 2024년 배우자 乙에게 증여하였다. X토지에는 甲의 금융기관 차입금 5천만원에 대한 저당권이 설정되어 있었으며 乙이 이를 인수한 사실은 채무부담계약서에 의하여 확인되었다. X토지의 증여가액과 증여시 「상속세 및 증여세법」에 따라 평가한 가액(시가)은 각각 2억원이었다. 다음 중 틀린 것은?

2019년 제30회

① 배우자간 부담부증여로서 수증자에게 인수되지 아니한 것으로 추정되는 채무액은 부담부증여의 채무액에 해당하는 부분에서 제외한다.
② 乙이 인수한 채무 5천만원에 해당하는 부분은 양도로 본다.
③ 양도로 보는 부분의 취득가액은 2천5백만원이다.
④ 양도로 보는 부분의 양도가액은 5천만원이다.
⑤ 甲이 X토지와 증여가액(시가) 2억원인 양도소득세 과세대상에 해당하지 않는 Y자산을 함께 乙에게 부담부증여하였다면 乙이 인수한 채무 5천만원에 해당하는 부분은 모두 X토지에 대한 양도로 본다.

49 甲이 2021년 3월 5일 특수관계인 乙로부터 토지를 3억 1천만원(시가 3억원)에 취득하여 2024년 10월 5일 甲의 특수관계인 丙에게 그 토지를 5억원(시가 5억 6천만원)에 양도한 경우 甲의 양도소득금액은 얼마인가?(단, 토지는 등기된 국내 소재의 「소득세법」상 비사업용 토지이고, 취득가액 외의 필요경비는 없으며, 甲·乙·丙은 거주자이고, 배우자 및 직계존비속 관계가 없음)   2000년 제21회

① 1억 7천 1백만원 ② 2억 2천 5백만원
③ 2억 3천 5백만원 ④ 2억 5천만원
⑤ 2억 6천만원

50 「소득세법」상 거주자 甲이 2018년 1월 20일에 취득한 건물(취득가액 3억원)을 甲의 배우자 乙에게 2022년 3월 5일자로 증여(해당 건물의 시가 8억원)한 후, 乙이 2024년 5월 20일에 해당 건물을 甲·乙의 특수관계인이 아닌 丙에게 10억원에 매도하였다. 해당 건물의 양도소득세에 관한 설명으로 옳은 것은?(단, 취득·증여·매도의 모든 단계에서 등기를 마쳤으며, 이월과세를 적용하여 계산한 양도소득 결정세액이 이월과세를 적용하지 아니하고 계산한 양도소득 결정세액보다 큰 경우로 가정함)   2014년 제25회

① 양도소득세 납세의무자는 甲이다.
② 양도소득금액 계산시 장기보유특별공제가 적용된다.
③ 양도차익 계산시 양도가액에서 공제할 취득가액은 8억원이다.
④ 乙이 납부한 증여세는 양도소득세 납부세액 계산시 세액공제된다.
⑤ 양도소득세에 대해 甲과 乙이 연대하여 납세의무를 진다.

51 거주자 甲은 2018. 10. 20. 취득한 토지(취득가액 1억원, 등기함)를 동생인 거주자 乙(특수관계인임)에게 2021. 10. 1. 증여(시가 3억원, 등기함)하였다. 乙은 해당 토지를 2024. 6. 30. 특수관계가 없는 丙에게 양도(양도가액 10억원)하였다. 양도소득은 乙에게 실질적으로 귀속되지 아니하고, 乙의 증여세와 양도소득세를 합한 세액이 甲이 직접 양도하는 경우로 보아 계산한 양도소득세보다 적은 경우에 해당한다. 소득세법상 양도소득세 납세의무에 관한 설명으로 틀린 것은?   2022년 제33회

① 乙이 납부한 증여세는 양도차익 계산시 필요경비에 산입한다.
② 양도차익 계산시 취득가액은 甲의 취득 당시를 기준으로 한다.
③ 양도소득세에 대해서는 甲과 乙이 연대하여 납세의무를 진다.
④ 甲은 양도소득세 납세의무자이다.
⑤ 양도소득세 계산시 보유기간은 甲의 취득일부터 乙의 양도일까지의 기간으로 한다.

52 소득세법상 배우자 간 증여재산의 이월과세에 관한 설명으로 옳은 것은?(단, 2024년에 증여가 있는 것으로 가정함)   2021년 제32회

① 이월과세를 적용하는 경우 거주자가 배우자로부터 증여받은 자산에 대하여 납부한 증여세를 필요경비에 산입하지 아니한다.
② 이월과세를 적용받은 자산의 보유기간은 증여한 배우자가 그 자산을 증여한 날을 취득일로 본다.
③ 거주자가 양도일부터 소급하여 10년 이내에 그 배우자(양도 당시 사망으로 혼인관계가 소멸된 경우 포함)로부터 증여받은 토지를 양도할 경우에 이월과세를 적용한다.
④ 거주자가 사업인정고시일부터 소급하여 2년 이전에 배우자로부터 증여받은 경우로서 「공익사업을 위한 토지 등의 취득 및 보상에 관한 법률」에 따라 수용된 경우에는 이월과세를 적용하지 아니한다.
⑤ 이월과세를 적용하여 계산한 양도소득결정세액이 이월과세를 적용하지 않고 계산한 양도소득결정세액보다 적은 경우에 이월과세를 적용한다.

53 「소득세법」상 거주자 甲이 특수관계자인 거주자 乙에게 등기된 국내 소재의 건물(주택 아님)을 증여하고 乙이 그로부터 4년 후 그 건물을 甲·乙과 특수관계 없는 거주자 丙에게 양도한 경우에 관한 설명으로 틀린 것은?(단, 乙이 甲의 배우자인 경우 이월과세를 적용하여 계산한 양도소득 결정세액이 이월과세를 적용하지 아니하고 계산한 양도소득 결정세액보다 큰 경우로 가정함)   2000년 제21회

① 乙이 甲의 배우자인 경우 乙의 양도차익 계산시 취득가액은 甲이 건물을 취득한 당시의 취득가액으로 한다.
② 乙이 甲과 증여 당시에는 혼인관계에 있었으나 양도 당시에는 이혼으로 혼인관계가 소멸한 경우 乙의 양도차익 계산시 취득가액은 甲이 건물을 취득한 당시의 취득가액으로 한다.
③ 乙이 甲의 배우자인 경우 건물에 대한 장기보유특별공제액은 건물의 양도차익에 甲이 건물을 취득한 날부터 기산한 보유기간별 공제율을 곱하여 계산한다.
④ 乙이 甲의 배우자 및 직계존비속 외의 자인 경우, 乙의 증여세와 양도소득세를 합한 세액이 甲이 직접 丙에게 건물을 양도한 것으로 보아 계산한 양도소득세보다 큰 때에는 甲이 丙에게 직접 양도한 것으로 보지 아니한다.
⑤ 乙이 甲의 배우자인 경우 건물의 양도소득에 대하여 甲과 乙이 연대납세의무를 진다.

54 「소득세법」상 거주자인 甲이 국내 소재 토지를 甲의 사촌 형인 거주자 乙에게 양도한다고 가정하는 경우, 이에 관한 설명으로 틀린 것은?   2012년 제23회

① 만일 甲이 乙에게 2024년에 토지를 증여한 후, 乙이 이를 그 증여일로부터 12년이 지나 다시 타인에게 양도한 경우에는 甲이 그 토지를 직접 타인에게 양도한 것으로 보아 양도소득세가 과세된다.
② 甲이 양도한 토지가 법령이 정한 비사업용토지에 해당하는 경우 장기보유특별공제를 적용받을 수 있다.
③ 甲과 乙은 「소득세법」상 특수관계인에 해당한다.
④ 甲이 「상속세 및 증여세법」에 따라 시가 8억원으로 평가된 토지를 乙에게 7억 5천만원에 양도한 경우, 양도차익 계산시 양도가액은 8억원으로 계산한다.
⑤ 해당 토지가 미등기된 것으로서 법령이 정하는 미등기 양도제외자산이 아니라면 70%의 세율이 적용된다.

55 소득세법상 거주자의 국내자산 양도소득세 계산에 관한 설명으로 옳은 것은? 2020년 제31회

① 부동산에 관한 권리의 양도로 발생한 양도차손은 토지의 양도에서 발생한 양도소득금액에서 공제할 수 없다.
② 양도일부터 소급하여 10년 이내에 그 배우자로부터 증여받은 토지의 양도차익을 계산할 때 그 증여받은 토지에 대하여 납부한 증여세는 양도가액에서 공제할 필요경비에 산입하지 아니한다.
③ 취득원가에 현재가치할인차금이 포함된 양도자산의 보유기간 중 사업소득금액 계산시 필요경비로 산입한 현재가치할인차금상각액은 양도차익을 계산할 때 양도가액에서 공제할 필요경비로 본다.
④ 특수관계인에게 증여한 자산에 대해 증여자인 거주자에게 양도소득세가 과세되는 경우 수증자가 부담한 증여세 상당액은 양도가액에서 공제할 필요경비에 산입한다.
⑤ 거주자가 특수관계인과의 거래(시가와 거래가액의 차액이 5억원임)에 있어서 토지를 시가에 미달하게 양도함으로써 조세의 부담을 부당히 감소시킨 것으로 인정되는 때에는 그 양도가액을 시가에 의하여 계산한다.

56 「소득세법」상 거주자의 양도소득과세표준 계산에 관한 설명으로 옳은 것은? 2018년 제29회

① 양도소득금액을 계산할 때 부동산을 취득할 수 있는 권리에서 발생한 양도차손은 토지에서 발생한 양도소득금액에서 공제할 수 없다.
② 양도차익을 실지거래가액에 의하는 경우 양도가액에서 공제할 취득가액은 그 자산에 대한 감가상각비로서 각 과세기간의 사업소득금액을 계산하는 경우 필요경비에 산입한 금액이 있을 때에는 이를 공제하지 않은 금액으로 한다.
③ 양도소득에 대한 과세표준은 종합소득 및 퇴직소득에 대한 과세표준과 구분하여 계산한다.
④ 1세대 1주택 비과세 요건을 충족하는 고가주택의 양도가액이 20억원이고 양도차익이 4억원인 경우 양도소득세가 과세되는 양도차익은 2억 4천만원이다.
⑤ 2018년 4월 1일 이후 지출한 자본적지출액은 그 지출에 관한 증명서류를 수취·보관하지 않고 실제 지출사실이 금융거래 증명서류에 의하여 확인되지 않는 경우에도 양도차익 계산시 양도가액에서 공제할 수 있다.

57 「소득세법」상 양도소득세에 관한 설명으로 틀린 것은? 2008년 제19회

① 「도시개발법」의 규정에 따라 환지처분으로 지목이 변경되는 경우는 양도소득세 과세대상이 아니다.
② 채무자가 채무의 변제를 담보하기 위하여 자산을 양도하는 계약을 체결한 후 채무불이행으로 인하여 당해 자산을 변제에 충당한 경우는 양도소득세 과세대상이다.
③ 지상권의 양도는 양도소득세 과세대상이다.
④ 국내 거주자의 양도소득세 과세표준은 종합소득 및 퇴직소득의 과세표준과 구분하여 계산한다.
⑤ 국내 거주자가 토지와 주식을 양도하는 경우 각각 발생한 결손금은 양도소득금액 계산시 이를 통산한다.

58 「소득세법」상 거주자가 2024년에 국내 소재 부동산을 양도한 경우, 양도소득세에 관한 설명으로 틀린 것은? 　　　　　　　　　　　　　　　　　　　　　　　2012년 제23회

① 조정대상지역에 있는 등기된 1세대 2주택을 3년 이상 보유한 자가 주택을 양도한 경우 장기보유특별공제를 적용받을 수 있다.
② 1세대 1주택(고가주택은 아님)에 대한 비과세 규정을 적용함에 있어 하나의 건물이 주택과 주택 외의 부분으로 복합되어 있는 경우 주택의 연면적이 주택 외의 연면적보다 클 때에는 그 전부를 주택으로 본다.
③ 증여자인 매형의 채무를 수증자가 인수하는 부담부증여인 경우에는 증여가액 중 그 채무액에 상당하는 부분은 그 자산이 유상으로 사실상 이전되는 것으로 본다.
④ 2024년에 양도한 토지에서 발생한 양도차손은 5년 이내에 양도하는 토지의 양도소득금액에서 이월하여 공제받을 수 있다.
⑤ 비과세요건을 충족한 1세대 1주택인 고가주택을 양도한 경우, 양도가액 중 12억원을 초과하는 부분의 양도차익에 대해서는 양도소득세가 과세된다.

59 소득세법령상 거주자의 양도소득과세표준에 적용되는 세율에 관한 내용으로 옳은 것은?(단, 국내소재 자산을 2024년에 양도한 경우로서 주어진 자산 외에 다른 자산은 없으며, 비과세와 감면은 고려하지 않음) 　　　　　　　　　　　　　　　　　　2023년 제34회

① 보유기간이 6개월인 등기된 상가건물: 100분의 40
② 보유기간이 10개월인 「소득세법」에 따른 분양권: 100분의 70
③ 보유기간이 1년 6개월인 등기된 상가건물: 100분의 30
④ 보유기간이 1년 10개월인 「소득세법」에 따른 조합원입주권: 100분의 70
⑤ 보유기간이 2년 6개월인 「소득세법」에 따른 분양권: 100분의 50

60 「소득세법」상 등기된 국내 부동산에 대한 양도소득과세표준의 세율에 관한 내용으로 옳은 것은?(단, 조정대상지역은 아니라고 가정함) 　　　　　　　　　　　　2016년 제27회

① 1년 6개월 보유한 1주택: 100분의 40
② 2년 1개월 보유한 상가건물: 100분의 40
③ 10개월 보유한 상가건물: 100분의 50
④ 6개월 보유한 1주택: 100분의 30
⑤ 1년 8개월 보유한 상가건물: 100분의 50

61 「소득세법」상 거주자가 국내에 있는 자산을 양도한 경우 양도소득과세표준에 적용되는 세율로 틀린 것은?(단, 주어진 자산 외에는 고려하지 않음) 　　　　　　2019년 제30회 수정

① 보유기간이 1년 이상 2년 미만인 등기된 상업용 건물: 100분의 40
② 보유기간이 1년 미만인 조합원입주권: 100분의 40
③ 보유기간이 1년 이상 2년 미만인 주택분양권: 100분의 60
④ 양도소득과세표준이 1,400만원 이하이고, 보유기간이 2년 이상인 등기된 비사업용 토지(지정지역에 있지 않음): 100분의 16
⑤ 미등기건물(미등기양도제외 자산 아님): 100분의 70

62 「소득세법」상 거주자의 국내 소재 부동산과 부동산에 관한 권리의 양도에 관한 설명으로 틀린 것은?
                                                                                    2010년 제21회
① 부동산매매계약을 체결한 거주자가 계약금액만 지급한 상태에서 유상으로 양도하는 권리는 양도소득세의 과세대상이다.
② 상속받은 부동산을 양도하는 경우 기납부한 상속세는 양도차익 계산시 이를 필요경비로 공제받을 수 있다.
③ 상속받은 부동산의 취득시기는 상속이 개시된 날로 한다.
④ 상속받은 부동산을 양도하는 경우, 양도소득세 세율을 적용함에 있어서 보유기간은 피상속인이 그 부동산을 취득한 날부터 상속인이 양도한 날까지로 한다.
⑤ 부동산을 취득할 수 있는 권리의 양도시 기준시가는 양도일까지 불입한 금액과 양도일 현재의 프리미엄에 상당하는 금액을 합한 금액으로 한다.

63 거주자인 개인 甲이 乙로부터 부동산을 취득하여 보유하고 있다가 丙에게 양도하였다. 甲의 부동산 관련 조세의 납세의무에 관한 설명으로 틀린 것은?(단, 주어진 조건 외에는 고려하지 않음)
                                                                                    2021년 제32회
① 甲이 乙로부터 증여받은 것이라면 그 계약일에 취득세 납세의무가 성립한다.
② 甲이 乙로부터 부동산을 취득 후 재산세 과세기준일까지 등기하지 않았다면 재산세와 관련하여 乙은 부동산소재지 관할 지방자치단체의 장에게 소유권변동사실을 신고할 의무가 있다.
③ 甲이 종합부동산세를 신고납부방식으로 납부하고자 하는 경우 과세표준과 세액을 해당 연도 12월 1일부터 12월 15일까지 관할 세무서장에게 신고하는 때에 종합부동산세 납세의무는 확정된다.
④ 甲이 乙로부터 부동산을 40만원에 취득한 경우 등록면허세 납세의무가 있다.
⑤ 양도소득세의 예정신고만으로 甲의 양도소득세 납세의무가 확정되지 아니한다.

64 「소득세법」상 거주자의 양도소득과세표준의 신고 및 납부에 관한 설명으로 옳은 것은?
                                                                                    2016년 제27회
① 2024년 3월 21일에 주택을 매매로 양도하고 잔금을 청산한 경우 2024년 6월 30일에 예정신고할 수 있다.
② 확정신고납부시 납부할 세액이 1천 6백만원인 경우 6백만원을 분납할 수 있다.
③ 예정신고납부시 납부할 세액이 2천만원인 경우 분납할 수 없다.
④ 양도차손이 발생한 경우 예정신고하지 아니한다.
⑤ 예정신고하지 않은 거주자가 해당 과세기간의 과세표준이 없는 경우 확정신고하지 아니한다.

65 甲은 「부동산 거래신고 등에 관한 법률」의 규정에 의한 거래계약허가구역 안의 토지에 대하여 2024년 2월 21일 乙과 매매계약을 체결하고, 2024년 3월 24일 매매대금을 모두 수령하며 2024년 5월 15일 토지거래계약허가를 받는다고 가정한다. 이 경우 甲의 양도소득세 예정신고 기한으로 옳은 것은?
                                                                                    2006년 제17회
① 2024년 5월 24일   ② 2024년 5월 31일   ③ 2024년 7월 15일
④ 2024년 7월 31일   ⑤ 2025년 5월 31일

66 「소득세법」상 사업자가 아닌 거주자 甲이 2024년 5월 10일에 토지(토지거래계약에 관한 허가구역 외에 존재)를 양도하였고, 납부할 양도소득세액은 1천 5백만원이다. 이 토지의 양도소득세 신고납부에 관한 설명으로 틀린 것은?(단, 과세기간 중 당해 거래 이외에 다른 양도거래는 없고, 답지 항은 서로 독립적이며 주어진 조건 외에는 고려하지 않음) 2015년 제26회

① 2024년 7월 31일까지 양도소득과세표준을 납세지 관할 세무서장에게 신고하여야 한다.
② 예정신고를 하지 않은 경우 확정신고를 하면 예정신고에 대한 가산세는 부과되지 아니한다.
③ 예정신고하는 경우 양도소득세의 분할납부가 가능하다.
④ 예정신고를 한 경우에는 확정신고를 하지 아니할 수 있다.
⑤ 납부할 세액의 일부를 분납하고자 하는 자는 양도소득 과세표준 예정신고 및 납부계산서에 분납할 세액을 기재하여 예정신고기한까지 신청하여야 한다.

67 甲이 등기된 국내 소재 공장(건물)을 양도한 경우, 양도소득 과세표준 예정신고 및 확정신고에 관한 설명으로 옳은 것은?(단, 甲은 「소득세법」상 부동산매매업을 영위하지 않는 거주자이며 「국세기본법」상 기한연장사유는 없음) 2011년 제22회

① 2024년 3월 15일에 양도한 경우, 예정신고기한은 2024년 6월 15일이다.
② 예정신고시 예정신고납부세액공제(산출세액의 10%)가 적용된다.
③ 예정신고관련 무신고가산세가 부과되는 경우, 그 부분에 대하여 확정신고와 관련한 무신고가산세가 다시 부과된다.
④ 예정신고납부를 할 때 납부한 세액은 양도차익에서 장기보유특별공제와 양도소득기본공제를 한 금액에 해당 양도소득세 세율을 적용하여 계산한 금액을 그 산출세액으로 한다.
⑤ 확정신고기간은 양도일이 속한 연도의 다음 연도 6월 1일부터 6월 30일까지이다.

68 「소득세법」상 거주자의 양도소득세 신고 및 납부에 관한 설명으로 옳은 것은? 2018년 제29회

① 토지 또는 건물을 양도한 경우에는 그 양도일이 속하는 분기의 말일부터 2개월 이내에 양도소득과세표준을 신고해야 한다.
② 양도차익이 없거나 양도차손이 발생한 경우에는 양도소득과세표준 예정신고 의무가 없다.
③ 건물을 신축하고 그 신축한 건물의 취득일부터 5년 이내에 해당 건물을 양도하는 경우로서 취득 당시의 실지거래가액을 확인할 수 없어 환산취득가액을 그 취득가액으로 하는 경우에는 양도소득세 산출세액의 100분의 5에 해당하는 금액을 양도소득 결정세액에 더한다.
④ 양도소득과세표준 예정신고시에는 납부할 세액이 1천만원을 초과하더라도 그 납부할 세액의 일부를 분할납부할 수 없다.
⑤ 당해 연도에 누진세율의 적용대상 자산에 대한 예정신고를 2회 이상 한 자가 법령에 따라 이미 신고한 양도소득금액과 합산하여 신고하지 아니한 경우 양도소득세 확정신고를 해야 한다.

69 소득세법상 거주자의 양도소득세 신고납부에 관한 설명으로 옳은 것은? 2022년 제33회

① 건물을 신축하고 그 취득일부터 3년 이내에 양도하는 경우로서 감정가액을 취득가액으로 하는 경우에는 그 감정가액의 100분의 3에 해당하는 금액을 양도소득 결정세액에 가산한다.
② 공공사업의 시행자에게 수용되어 발생한 양도소득세액이 2천만원을 초과하는 경우 납세의무자는 물납을 신청할 수 있다.
③ 과세표준 예정신고와 함께 납부하는 때에는 산출세액에서 납부할 세액의 100분의 5에 상당하는 금액을 공제한다.
④ 예정신고납부할 세액이 1천 5백만원인 자는 그 세액의 100분의 50의 금액을 납부기한이 지난 후 2개월 이내에 분할납부할 수 있다.
⑤ 납세의무자가 법정신고기한까지 양도소득세의 과세표준신고를 하지 아니한 경우(부정행위로 인한 무신고는 제외)에는 그 무신고납부세액에 100분의 20을 곱한 금액을 가산세로 한다.

70 소득세법상 거주자의 양도소득세 징수와 환급에 관한 설명으로 옳은 것은? 2022년 제33회

① 과세기간별로 이미 납부한 확정신고세액이 관할세무서장이 결정한 양도소득 총결정세액을 초과한 경우 다른 국세에 충당할 수 없다.
② 양도소득과세표준과 세액을 결정 또는 경정한 경우 관할세무서장이 결정한 양도소득 총결정세액이 이미 납부한 확정신고세액을 초과할 때에는 그 초과하는 세액을 해당 거주자에게 알린 날부터 30일 이내에 징수한다.
③ 양도소득세 과세대상 건물을 양도한 거주자는 부담부증여의 채무액을 양도로 보는 경우 예정신고 없이 확정신고를 하여야 한다.
④ 양도소득세 납세의무의 확정은 납세의무자의 신고에 의하지 않고 관할세무서장의 결정에 의한다.
⑤ 이미 납부한 확정신고세액이 관할세무서장이 결정한 양도소득 총결정세액을 초과할 때에는 해당 결정일부터 90일 이내에 환급해야 한다.

71 소득세법상 거주자의 국내 토지에 대한 양도소득과세표준 및 세액의 신고·납부에 관한 설명으로 틀린 것은? 2020년 제31회

① 법령에 따른 부담부증여의 채무액에 해당하는 부분으로서 양도로 보는 경우 그 양도일이 속하는 달의 말일부터 3개월 이내에 양도소득과세표준을 납세지 관할 세무서장에게 신고하여야 한다.
② 예정신고납부를 하는 경우 예정신고 산출세액에서 감면세액을 빼고 수시부과세액이 있을 때에는 이를 공제하지 아니한 세액을 납부한다.
③ 예정신고납부할 세액이 2천만원을 초과하는 때에는 그 세액의 100분의 50 이하의 금액을 납부기한이 지난 후 2개월 이내에 분할납부할 수 있다.
④ 당해 연도에 누진세율의 적용대상 자산에 대한 예정신고를 2회 이상 한 자가 법령에 따라 이미 신고한 양도소득금액과 합산하여 신고하지 아니한 경우에는 양도소득과세표준의 확정신고를 하여야 한다.
⑤ 양도차익이 없거나 양도차손이 발생한 경우에도 양도소득 과세표준의 예정신고를 하여야 한다.

72 「소득세법」상 양도소득세의 분할납부에 관한 설명으로 옳은 것은? 2014년 제25회

① 확정신고에 따라 납부할 세액이 500만원을 초과하는 자는 그 납부할 세액의 일부를 납부기한이 지난 후 2개월 이내에 분할납부할 수 있다.
② 확정신고에 따라 납부할 세액이 2천만원 이하인 때에는 그 세액의 100분의 50 이하의 금액을 분할납부할 수 있다.
③ 확정신고를 하는 경우 납부할 세액의 일부를 분납하고자 하는 자는 양도소득과세표준확정신고및납부계산서에 분납할 세액을 기재하여 확정신고기한 10일 전까지 납세지 관할 세무서장에게 신청하여야 한다.
④ 양도소득세의 분할납부는 예정신고납부시에는 적용되지 않고 확정신고납부시에만 적용된다.
⑤ 거주자가 양도소득세 확정신고에 따라 납부할 세액이 3천 600만원인 경우 최대 1천 800만원까지 분할납부할 수 있다.

73 「지방세법」상 거주자의 국내자산 양도소득에 대한 지방소득세에 관한 설명으로 틀린 것은? 2016년 제27회

① 양도소득에 대한 개인지방소득세 관세표준은 종합소득 및 퇴직소득에 대한 개인지방소득세 과세표준과 구분하여 계산한다.
② 양도소득에 대한 개인지방소득세의 세액이 2천원인 경우에는 이를 징수하지 아니한다.
③ 양도소득에 대한 개인지방소득세의 공제세액이 산출세액을 초과하는 경우 그 초과금액은 없는 것으로 한다.
④ 양도소득에 대한 개인지방소득세 과세표준은 「소득세법」상 양도소득과세표준으로 하는 것이 원칙이다.
⑤ 「소득세법」상 보유기간이 8개월인 조합원입주권의 세율은 양도소득에 대한 개인지방소득세 과세표준의 1천분의 70을 적용한다.

74 거주자 甲은 2018년에 국외에 1채의 주택을 미화 1십만 달러(취득자금 중 일부 외화 차입)에 취득하였고, 2024년에 동 주택을 미화 2십만 달러에 양도하였다. 이 경우 소득세법상 설명으로 틀린 것은?(단, 甲은 해당자산의 양도일까지 계속 5년 이상 국내에 주소를 둠) 2021년 제32회

① 甲의 국외주택에 대한 양도차익은 양도가액에서 취득가액과 필요경비개산공제를 차감하여 계산한다.
② 甲의 국외주택 양도로 발생하는 소득이 환율변동으로 인하여 외화차입금으로부터 발생하는 환차익을 포함하고 있는 경우에는 해당 환차익을 양도소득의 범위에서 제외한다.
③ 甲의 국외주택 양도에 대해서는 해당 과세기간의 양도소득금액에서 연 250만원을 공제한다.
④ 甲은 국외주택을 3년 이상 보유하였음에도 불구하고 장기보유특별공제액은 공제하지 아니한다.
⑤ 甲은 국외주택의 양도에 대하여 양도소득세의 납세의무가 있다.

75 소득세법상 거주자(해당 국외자산 양도일까지 계속 5년 이상 국내에 주소를 두고 있음)가 2024년에 양도한 국외자산의 양도소득세에 관한 설명으로 틀린 것은?(단, 국외 외화차입에 의한 취득은 없음)   2020년 제31회

① 국외에 있는 부동산에 관한 권리로서 미등기 양도자산의 양도로 발생하는 소득은 양도소득의 범위에 포함된다.
② 국외토지의 양도에 대한 양도소득세를 계산하는 경우에는 장기보유특별공제액은 공제하지 아니한다.
③ 양도 당시의 실지거래가액이 확인되더라도 외국정부의 평가가액을 양도가액으로 먼저 적용한다.
④ 해당 과세기간에 다른 자산의 양도가 없을 경우 국외토지의 양도에 대한 양도소득이 있는 거주자에 대해서는 해당 과세기간의 양도소득금액에서 연 250만원을 공제한다.
⑤ 국외토지의 양도소득에 대하여 해당 외국에서 과세를 하는 경우로서 법령이 정한 그 국외자산 양도소득세액을 납부하였거나 납부할 것이 있을 때에는 외국납부세액의 세액공제방법과 필요경비 산입방법 중 하나를 선택하여 적용할 수 있다.

76 거주자 甲이 국외에 있는 양도소득세 과세대상 X토지를 양도함으로써 소득이 발생하였다. 다음 중 틀린 것은?(단, 해당 과세기간에 다른 자산의 양도는 없음)   2019년 제30회

① 甲이 X토지의 양도일까지 계속 5년 이상 국내에 주소 또는 거소를 둔 경우에만 해당 양도소득에 대한 납세의무가 있다.
② 甲이 국외에서 외화를 차입하여 X토지를 취득한 경우 환율변동으로 인하여 외화차입금으로부터 발생한 환차익은 양도소득의 범위에서 제외한다.
③ X토지의 양도가액은 양도 당시의 실지거래가액으로 하는 것이 원칙이다.
④ X토지에 대한 양도차익에서 장기보유특별공제액을 공제한다.
⑤ X토지에 대한 양도소득금액에서 양도소득기본공제로 250만원을 공제한다.

77 국내에 주택1채와 토지를, 국외에 1채의 주택을 소유하고 있는 거주자 甲이 2024년 중 해당 소유 부동산을 모두 양도하는 경우, 이에 관한 설명으로 틀린 것은?(단, 국내소재 부동산은 모두 등기되었으며, 주택은 고가주택이 아님)   2012년 제23회

① 甲이 국내주택을 먼저 양도하는 경우 2년 이상 보유한 경우라도 1세대 2주택에 해당하므로 양도소득세가 과세된다.
② 甲이 국외주택의 양도일까지 계속 5년 이상 국내에 주소를 둔 거주자인 경우 국외주택의 양도에 대하여 양도소득세 납세의무가 있다.
③ 甲의 부동산양도에 소득세의 납세지는 甲의 주소지를 원칙으로 한다.
④ 국외주택 양도소득에 대하여 납부하였거나 납부할 국외주택 양도소득세액은 해당 과세기간의 국외주택 양도소득금액 계산상 필요경비에 산입할 수 있다.
⑤ 국외주택의 양도에 대하여는 연 250만원의 양도소득기본공제를 적용받을 수 있다.

78 「소득세법」상 양도소득세에 관한 설명으로 옳은 것은?   2016년 제27회

① 거주자가 국외 토지를 양도한 경우 양도일까지 계속해서 10년간 국내에 주소를 두었다면 양도소득과세표준을 예정신고하여야 한다.
② 비거주자가 국외 토지를 양도한 경우 양도소득세 납부의무가 있다.
③ 거주자가 국내 상가건물을 양도한 경우 거주자의 주소지와 상가 건물의 소재지가 다르다면 양도소득세 납세지는 상가건물의 소재지이다.
④ 비거주자가 국내 주택을 양도한 경우 양도소득세 납세지는 비거주자의 국외 주소지이다.
⑤ 거주자가 국외 주택을 양도한 경우 양도일까지 계속해서 5년간 국내에 주소를 두었다면 양도소득금액 계산시 장기보유특별공제가 적용된다.

79 「소득세법」상 국외자산의 양도에 대한 양도소득세 과세에 있어서 국내자산의 양도에 대한 양도소득세 규정 중 준용하지 않는 것은?   2016년 제27회

① 비과세 양도소득
② 양도소득과세표준의 계산
③ 기준시가의 산정
④ 양도소득의 부당행위계산
⑤ 양도 또는 취득의 시기

80 「소득세법」상 국외자산 양도에 관한 설명으로 옳은 것은?   2014년 제25회

① 양도차익 계산시 필요경비의 외화환산은 지출일 현재 「외국환거래법」에 의한 기준환율 또는 재정환율에 의한다.
② 국외자산 양도시 양도소득세의 납세의무자는 국외자산의 양도일까지 계속하여 3년간 국내에 주소를 둔 거주자이다.
③ 미등기 국외토지에 대한 양도소득세율은 70%이다.
④ 장기보유특별공제는 국외자산의 보유기간이 3년 이상인 경우에만 적용된다.
⑤ 국외자산의 양도가액은 실지거래가액이 있더라도 양도 당시 현황을 반영한 시가에 의하는 것이 원칙이다.

81 소득세법상 부동산임대업에서 발생한 소득에 관한 설명으로 틀린 것은?   2022년 제33회

① 해당 과세기간의 주거용 건물 임대업을 제외한 부동산임대업에서 발생한 결손금은 그 과세기간의 종합소득과세표준을 계산할 때 공제하지 않는다.
② 사업소득에 부동산임대업에서 발생한 소득이 포함되어 있는 사업자는 그 소득별로 구분하여 회계처리하여야 한다.
③ 3주택(주택 수에 포함되지 않는 주택 제외) 이상을 소유한 거주자가 주택과 주택부수토지를 임대(주택부수토지만 임대하는 경우 제외)한 경우에는 법령으로 정하는 바에 따라 계산한 금액(간주임대료)을 총수입금액에 산입한다.
④ 간주임대료 계산시 3주택 이상 여부 판정에 있어 주택 수에 포함되지 않는 주택이란 주거의 용도로만 쓰이는 면적이 1호 또는 1세대당 $40m^2$ 이하인 주택으로서 해당 과세기간의 기준시가가 2억원 이하인 주택을 말한다.
⑤ 해당 과세기간에 분리과세 주택임대소득이 있는 거주자(종합소득과세표준이 없거나 결손금이 있는 거주자 포함)는 그 종합소득 과세표준을 그 과세기간의 다음 연도 5월 1일부터 5월 31일까지 신고하여야 한다.

82 주택임대사업자인 거주자 甲의 국내주택 임대현황(A, B, C 각 주택의 임대기간 2024.1.1.~ 2024.12.31.)을 참고하여 계산한 주택임대에 따른 2024년 귀속 사업소득의 총수입금액은? (단, 법령에 따른 적격증명서류를 수취·보관하고 있고, 기획재정부령으로 정하는 이자율은 연 4%로 가정하며 주어진 조건 이외에는 고려하지 않음)   2023년 제34회

구 분 (주거전용면적)	보증금	월 세[1]	기준시가
A주택(85m²)	3억원	5십만원	5억원
B주택(40m²)	1억원	-	2억원
C주택(109m²)	5억원	1백만원	7억원

1) 월세는 매월 수령하기로 약정한 금액임

① 0원　　　　　② 16,800,000원　　　　　③ 18,000,000원
④ 32,400,000원　　　　⑤ 54,000,000원

83 다음은 거주자 甲이 소유하고 있는 상가건물 임대에 관한 자료이다. 부동산임대업의 사업소득을 장부에 기장하여 신고하는 경우 2024년도 부동산임대업의 총수입금액은?(단, 법령에 따른 적격증명서류를 수취·보관하고 있으며, 주어진 조건 이외에는 고려하지 않음)   2022년 제33회

- 임대기간 : 2024.1.1. ~ 2025. 12. 31.
- 임대계약 내용 : 월임대료 1,000,000원
　　　　　　　　임대보증금 500,000,000원
- 임대부동산(취득일자 : 2022.1.23.)
　- 건물 취득가액 : 200,000,000원
　- 토지 취득가액 : 300,000,000원
- 기획재정부령으로 정하는 이자율 : 연 6%로 가정
- 임대보증금 운용수익 : 수입이자 1,000,000원
　　　　　　　　　　유가증권처분이익 2,000,000원

① 18,000,000원　　　　② 29,000,000원　　　　③ 30,000,000원
④ 39,000,000원　　　　⑤ 40,000,000원

84 소득세법상 거주자의 부동산과 관련된 사업소득에 관한 설명으로 옳은 것은?   2020년 제31회
① 국외에 소재하는 주택의 임대소득은 주택 수에 관계없이 과세하지 아니한다.
② 공익사업을 위한 토지 등의 취득 및 보상에 관한 법률에 따른 공익사업과 관련하여 지역권을 대여함으로써 발생하는 소득은 부동산업에서 발생하는 소득으로 한다.
③ 부동산임대업에서 발생하는 사업소득의 납세지는 부동산 소재지로 한다.
④ 국내에 소재하는 논·밭을 작물 생산에 이용하게 함으로써 발생하는 사업소득은 소득세를 과세하지 아니한다.
⑤ 주거용 건물 임대업에서 발생한 결손금은 종합소득 과세표준을 계산할 때 공제하지 아니한다.

85 「소득세법」상 거주자가 국내소재 부동산 등을 임대하여 발생하는 소득에 관한 설명으로 틀린 것은?
2017년 제28회

① 「공익사업을 위한 토지 등의 취득 및 보상에 관한 법률」 제4조에 따른 공익사업과 관련하여 지상권의 대여로 인한 소득은 부동산임대업에서 발생한 소득에서 제외한다.
② 부동산임대업에서 발생한 소득은 사업소득에 해당한다.
③ 주거용 건물 임대업에서 발생한 결손금은 종합소득과세표준을 계산할 때 공제한다.
④ 부부가 각각 주택을 1채씩 보유한 상태에서 그 중 1주택을 임대하고 월세를 받았을 경우 주택임대에 따른 과세소득은 있다.
⑤ 임대보증금의 간주임대료를 계산하는 과정에서 금융수익을 차감할 때 그 금융수익은 수입이자와 할인료, 수입배당금, 유가증권처분이익으로 한다.

86 「소득세법」상 국내에 소재한 주택을 임대한 경우 발생하는 소득에 관한 설명으로 틀린 것은? (단, 아래의 주택은 상시 주거용으로 사용하고 있다고 가정)
2014년 제25회

① 주택 1채만을 소유한 거주자가 과세기간 종료일 현재 기준시가 20억원인 해당 주택을 전세금을 받고 임대하여 얻은 소득에 대해서는 소득세가 과세되지 아니한다.
② 주택 2채를 소유한 거주자가 1채는 월세계약으로 나머지 1채는 전세계약의 형태로 임대한 경우, 월세계약에 의하여 받은 임대료에 대해서만 소득세가 과세된다.
③ 거주자의 보유주택 수를 계산함에 있어서 다가구주택은 1개의 주택으로 보되, 구분등기된 경우에는 각각을 1개의 주택으로 계산한다.
④ 주택의 임대로 인하여 얻은 과세대상 소득은 사업소득으로서 해당 거주자의 종합소득금액에 합산된다.
⑤ 주택을 임대하여 얻은 소득은 거주자가 사업자등록을 한 경우에 한하여 소득세 납세의무가 있다.

87 「소득세법」상 거주자의 부동산 임대와 관련하여 발생한 소득에 관한 설명으로 틀린 것은?
2013년 제24회

① 국외에 소재하는 주택임대소득은 주택 수에 관계없이 과세된다.
② 3주택을 소유하는 자가 받은 보증금의 합계액이 2억원인 경우 법령으로 정하는 바에 따라 계산한 간주임대료를 사업소득 총수입금액에 산입한다.
③ 2주택과 2개의 상업용 건물을 소유하는 자가 보증금을 받은 경우 2개의 상업용 건물에 대하여만 법령으로 정하는 바에 따라 계산한 간주임대료를 사업소득 총수입금액에 산입한다.
④ 주택임대소득이 과세되는 고가주택은 과세기간 종료일 또는 양도일 현재 기준시가 12억원을 초과하는 주택을 말한다.
⑤ 사업자가 부동산을 임대하고 임대료 외에 전기료·수도료 등 공공요금의 명목으로 지급받은 금액이 공공요금의 납부액을 초과할 때 그 초과하는 금액은 사업소득 총수입금액에 산입한다.

88 「소득세법」상 거주자의 부동산임대업에서 발생하는 소득에 관한 설명으로 옳은 것은?
2012년 제23회, 2011년 제22회

① 「공익사업을 위한 토지 등의 취득 및 보상에 관한 법률」 제4조에 따른 공익사업과 관련하여 지역권을 대여함으로써 발생하는 소득은 사업소득이다.
② 국내 소재 주거의 용도로만 쓰이는 면적이 85㎡인 3주택을 소유한 자가 받은 주택임대보증금의 합계액이 4억원인 경우, 그 보증금에 대하여 법령에서 정한 산식으로 계산한 금액을 총수입금액에 산입하지 아니한다.
③ 미등기부동산을 임대하고 그 대가로 받는 것은 사업소득이 아니다.
④ 자기소유의 부동산을 타인의 담보로 사용하게 하고 그 사용대가로 받는 것은 사업소득이다.
⑤ 국외 소재 주택을 임대하고 그 대가로 받는 것은 사업소득이 아니다.

89 「소득세법」상 거주자가 국내 소재 1주택만을 소유하는 경우에 관한 설명으로 틀린 것은?(단, 아래의 주택은 상시 주거용으로 사용하고 있다고 가정함)
2010년 제21회 수정

① 임대한 과세기간 종료일 현재 기준시가가 15억원인 1주택(주택부수토지 포함)을 임대하고 지급받은 소득은 사업소득으로 과세된다.
② 양도 당시의 실지거래가액이 13억원인 법정요건을 충족하는 등기된 1세대 1주택을 양도한 경우 양도차익에 최대 100분의 80의 보유기간별 공제율을 적용받을 수 있다.
③ 甲과 乙이 고가주택이 아닌 수입금액이 연간 5백만원인 공동소유 1주택(甲지분율 40%, 乙지분율 60%)을 임대하는 경우 주택임대소득의 비과세 여부를 판정할 때 甲과 乙이 각각 1주택을 소유한 것으로 보아 주택 수를 계산한다.
④ 법령이 정한 1세대 1주택으로서 「건축법」에 의한 건축허가를 받지 아니하여 등기가 불가능한 주택을 양도한 때에는 이를 미등기 양도자산으로 보지 아니한다.
⑤ 소유하고 있던 공부상 주택인 1세대 1주택을 전부 영업용 건물로 사용하다가 양도한 때에는 양도소득세 비과세대상인 1세대 1주택으로 보지 아니한다.

90 거주자 甲이 국내 소재 상시 주거용 건물(이하 '주택'이라 함)을 임대하고 있는 경우, 「소득세법」상 설명으로 틀린 것은?(다만, 고가주택이 아니며 부수토지는 고려하지 아니함)
2009년 제20회 수정

① 2주택을 소유하는 자가 임대하면서 받은 보증금의 간주임대료는 과세되지 아니한다.
② 주택임대료로 인하여 발생하는 소득에 대한 총수입금액의 수입할 시기는 계약에 의하여 지급일이 정하여진 경우, 그 정하여진 날로 한다.
③ 만일 당해 주택이 국외에 소재하는 경우라면 주택임대로 인하여 발생하는 소득은 주택 수에 관계없이 과세된다.
④ 주택임대로 인하여 발생하는 소득에 대한 비과세 여부를 판단함에 있어서 甲과 그 배우자가 각각 주택을 소유하는 경우 각각 주택수를 계산한다.
⑤ 주택을 임대하면서 받은 임대료는 사업소득으로 과세된다.

합격까지 박문각 공인중개사

정답

01 | 조세총론

01 물납과 분할납부 관련 기출문제분석과 출제예상지문

01	02	03	04	05	06	07	08
O	O	X	②	O	X	O	②

02 용어의 정의 : 지방세기본법과 지방세징수법 관련 기출문제분석과 출제예상지문

01	02	03	04	05	06
O	O	X	O	O	O

03 지방자치단체의 세목 관련 기출문제분석과 출제예상지문

01
⑤

용어의 정의 : 국세징수법 관련 기출문제분석과 출제예상지문

01	02
O	X

04 취득·보유 및 양도단계 관련 기출문제분석과 출제예상지문

01	02	03	04
④	⑤	②	①

05 납세의무의 성립시기 관련 기출문제분석과 출제예상지문

01	02	03	04	05
O	O	O	④	①

06 납세의무의 확정 및 가산세 관련 기출문제분석과 출제예상지문

01	02	03	04	05	06	07	08
O	O	X	X	O	O	X	X
09	10	11					
④	③	③					

07 납세의무의 소멸사유 관련 기출문제분석과 출제예상지문

01
③

08 지방세 부과의 제척기간 관련 기출문제분석과 출제예상지문

01	02
X	O

09 국세 부과의 제척기간 관련 기출문제분석과 출제예상지문

01	02	03	04
O	X	④	④

10 조세징수권의 소멸시효 관련 기출문제분석과 출제예상지문

01	02
X	O

11 지방세의 가산세 관련 기출문제분석과 출제예상지문

01	02	03
O	X	①

12 국세의 가산세율 관련 기출문제분석과 출제예상지문

01	02	03
O	O	O

13 조세채권과 피담보채권과의 관계 관련 기출문제분석과 출제예상지문

01	02	03
②	①	①

서류의 송달 관련 기출문제분석과 출제예상지문

01	02
④	②

14 조세쟁송 : 지방세 불복청구 관련 기출문제분석과 출제예상지문

01	02	03	04
X	④	③	④

02 | 취득세

01 취득의 정의 관련 기출문제분석과 출제예상지문

01	02	03	04	05	06	07	08
O	X	X	O	X	X	O	O

09	10	11
③	①	④

02 취득세의 납세의무자 관련 기출문제분석과 출제예상지문

01	02	03	04	05	06	07	08
X	②	①	O	O	O	O	X

09	10
O	O

03 취득의 유형 관련 기출문제분석과 출제예상지문

01	02	03	04	05	06	07
O	X	X	O	X	⑤	X

04 취득세의 과세대상 관련 기출문제분석과 출제예상지문

01	02	03	04
O	O	X	②

05 취득세의 비과세 관련 기출문제분석과 출제예상지문

01	02	03	04	05	06	07	08
X	O	O	O	O	X	②	O

09	10	11	12
X	X	O	X

06 취득의 시기 관련 기출문제분석과 출제예상지문

01	02	03	04	05	06	07
⑤	③⑤	X	④	X	X	X

07 취득세의 과세표준 (1) 취득당시가액 관련 기출문제분석과 출제예상지문

01	02	03	04	05	06	07	08
O	O	X	O	O	O	O	O

09	10
O	O

07 취득세의 과세표준 (2) 사실상취득가격의 범위 관련 기출문제분석과 출제예상지문

01	02	03	04	05	06
O	O	O	①	⑤	③

07 취득세의 과세표준 (3) 시가인정액의 산정 관련 기출문제분석과 출제예상지문

01
X

08 취득세의 세율 (1) 취득세의 표준세율 관련 기출문제분석과 출제예상지문

01	02	03	04
X	O	⑤	⑤

08 취득세의 세율 (2) 표준세율 적용시 유의사항 관련 기출문제분석과 출제예상지문

01	02	03	04	05	06
O	X	O	O	X	X

08 취득세의 세율 (3) 주택 취득 등 중과세율 적용시 주택 수 판단 관련 기출문제분석과 출제예상지문

01	02	03	04	05
X	X	O	O	X

08 | 취득세의 세율 ⑷ 사치성 재산 등에 대한 중과세율 관련 기출문제분석과 출제예상지문

01	02	03	04	05
④	X	O	O	O

08 | 취득세의 세율 ⑸ 취득세 세율의 특례 관련 기출문제분석과 출제예상지문

01	02	03	04
X	⑤	⑤	③

09 | 취득세의 납세절차 관련 기출문제분석과 출제예상지문

01	02	03	04	05	06	07	08
O	X	X	X	②	X	X	X

09	10	11	12	13	14
O	③	X	X	X	O

03 | 등록에 대한 등록면허세

01 | 등록 관련 기출문제분석과 출제예상지문

01	02
O	⑤

02 | 납세의무자 : 등록을 하는 자 관련 기출문제분석과 출제예상지문

01	02	03	04	05	06
O	O	O	O	O	O

03 | 등록면허세의 비과세 관련 기출문제분석과 출제예상지문

01	02	03	04	05	06
④	O	O	O	O	X

04 | 등록면허세의 과세표준과 세율 ⑴ 과세표준과 표준세율 관련 기출문제분석과 출제예상지문

01	02
②	④

04 등록면허세의 과세표준과 세율 (2) 과세표준과 표준세율 적용 관련 기출문제분석과 출제예상지문

01	02	03	04	05
O	O	X	X	X

04 등록면허세의 과세표준과 세율 (3) 중과세율 관련 기출문제분석과 출제예상지문

01	02
X	O

05 등록면허세의 납세절차 관련 기출문제분석과 출제예상지문

01	02	03	04	05	06	07	08
O	X	X	O	O	④	④	④

09
O

04 | 재산세

01 재산세의 납세의무자 관련 기출문제분석과 출제예상지문

01	02	03	04	05	06	07	08
X	X	O	O	X	O	X	X
09	10	11	12	13	14	15	16
X	O	X	X	O	X	X	O

17
O

02 재산세 과세대상의 구분 관련 기출문제분석과 출제예상지문

01	02	03	04	05	06	07	08
O	O	X	X	X	O	X	⑤

09
O

03 토지에 대한 재산세의 과세방법 관련 기출문제분석과 출제예상지문

01	02	03	04	05	06	07	08
X	X	O	O	O	X	X	O
09	10	11	12				
O	O	③	③				

04 재산세의 비과세 관련 기출문제분석과 출제예상지문

01	02	03	04	05	06	07	08
O	X	X	X	X	O	X	②

05 재산세의 과세표준 관련 기출문제분석과 출제예상지문

01	02	03	04	05
X	X	O	X	④

시가표준액 관련 기출문제분석과 출제예상지문

01
①

주택 과세표준의 과세표준상한액 관련 출제예상지문

01
O

06 재산세의 세율 (1) 표준세율 관련 기출문제분석과 출제예상지문

01	02
⑤	④

06 재산세의 세율 (2) 세율의 적용 방법 관련 기출문제분석과 출제예상지문

01	02	03	04
④	O	X	X

07 재산세의 납세절차 관련 기출문제분석과 출제예상지문

01	02	03	04	05	06	07	08
X	X	X	X	X	O	O	O
09	10	11	12	13	14	15	
O	O	①	②	O	O	O	

07 재산세의 납세절차 관련 기출문제분석과 출제예상지문

01	02	03	04	05	06	07	08
X	O	O	X	O	X	③	O
09	10	11					
O	O	③					

05 | 종합부동산세

01 종합부동산세의 과세방법 관련 기출문제분석과 출제예상지문

01	02	03	04	05	06	07	08
O	O	X	X	⑤	⑤	⑤	O
09							
O							

02 종합부동산세 과세표준의 산정 관련 기출문제분석과 출제예상지문

01	02	03	04	05
X	③	O	X	X

합산배제주택 관련 기출문제분석과 출제예상지문

01	02	03
O	X	X

03 단독소유 + 1세대 1주택 + 거주자 관련 기출문제분석과 출제예상지문

01	02	03	04	05	06	07	08
O	O	X	O	X	②	O	④

04 1세대 1주택자 판정시 주택 수에서 제외 관련 기출문제분석과 출제예상지문

01	02	03
O	O	O

05 수탁자 명의로 등기 또는 등록된 신탁재산 관련 기출문제분석과 출제예상지문

01	02	03
O	O	O

06 종합부동산세의 세율 관련 기출문제분석과 출제예상지문

01	02	03	04
O	X	X	⑤

07 이중과세 조정과 세율 적용시 주택 수의 계산 등 관련 기출문제분석과 출제예상지문

01	02	03	04	05	06
X	X	O	O	③	④

08 종합부동산세의 절차적 사항 (1) 과세기준일과 납기 (2) 징수방법 관련 기출문제분석과 출제예상지문

01	02	03	04	05	06	07	08
X	O	O	O	O	②	O	O
09	10	11	12				
X	O	O	X				

08 종합부동산세의 절차적 사항 (3) 분납 관련 기출문제분석과 출제예상지문

01	02	03	04	05
X	O	O	④	④

06 | 소득세

01 소득세법 총설 관련 기출문제분석과 출제예상지문

01	02	03	04	05	06	07	08
O	O	X	O	X	O	O	O

09
X

법인으로 보는 단체 외의 법인 아닌 단체 관련 기출문제분석과 출제예상지문

01
O

과세기간과 납세지 관련 기출문제분석과 출제예상지문

01	02	03	04	05
O	O	O	X	X

02 양도소득세의 과세대상 : 국내소재로 가정 관련 기출문제분석과 출제예상지문

01	02	03	04	05	06	07	08
O	X	O	O	X	O	X	O
09	10	11	12	13	14		
O	X	③	O	O	O		

03 양도로 보는 경우와 양도로 보지 않는 경우 관련 기출문제분석과 출제예상지문

01	02	03	04	05	06	07	08
O	X	O	O	X	X	X	O
09	10	11	12	13	14		
O	X	O	X	X	X		

04 1세대 1주택 양도의 비과세 (1) 1세대와 (2) 1주택 관련 기출문제분석과 출제예상지문

01	02	03	04	05	06	07	08
O	O	O	O	X	O	X	③
09	10						
X	X						

04 1세대 1주택 양도의 비과세 ⑵ 1주택 : 양도일 현재 국내에 1주택 관련 기출문제분석과 출제예상지문

01	02
④	60, 60, 60, 10

04 1세대 1주택 양도의 비과세 ⑶ 보유기간 등의 제한을 받지 아니하는 경우 관련 기출문제분석과 출제예상지문

01	02	03	04	05	06	07	08
O	O	O	X	O	X	O	O
09	10						
X	X						

05 농지의 교환 또는 분합에 대한 비과세 관련 기출문제분석과 출제예상지문

01	02	03	04	05	06	07
O	O	X	①	O	X	O

06 미등기양도제외 자산 : 법령이 정하는 자산 관련 기출문제분석과 출제예상지문

01	02	03	04	05	06	07
X	O	O	⑤	⑤	②	④

07 양도 또는 취득시기 관련 기출문제분석과 출제예상지문

01	02	03	04	05	06	07	08
O	⑤	X	O	O	X	X	O
09	10						
①	X						

08 양도가액과 취득가액의 산정원리 관련 기출문제분석과 출제예상지문

01	02	03	04	05	06	07	08
O	X	O	X	O	O	①	②
09							
X							

09 실지거래가액에 의한 필요경비 포함 여부 관련 기출문제분석과 출제예상지문

01	02	03	04	05	06	07	08
X	X	X	O	X	X	X	O
09	10	11	12	13	14	15	
X	X	O	O	O	O	X	

10 장기보유특별공제 관련 기출문제분석과 출제예상지문

01	02	03	04	05	06	07	08
X	O	X	O	X	O	O	O
09	10	11	12	13			
O	X	X	O	O			

11 양도소득기본공제 관련 기출문제분석과 출제예상지문

01	02	03	04	05	06	07	08
O	O	O	O	X	O	③	①

12 양도소득금액계산의 특례 관련 기출문제분석과 출제예상지문

01	02	03	04	05	06	07	08
O	X	①	O	①	⑤	O	X
09							
O							

12 양도소득금액계산의 특례 관련 기출문제분석과 출제예상지문

01	02	03	04	05	06
②	④	①	O	X	X

12 양도소득금액계산의 특례 관련 기출문제분석과 출제예상지문

01	02	03	04
X	X	X	X

13 양도소득세의 세율 : 토지 또는 건물 및 부동산에 관한 권리 관련 기출문제분석과 출제예상지문

01	02	03	04	05	06
X	①	②	②	③	O

14 양도소득 과세표준 예정신고 관련 기출문제분석과 출제예상지문

01	02	03	04	05	06	07	08
O	X	O	X	O	⑤	④	②
09							
②							

15 양도소득세의 납세절차 관련 기출문제분석과 출제예상지문

01	02	03	04	05	06	07	08
O	X	O	X	X	X	O	X
09	10	11	12	13	14	15	16
O	X	X	X	X	O	O	O
17	18	19					
O	⑤	②					

16 국외부동산양도에 대한 양도소득세 관련 기출문제분석과 출제예상지문

01	02	03	04	05	06	07	08
X	O	O	X	X	X	X	O
09	10	11					
O	④	①					

17 부동산임대업의 범위 등 관련 기출문제분석과 출제예상지문

01	02	03	04	05	06	07	08
O	X	O	O	X	X	O	X
09	10	11	12	13			
O	X	O	③	②			

18 주거용 건물 임대업 : 과세여부 판단 관련 기출문제분석과 출제예상지문

01	02	03	04	05	06	07	08
O	O	X	O	O	O	X	O

19 부동산임대업 주택 수의 계산 관련 기출문제분석과 출제예상지문

01	02	03	04	05	06	07	08
O	X	X	O	X	O	X	③

01 | 조세총론

01	02	03	04	05	06	07	08
②	①	⑤	⑤	④	②	④	①
09	10	11	12	13	14	15	16
③	③	③	③	④	①	①	②
17	18	19	20	21	22	23	
①	⑤	④	③	④	④	②	

02 | 취득세

01	02	03	04	05	06	07	08
⑤	③	①	④	②	④	②	④
09	10	11	12	13	14	15	16
⑤	②	①	③	③⑤	⑤	④	④
17	18	19	20	21	22	23	24
⑤	④	①	①	⑤	③	④	①
25	26	27	28	29	30	31	32
⑤	⑤	④	③	③	⑤	⑤	③
33	34	35	36	37	38		
②	③	①	②	⑤	①		

03 | 등록에 대한 등록면허세

01	02	03	04	05	06	07	08
⑤	①	④	⑤	②	④	②	④
09	10	11	12	13	14	15	16
④	②	②	②	④	④	⑤	⑤
17							
④							

04 | 재산세

01	02	03	04	05	06	07	08
⑤	②	②	①	⑤	①	③	③
09	10	11	12	13	14	15	16
③	⑤	②	①	③	③	⑤	④
17	18	19	20	21	22	23	24
②	③	②	④	⑤	②	①	④
25	26	27	28	29	30	31	32
③	②	②	⑤	①	④	⑤	⑤
33	34						
③	③						

05 | 종합부동산세

01	02	03	04	05	06	07	08
⑤	⑤	⑤	③	②	④	④	④
09	10	11	12	13	14	15	
④	②	⑤	④	③	④	①	

06 | 소득세

01	02	03	04	05	06	07	08
④	②	②	④	⑤	②	③	①
09	10	11	12	13	14	15	16
②	④	⑤	③	④	③	③	⑤
17	18	19	20	21	22	23	24
②	①	④	②	⑤	④	⑤	①
25	26	27	28	29	30	31	32
①	③	①	⑤	④	①	②	①
33	34	35	36	37	38	39	40
④	①	⑤	①	③	⑤	①	④
41	42	43	44	45	46	47	48
②	①	③	②	①	①	③	⑤
49	50	51	52	53	54	55	56
③	②	①	④	⑤	①	⑤	③
57	58	59	60	61	62	63	64
⑤	④	②	③	②	②	⑤	②
65	66	67	68	69	70	71	72
④	②	④	⑤	⑤	②	②	⑤
73	74	75	76	77	78	79	80
②	①	③	④	①	①	③	①
81	82	83	84	85	86	87	88
③	③	②	④	⑤	⑤	②	④
89	90						
③	④						

MEMO

제35회 공인중개사 시험대비 **전면개정판**

2024 박문각 공인중개사
하헌진 기출문제 ②차 부동산세법

초판인쇄 | 2024. 2. 1. **초판발행** | 2024. 2. 5. **편저** | 하헌진 편저
발행인 | 박 용 **발행처** | (주)박문각출판 **등록** | 2015년 4월 29일 제2015-000104호
주소 | 06654 서울시 서초구 효령로 283 서경 B/D 4층 **팩스** | (02)584-2927
전화 | 교재 주문 (02)6466-7202, 동영상문의 (02)6466-7201

저자와의
협의하에
인지생략

이 책의 무단 전재 또는 복제 행위는 저작권법 제136조에 의거, 5년 이하의 징역 또는 5,000만원 이하의 벌금에 처하거나 이를 병과할 수 있습니다.

정가 21,000원
ISBN 979-11-6987-794-7